ESQUISSES

ARCHÉOLOGIQUES

PAR

SALOMON REINACH

ANCIEN MEMBRE DE L'ÉCOLE D'ATHÈNES
ATTACHÉ DES MUSÉES NATIONAUX

PARIS

ERNEST LEROUX, ÉDITEUR

28, RUE BONAPARTE, 28

1888

ESQUISSES ARCHÉOLOGIQUES

ANGERS, IMPRIMERIE BURDIN ET Cie, 4, RUE GARNIER

ESQUISSES

ARCHÉOLOGIQUES

PAR

SALOMON REINACH

ANCIEN MEMBRE DE L'ÉCOLE D'ATHÈNES
ATTACHÉ DES MUSÉES NATIONAUX

PARIS
ERNEST LEROUX, ÉDITEUR
28, RUE BONAPARTE, 28

1888

Σταθεὶς δὲ Παῦλος ἐν μέσῳ τοῦ Ἀρείου πάγου, ἔφη ·
Ἄνδρες Ἀθηναῖοι, κατὰ πάντα ὡς δεισιδαιμονεστέρους ὑμᾶς
θεωρῶ· διερχόμενος γὰρ καὶ ἀναθεωρῶν τὰ σεβάσματα ὑμῶν,
εὗρον καὶ βωμὸν ἐν ᾧ ἐπεγέγραπτο · Ἀγνώστῳ θεῷ.

Πράξεις Ἀποστ., XVII, 22-23.

DU MÊME AUTEUR

Manuel de Philologie classique, 2 vol. in-8, deuxième édition, Hachette, 1883-1884.
Ouvrage couronné par l'Association pour l'encouragement des Études grecques.

Catalogue du Musée impérial de Constantinople, in-8, Constantinople, à la Direction du Musée, 1882.

Notice biographique sur Charles-Joseph Tissot, ambassadeur de France, in-8, Klincksieck, 1885.

Traité d'épigraphie grecque, in-8, Leroux, 1885.

Grammaire latine à l'usage des classes supérieures, in-8, Delagrave, 1885.
Ouvrage couronné par la Société d'enseignement secondaire.

Instructions pour la recherche des Antiquités en Tunisie, in-4, Imprimerie nationale, 1885.

Essai sur le libre arbitre, de Schopenhauer, traduit et annoté, in-8, troisième édition, Alcan, 1886.

E. BABELON et S. REINACH, Recherches archéologiques en Tunisie, in-8, Imprimerie nationale, 1886.

La colonne Trajane au musée de Saint-Germain, in-12, Leroux, 1886.

Conseils aux voyageurs archéologues en Grèce et dans l'Orient hellénique, in-12, Leroux, 1886.

Précis de grammaire latine, in-12, deuxième édition, Delagrave, 1887.

Catalogue du musée des antiquités nationales de Saint-Germain-en-Laye, in-12, Imprimeries réunies, 1887.

E. POTTIER et S. REINACH, Terres cuites et autres antiquités trouvées dans la nécropole de Myrina, catalogue raisonné, in-8, Imprimeries réunies, 1887.

E. POTTIER et S. REINACH, La nécropole de Myrina, 2 vol. in-4, avec 50 planches d'héliogravure, Thorin, 1886-1887.

Atlas de la province romaine d'Afrique, pour servir à l'ouvrage de Ch. Tissot, in-4, Imprimerie nationale, 1888.

Géographie de la province romaine d'Afrique, par Ch. Tissot, les Itinéraires, ouvrage publié d'après le manuscrit de l'auteur avec des notes et des additions, in-4, Imprimerie nationale, 1888.

Chroniques d'Orient publiées dans la Revue archéologique, 17 fascicules in-8 avec gravures, Leroux, 1883-1887.

PRÉFACE

Les essais réunis dans ce volume ont été écrits de 1878 à 1887. Quelques-uns ont paru sans signature, d'autres sous un pseudonyme ou des initiales ; le plus long n'avait pas été publié. Destinés à des recueils d'un caractère différent, ce sont tantôt de petits mémoires d'érudition, tantôt des résumés et des aperçus à l'usage du grand public. Mais tous se rapportent à l'histoire ou à la géographie du monde antique : c'est le lien qui les unit, malgré la diversité des époques et des sujets.

Suggérés, au jour le jour, par un livre nouveau, une découverte archéologique, quelque voyage ou quelque recherche personnelle, ces essais portent leur date : c'est une qualité ou un défaut que je leur laisse. J'ai fait effort pour en amender la forme, pour en corriger les erreurs, mais je me suis interdit, sauf exceptions rares, d'y ajouter. Simples esquisses, je les présente comme telles, et n'ai point voulu les transformer en tableaux.

Je dois m'excuser d'avoir fait figurer dans ce recueil une nouvelle, la Petite Tanagre, mais ce n'est qu'à moitié une œuvre d'imagination. L'héroïne existe, elle est aujourd'hui au Louvre, dans la salle des terres cuites de Myrina. Elle porte le n° 243 du catalogue. Quand j'eus le bonheur de voir sortir de terre cette charmante statuette, je la pris tout aussitôt en affection. Nous passâmes un long hiver ensemble. Entre temps, elle me fit rêver mon historiette. Il ne faut pas moins d'un chef-d'œuvre et d'un long hiver pour faire rêver une historiette à un philologue.

S. R.

Musée de Saint-Germain, 1er Décembre 1887.

ESQUISSES ARCHÉOLOGIQUES

I

LA SCIENCE FRANÇAISE EN ORIENT[1]

Sur la foi de quelques phrases oratoires, de quelques fanfaronnades de club ou de journal, l'étranger nous accuse souvent d'être un peuple très épris de lui-même, s'attribuant toutes les idées, toutes les découvertes et tous les progrès. En vérité, cet orgueil n'est qu'à la surface, et, si l'on doit nous adresser un blâme, ce n'est pas d'avoir le respect de nos grands hommes, c'est de ne pas savoir les respecter tous. La France fait volontiers bon marché de quelques-unes de ses gloires pour en revendiquer d'autres comme son privilège exclusif. Ainsi Virgile, oubliant l'auteur des *Verrines*, accordait sans scrupule aux Grecs la palme de l'éloquence : *Orabunt causas melius...* Il a fallu des siècles pour que Lesueur et Poussin vinssent occuper dans l'estime publique la place à laquelle ils ont droit. L'intelligence du moyen âge français ne date que d'hier. Au temps où la mode de l'italien régnait sans conteste, Philibert Delorme écrivait : « Le naturel du Français est de priser beaucoup plus les artisans et artifices des nations étrangères que ceux de sa patrie, bien qu'ils soient très ingénieux et excellents. » Dans un ordre de recherches tout spécial, mais où les découvertes n'en sont pas moins des

---

(1) *Revue politique et littéraire* du 18 août 1883.

triomphes, M. James Darmesteter a montré [1] la triste vérité de cette parole. La France est modeste jusqu'à l'ingratitude, elle se calomnie à plaisir, lorsqu'elle considère les études orientales comme une création allemande, une exportation d'outre-Rhin. Un orientaliste, pour les gens du monde, c'est un professeur de Leipzig ou de Gœttingue, tout comme un jockey doit être un anglais et un musicien ambulant un Italien. Il est bon d'attirer l'attention sur ce déni de justice, de recommander aux hommages de tous ces grands inventeurs qu'on oublie si légèrement. Et l'on ne risque point, en agissant ainsi, d'encourir le reproche de *self-conceit* : les savants étrangers nous ont précédés, hélas! dans l'admiration de nos savants méconnus.

L'essai de M. Darmesteter sur l'*Orientalisme en France*, qui fait partie d'un volume où tout est à lire et à méditer, est écrit avec l'enthousiasme d'un disciple et l'autorité d'un maître. Ces conquêtes de la science et du génie sont retracées d'un style chaleureux qui nous rend leurs péripéties présentes. Dans chaque branche des études orientales, sur chacune des voies qui mènent à ce lointain passé, la France peut revendiquer quelques pionniers illustres, dont les premiers en date sont au seuil même des routes qu'ils ont frayées en les parcourant. Ce sont des Français qui ont révélé au monde la Perse ancienne, l'Égypte, l'Assyrie et le Cambodge; en Inde, nos missionnaires ont découvert le sanscrit et les travaux d'Eugène Burnouf sur le bouddhisme suffiraient à illustrer toute une génération de savants.

I

Au milieu du XVIIIᵉ siècle, on ne connaissait de la Perse ancienne que ce qu'en racontent Hérodote et Ctésias. Les témoignages des historiens classiques sur la religion de Zo-

[1] James Darmesteter, *Essais orientaux*. — A. Lévy, éditeur, 1883.

roastre avaient été recueillis dès 1590 par Brisson; mais on ignorait entièrement les livres sacrés du mazdéisme, conservés par les Guèbres ou Parsis du Guzerate, qu'un missionnaire français, Gabriel du Chinon, eut pourtant entre les mains au xvii° siècle. En 1718, un négociant de Surate rapporta à Oxford un manuscrit du *Vendidad;* on l'attacha par une chaîne de fer au mur de la bibliothèque et personne ne se préoccupa de le lire. Le hasard voulut qu'en 1754 un jeune élève de l'École des longues orientales, Anquetil du Perron, vît quatre feuillets calqués sur le *Vendidad* d'Oxford chez le sinologue Leroux Deshauterayes. A l'instant sa résolution fut prise : il décida de donner à la France les livres de Zoroastre et la première traduction de ces livres, en allant demander aux Parsis eux-mêmes le secret de leur langue et de leurs croyances.

Engagé à l'insu de ses parents comme simple soldat au service de la compagnie des Indes, Anquetil partit le 5 novembre 1754, « emportant deux chemises, deux mouchoirs, une paire de bas, une Bible et Montaigne ». Il mit trois ans pour aller de Pondichéry à Surate au milieu de difficultés et de misères inénarrables. Les Parsis, méfiants, lui refusèrent leurs leçons; mais, profitant des divisions religieuses qui régnaient parmi eux, il finit par obtenir qu'un docteur lui enseignât le zend et le pehlvi afin de s'assurer l'appui de la France contre ses rivaux. De 1758 à 1761, Anquetil apprit les langues, collectionna ou copia des textes, et, le 15 mars 1762, il déposait à la Bibliothèque du Roi 180 manuscrits zends, pehlvis, persans et sanscrits. Un autre que lui se fût hâté de publier ses découvertes; mais le génie ne va pas sans la patience, et Anquetil travailla dix ans encore avant d'imprimer sa traduction du *Zend-Avesta* (1774), qui fut une révélation pour l'Europe et le premier pas — un pas de géant — dans la voie des études iraniennes.

Le reste de la vie d'Aquetil fut aussi noble que ses débuts : repoussant les places et les honneurs qu'on lui offrait, il s'absorba dans ses chers manuscrits et resta pauvre, mais riche d'enthousiasme juvénile, jusqu'à sa mort. L'Angleterre, par la bouche de William Jones, un des fondateurs de la philologie sanscrite, avait déclaré les textes zends apocryphes : Anquetil ne répondit pas, mais la polémique continua autour de lui et après lui. Personne, chose étrange, ne songeait à reprendre l'étude directe des manuscrits qu'Anquetil avait traduits. « L'étude de sa traduction, dit M. Darmesteter, remplaçait celle de l'original, et la découverte d'Anquetil menaçait de rester stérile quand enfin parut Burnouf, le second créateur des études zendes. »

Burnouf était sanscritiste; il ne s'occupa du zend qu'épisodiquement, par occasion. Mais, quand un esprit de cette envergure touche à un sujet, il le transforme et le renouvelle. Anquetil avait suivi dans sa traduction la tradition des docteurs parses : Burnouf reconnut qu'elle était entachée d'erreurs, et, pour la contrôler, il eut recours à une traduction sanscrite d'un des livres parses, le *Yasna*[1], traduction antérieure de quatre siècles à Anquetil et représentant une tradition d'exégèse beaucoup plus pure. La grammaire comparée venait d'être créée par Bopp : Burnouf en appliqua les résultats dans son fameux *Commentaire sur le Yasna*, où l'érudition est si sûre, la méthode si parfaite, que M. Darmesteter a pu l'appeler « le manuel de la découverte ». A côté de l'histoire des mots, Burnouf y faisait celle des idées et établissait sur des bases solides la mythologie comparée de la Perse et de l'Inde.

La langue zende une fois connue, Burnouf, confirmant une hypothèse de Grotefend, aborda l'explication des textes cunéiformes de Persépolis et, dit M. Max Müller, « en donnant le premier déchiffrement scientifique de ces inscriptions, s'éleva un monument plus durable que les annales gravées sur le roc de Persépolis ». Le travail commença par la lecture de noms propres, qui se trouvèrent être la liste des provinces de l'empire perse depuis Darius, connues par les

____

(1) Cette traduction avait été faite elle-même sur une ancienne traduction pehlvie.

écrivains classiques ; les valeurs fournies par ces noms, appliquée au reste des inscriptions, donnèrent un texte qui différait du zend moins que l'espagnol ne diffère de l'italien. La langue des rois de Perse était retrouvée et la voie frayée en même temps au déchiffrement de l'assyrien, les inscriptions des rois perses étant accompagnées d'une traduction dans la langue de leurs sujets de Babylone.

Après la mort de Burnouf, les études zendes s'éteignirent en France : c'est en Allemagne qu'il faut chercher les continuateurs et les premiers disciples du grand maître. « La France, dit M. Darmesteter, se désintéressa de cette science doublement française, créée à deux reprises par l'héroïsme de l'un et le génie de l'autre. » Grâce à M. Darmesteter lui-même, cette plainte n'est plus fondée aujourd'hui : c'est le cas de paraphraser les vers de Virgile :

*Tu quoque magnam
Partem opere in tanto, sineret pudor, ipse teneres.*

M. Darmesteter a été trop modeste pour le dire ; mais le maître actuel des études iraniennes en Europe, le successeur français de Burnouf, c'est lui ! Un seul fait suffit à le prouver. L'Angleterre, il y a quelques années, entreprit de publier la traduction des livres sacrés de l'Orient sous la direction de l'illustre Max Müller : c'est à un Français, à M. Darmesteter, qu'elle demanda la version du *Vendidad*, et les deux volumes qui ont paru à Oxford, en 1880 et 1883, ont été salués par le monde savant comme des modèles d'exactitude, de pénétration et de savoir.

II

Si le missionnaire français Cœurdoux fut le premier à reconnaître la parenté du sanscrit et des langues européennes, ce sont des savants anglais, Jones, Wilkins, Colebrooke, Hamilton, qui ont fait la conquête littéraire de l'Inde ancienne.

Mais la première génération des indianistes, sous l'influence du mystique Schlegel, porta dans l'étude de la poésie indienne des préoccupations plus littéraires que scientifiques, et son instinct littéraire s'égara étrangement. On crut avoir trouvé un Sophocle dans l'auteur maniéré de *Sakuntala*, un Homère dans l'ennuyeux Valmiki ; les hymnes védiques, œuvres pédantes et raffinées, obscures par subtilité et non par profondeur, parentes de l'*Alexandra* du ténébreux Lycophron, ont passé jusqu'en ces derniers temps, sur la foi de leurs anciens interprètes, pour « le premier chant de l'humanité naissante s'éveillant en face de la nature. » La période *positive* de la philologie sanscrite commence avec Bopp, qui crée la grammaire comparée, et avec Burnouf, qui, par l'étude du pâli, rattache le vieil idiome des *Védas* aux dialectes de l'Inde moderne.

Burnouf ne cherchait dans l'étude des langues que la clef de l'histoire des idées : c'est l'intelligence des religions de l'Inde qui est désormais le but de ses efforts. D'une part, il traduisait le *Bhagavata Pourana*, la plus étendue des encyclopédies religieuses des brahmanes; de l'autre, il faisait du *Rig-Véda* l'objet de son cours au Collège de France. La mort seule l'a empêché de réunir en un corps les découvertes qu'il semait à pleines mains dans ses leçons. Du moins son enseignement ne fut pas perdu tout entier : les deux maîtres de la science védique, MM. Roth et Max Müller, sont les élèves directs de Burnouf.

Au milieu de sa traduction du *Pourana*, il fut attiré par le problème du bouddhisme. Quelle était cette religion mystérieuse qui avait envahi l'Asie depuis Ceylan jusqu'à la Chine et au lac d'Aral? Tous les systèmes d'explication possibles et impossibles avaient déjà été mis en avant lorsque les livres sacrés du Népal arrivèrent à Paris. Burnouf comprit que la solution du problème était là, dans cette masse de quatre-vingt-huit volumes de textes sanscrits. Il se mit à les étudier avec une activité fiévreuse, publia son admirable *Introduction à l'histoire du bouddhisme indien* et mourut en pleine découverte avant d'avoir achevé sa tâche. Par surcroît de malheur, il mourait en 1852, dans un des moments les plus tristes de notre histoire, *infesta virtutibus tempora*. Son élève, son successeur naturel, M. Régnier, avait été le précepteur des princes d'Orléans : il refusa de prêter serment et fut écarté du Collège de France. C'est à l'étranger et surtout en Allemagne et à Oxford que se perpétua, pendant les quinze années qui suivirent, la tradition de Burnouf. Mais vers la fin de l'empire les études sanscrites se réveillèrent en France et elles ont pris dans ces derniers temps un remarquable essor. M. Sénart avec la *Légende de Buddha*, M. Bergaigne avec sa *Religion védique*, ont rallumé le flambeau de Burnouf : le maître qu'ils vénèrent se reconnaîtrait en eux.

III

Nous venons de perdre l'Égypte, mais nous conservons l'égyptologie. La science créée par Champollion est restée une science française : les noms de Mariette, de Rougé, de Chabas, de Maspero, forment une chaîne ininterrompue que les vicissitudes politiques ne briseront pas. Quelles carrières que celles de Champollion et de Mariette ! Que d'héroïsme et de génie réunis dans ces puissantes natures ! L'un, élève du collège de Grenoble, apprend le copte à quatorze ans, déchiffre l'inscription de Rosette, esquisse toute l'histoire de l'alphabet égyptien, conquiert la vieille Égypte aussi rapidement que Bonaparte, et meurt jeune encore, au retour d'un voyage sur les bords du Nil, en recommandant à ses amis le manuscrit de sa grammaire égyptienne. « Prenez-en soin, leur disait-il ; c'est ma carte de visite à la postérité. » L'autre, qui s'est éteint de nos jours, plus chargé de gloire que d'années, était régent de septième au collège communal de Boulogne ; la vue d'une momie lui révèle sa vocation, impérieuse et irrésistible comme celle d'Anquetil. Il part pour l'Égypte en 1860 et aussitôt, par un prodige de clairvoyance, découvre le Sérapéum de Memphis. Dans cette découverte comme dans toutes celles qui suivirent, le hasard, ce grand mot de l'envie, eut bien moins de part qu'on ne le pense. « Jamais Mariette, dit M. Renan, ne fit donner un coup de pioche sans savoir ce qu'il voulait et, dans un sens général, ce qu'il trouverait. » C'est l'interprétation lumineuse d'un texte de Strabon, et non le hasard d'un coup de pioche, qui lui fit découvrir le Sérapéum. « Une découverte, dit Beulé, c'est un titre qui ne périt pas, car c'est une idée. » Quand Beulé s'exprimait ainsi, il songeait sans doute à son escalier de l'Acropole, autre exemple d'une intuition archéologique que des fouilles heureuses ont vérifiée.

L'ancien régent de collège, devenu Mariette pacha, directeur général des fouilles en Égypte, mourut sans avoir nommé de successeur. Son héritage était convoité par l'Allemagne : d'heureuses influences, l'esprit éclairé du khédive le conservèrent à des mains françaises. M. Maspero, qui a remplacé Mariette, est le premier normalien que l'égyptologie ait attiré. Avant même de quitter l'École, il avait trouvé en M. de Rougé le plus savant et le plus dévoué des maîtres. Les premiers travaux de l'élève, commencés à l'École normale, montrèrent qu'il était un maître lui-même, un maître sachant découvrir et enseigner. Dans sa chaire du Collège de France, où il succéda à M. de Rougé, M. Maspero a pu former à son tour une génération d'égyptologues dont plusieurs, appelées par lui en Égypte, le secondent activement dans ses travaux. L'étonnante découverte de Deïr-el-Bahari, bientôt suivie de l'exploration des Pyramides, a été le don de joyeux avènement de l'Égypte à M. Maspero, installé d'hier dans son nouveau royaume scientifique. Sur ce domaine du moins, les hommes ne manqueront pas à la tâche, et la fondation récente de l'Institut français du Caire assurera d'une manière définitive, si on ne lui marchande pas les moyens de vivre, la continuité d'une école qui, sur la terre égyptiennne, est à la fois notre honneur et notre consolation.

IV

Aux bords du Tigre comme aux bords du Nil, la France à
donné le signal de la résurrection d'un passé enseveli. Émile
Botta découvre Khorsabad et révèle au monde l'art assyrien ;
Place, son successeur, poursuit ses immenses travaux avec
non moins d'énergie et plus de science, en même temps
qu'une expédition dirigée par Fresnel et M. Oppert explore la
basse Mésopotamie. Sans l'indifférence du gouvernement
impérial, indifférence qu'encourageait, à vrai dire, celle du
public, la France n'aurait pas abandonné à l'Angleterre
l'exploitation de ce vaste domaine entamé par elle. Que n'aurait
pu faire Napoléon III, au lendemain du congrès de Paris, à
l'heure ou ses moindres désirs étaient des ordres pour la
Turquie, s'il avait eu le goût des recherches en Orient, l'ambition d'enrichir le Louvre en enrichissant la science ! Que ne
pouvait-on entreprendre avec des hommes comme Beulé, qui
fit à ses frais les fouilles de Carthage, comme Place, comme
Saulcy, comme M. Oppert, qui venait d'étonner l'Europe par
le déchiffrement des inscriptions assyriennes ! On ne fit rien
ou presque rien, du moins hors de France [1], et ce qui aurait pu
être l'âge d'or de l'orientalisme ne fut que l'âge d'or de la
littérature facile, de l'apologie ou de l'allusion en histoire.
C'est en 1880 seulement que la France, avec M. de Sarzec, a
repris sa place dans la vallée de l'Euphrate : en plein désert,
le monticule de Tello, exploré par une volonté tenace, dans
les conditions les plus difficiles, livra le secret de l'architecture
et de l'art archaïques de la Chaldée. Le musée du Louvre,
grâce à M. de Sarzec, est le seul à posséder aujourd'hui des
statues en ronde bosse trouvées en Mésopotamie, documents
uniques d'un chapitre nouveau qui s'est ajouté à l'histoire de

---

1. Il serait injuste de méconnaître les importantes recherches exécutées par
ordre de l'Empereur sur le sol de la Gaule, en vue de reconstituer l'histoire
des campagnes de César.

l'art. Avec des hommes comme MM. Oppert, Lenormant, Halévy, Ménant et Guyard, l'assyriologie théorique n'a jamais cessé de fleurir en France ; mais la tradition de Botta et Place était rompue, et c'est l'honneur de M. de Sarzec de l'avoir renouée.

V

Qui connaît en France le nom d'Henri Mouhot, de ce martyr obscur de la science mort de la fièvre en 1861 à Luang-Prabang, non loin des ruines merveilleuses d'Angkor qu'il avait découvertes et explorées ? M. Darmesteter a bien raison de le dire : cet homme fut de la race des Anquetil et des Mariette et les ruines de la civilisation disparue qu'il a trouvées au Cambodge sont aussi grandioses que celles d'Assur et de l'Égypte. En 1867, M. de Lagrée éleva sur ses cendres un monument modeste, seul hommage que la France ait encore rendu à sa mémoire. Grâce à l'occupation de la Cochinchine, Mouhot a trouvé bientôt des successeurs. Lagrée, comme lui, mourut à la peine ; mais le lieutenant Delaporte, en 1874, rapporta en France le premier musée khmer, et M. Faraut, en 1882, a découvert un second groupe de monuments qui rivalise avec les palais féériques d'Angkor. En même temps que les explorateurs, les philologues ont fait leur devoir. L'étude de la langue cambodgienne, commencée par Jeanneau, qui mourut épuisé en 1870, fut continuée par le lieutenant Aymonnier, chargé actuellement par l'Institut de recueillir les inscriptions de la Cochinchine. Celles qui sont connues jusqu'à présent ont été étudiées par MM. Bergaigne et Barth ; elles fournissent la liste des rois du Cambodge depuis la moitié du vii⁰ siècle après Jésus-Christ jusqu'aux xi⁰ et prouvent que la splendeur d'Angkor date de cette époque. Un domaine nouveau s'est ouvert aux études orientales, et la France, qui l'a fait connaître, est encore presque seule à le défricher.

VI

Si nous tournons nos regards vers la Chine, vers l'Yémen, vers la Phénicie et la Judée, nous rencontrerons partout encore les noms des savants français : Stanislas Julien, Halévy, Renan, Clermont-Ganneau, de Saulcy, de Vogüé. Mais les résultats que nous avons exposés suffisent à justifier la conclusion de M. Darmesteter : dans quatre domaines sur cinq, la découverte initiale appartient à la France, et, dans tous, la plupart des pas décisifs ont été faits par elle. On commet donc une erreur et une injustice en voyant dans l'orientalisme une science d'origine étrangère, mal acclimatée sur notre sol, « que quelques lettrés délicats ne seraient pas loin de proscrire comme contraire au génie de notre pays ».

Mais, s'il n'est pas de fumée sans feu, il n'est pas non plus d'erreur vulgaire qui n'ait à sa source une parcelle de vérité. Nous avons eu d'illustres philologues : nous n'avons guère eu d'écoles philologiques. Ce qui manque à notre science depuis un siècle, c'est le secret même de notre supériorité dans les arts, c'est ce qui fait la force de la science allemande : la tradition. Des individualités brillantes, des hommes de génie isolés ne tiennent pas lieu d'une ruche de travailleurs même médiocres, mais obéissant à une direction commune. C'est pourquoi nous avons fait tant de découvertes qu'il a été réservé à l'Allemagne d'étendre ou d'approfondir. Dans les *séminaires* des universités d'outre-Rhin, la division du travail et la collaboration sont la règle : un savant illustre comme M. Mommsen réunit autour de lui vingt ou trente jeunes gens, souvent des maîtres eux-mêmes, qui sacrifient volontiers leur amour-propre pour se subordonner à un chef dans la préparation de quelque grande œuvre commune. Ainsi seulement l'Allemagne a pu accomplir, en un temps relativement court, des travaux gigantesques comme le *Corpus* des inscriptions latines. *Anknüpfen, beitragen,* c'est-à-dire *ratta-*

cher et *contribuer*, sont des mots dont notre langue ne fournit même pas les équivalents et qui désignent des procédés de travail peu connus chez nous : par là seulement la philologie allemande est plus fortement constituée, plus nationale que la nôtre. En France, chacun veut faire son œuvre, élever son monument ou son piédestal; le travail collectif existe à peine. Les savants ont plutôt un public qu'une école, des auditeurs que des disciples; il n'y a pas cinq philologues qui puissent nommer des élèves auxquels ils aient donné tout ce qu'ils peuvent transmettre de leur savoir. Où sont les élèves de ces hommes éminents qui s'appelaient Letronne, Boissonade, Stanislas Julien, Longpérier? Et quand je dis *élèves*, je n'entends par là ni des amis dévoués ni des auditeurs plus ou moins assidus, mais de véritables *fils selon l'esprit*, des héritiers intellectuels. Sans unité, sans tradition, la science française a fait des prodiges : que ne pourrait-on attendre d'elle le jour où elle posséderait l'une et l'autre?

Le grand Sphinx [1]

II

LE DÉBLAIEMENT DU GRAND SPHINX [2]

Vers l'an 1500 avant l'ère chrétienne, le roi Thoutmès IV, qui venait de monter sur le trône des Pharaons, chassait un jour le lion et la gazelle dans les environs des pyramides de Gizeh. Fatigué par la chaleur, il se rendit aux pieds du géant Harmakhis et s'endormit du sommeil des chasseurs heureux.

Alors le roi Thoutmès eut un songe : il lui sembla que le géant lui parlait de sa propre bouche, *comme un père à son enfant,* dit notre texte. Harmakhis ordonnait au roi Thoutmès de débarrasser sa divine image des sables du désert qui l'avaient à moitié ensevelie. Au réveil, le Pharaon se souvint

1. Cliché emprunté à *l'Histoire de l'art dans l'antiquité,* de MM. **Perrot** et **Chipiez.** — Hachette, éditeur.
2. *République Française* du 6 mai 1886.

de l'avertissement céleste. Il mit les fellahs d'alors à l'œuvre,
désensabla Harmakhis et, en souvenir de ce pieux travail, fit
graver une stèle commémorative qui existe encore aujour-
d'hui.

M. Maspero, cet infatigable chasseur de temples, de statues
et de momies, ce roi de l'égyptologie comme Thoutmès IV
était roi de l'Égypte, a-t-il aussi, pendant une sieste bien
méritée, reçu les ordres du sphinx Harmakhis? On le dirait,
et ce ne serait que justice si Harmakhis daignait parler à
celui qui est si capable de le comprendre. Ce qu'a fait Thoutmès il y a trois mille ans, M. Maspero vient de l'entreprendre
à son tour ; malheureusement, il n'est ni Pharaon ni vice-roi,
il vit dans un temps où les journées de travail se payent,
même en Égypte, et où il ne suffit plus d'un *Fiat lux* royal
pour écarter des montagnes de sable : il y faut de l'or. Cet
or, le musée de Boulaq en a très peu, si ce n'est dans ses
vitrines, où il doit rester sous clef. C'est à la France, cette
patrie de prédilection de l'égyptologie, que M. Maspero a
demandé des subsides pour désensabler le colosse enseveli.
M. Maspero sait par expérience que ses appels à la générosité de notre public ne sont pas moins écoutés que celui
du Sphinx à Thoutmès. Au mois de mars 1884, quand il s'est
agi d'entreprendre des fouilles à Louqsor, il a demandé de
l'or à Paris, et Paris ne s'est pas fait tirer l'oreille. Au mois
de mars 1886, l'illustre directeur des fouilles d'Égypte a sollicité, par la plume de M. Renan, quelques offrandes pour
déblayer le Sphinx, et la première liste de souscription a
dépassé 12,000 francs. Les travaux, commencés à petit bruit
depuis le mois de janvier, vont prendre un essor rapide, et
Harmakhis ne tardera pas à être content. La libéralité du
public français a produit le meilleur effet au Caire, où tout le
monde, écrit M. Maspero, tant dans la ville que dans les faubourgs, ne parle plus que du Sphinx. Le géant est devenu le
héros du jour, un but de pèlerinage qui fait tort à ses grandes
voisines les Pyramides. La nuit, par les beaux clairs de lune,
il voit arriver à ses pieds des bandes joyeuses, avec des paniers

de vin de champagne que l'on vide à sa santé. Mais, en buvant au Sphinx, on boit aussi à la France, et les échos de ces fêtes lointaines, renvoyés par les Pyramides à Notre-Dame, ne risquent pas de nous trouver indifférents.

Tout le monde connaît, au moins par des photographies, ce mystérieux colosse, gardien cinquante fois séculaire du champ de repos où surgissent les Pyramides. En Égypte, les sphinx vont toujours deux par deux et forment de longues avenues en avant des temples ; seul, celui de Gizeh est isolé dans sa majestueuse grandeur. Avec son corps de lion et sa tête virile ceinte du bandeau royal, il est à la fois une effigie et un symbole. Dans l'opinion des Égyptiens, chaque Pharaon était une incarnation terrestre du dieu solaire, nulle part plus puissant et plus redoutable que sur les rives du Nil. Aussi les rois choisissaient-ils la forme du sphinx pour représenter allégoriquement leur nature divine, où se mêlaient l'intelligence de l'homme et la force du lion. Les sphinx sont des portraits royaux autant que des dieux.

De quel Pharaon le Sphinx de Gizeh est-il l'image ? On l'ignore encore, mais on le saura peut-être bientôt. Ce qui est certain, c'est qu'il est antérieur de plusieurs siècles aux grandes Pyramides, antérieur, comme nous l'apprend une inscription, au règne de Chéops : c'est le doyen des monuments figurés de l'ancien monde. On l'appelait *Harmakhouti*, d'où les Grecs ont fait *Harmakhis* ; les Arabes le nomment aujourd'hui *Aboul' hôl*, c'est-à-dire « le père de l'épouvante ». Harmakhis, c'est le soleil à l'horizon, le soleil couchant et le soleil levant à la fois, Vesper et Lucifer. Horus sur l'horizon, gardien de la nécropole royale, symbolise la lumière renaissante qui refoule les ténèbres, l'âme qui triomphe de la mort, la résurrection ; à la lisière de la terre fertile et du désert, il représente la fécondité et la vie. Sur le plateau où il projette son ombre, les rois ont édifié leurs pyramides, les riches ont creusé leurs sépultures, et tout autour de lui ce ne sont que temples et que tombeaux. Il est bien établi que ce colosse a été taillé dans le roc vif, comme les gigantesques figures de l'île de Pâques, les *Anga-tabou* qui firent l'étonnement de la Pérouse ; sans doute, le rocher qui émergeait à cet endroit affectait d'une manière plus ou moins vague l'aspect d'un lion couché, à tête humaine, et cette première œuvre d'art de l'Égypte vérifie le mot de Bacon, que l'art est l'homme ajouté à la nature, *homo additus naturæ*. On s'est contenté, sur certains points, de suppléer par de la maçonnerie aux insuffisances du roc.

Le monstre à $19^m,80$ de long ; son oreille atteint $1^m,97$, son nez $1^m,79$, sa bouche $2^m,32$; déblayé jusqu'au sol, il sera plus élevé qu'une maison de Paris à cinq étages. Nous savons que la tête, tournée vers l'Orient, était peinte d'une couleur rouge très-vive qui s'illuminait aux premiers rayons du jour.

L'éternel ennemi du Sphinx, ennemi que M. Maspero s'apprête à vaincre, c'est le sable du désert, tantôt montant par couches presque insensibles, tantôt poussé en tourbillons par le *khamsin* et s'accumulant en montagne contre ses flancs. Son histoire, s'il pouvait la raconter, serait celle de sa lutte contre le sable. Nous avons vu que Thoutmès, vers 1500 av. J.-C., l'avait une première fois dégagé et avait fait appuyer une stèle immense sur son épaule droite. Plus tard, avec cette stèle et d'autres de Ramsès II, on construisit au même endroit une sorte de temple. Quelques siècles après, le sable l'emporte de nouveau ; avec les grandes stèles déplacées, on disposa une chambre à ciel ouvert dans le creux formé par les pattes de devant du Sphinx. Tout un ensemble de constructions, qui ont été déblayées en 1816, fut élevé là par les Ptolémées et les Romains, Du temps de Trajan, l'enfouissement était si complet qu'il fallut abandonner le chemin de côté par lequel on accédait au Sphinx, et l'on bâtit, à l'usage des visiteurs, un large escalier en avant des pattes. Ces visiteurs des beaux siècles de l'Empire étaient peut-être moins nombreux que les touristes d'aujourd'hui, mais, comme eux, ils ne résistaient pas au plaisir de laisser leurs noms sur des monuments qui devaient les transmettre aux siècles futurs. C'est à cette manie que nous devons bien des inscriptions curieuses gravées par des Grecs et des Romains grécisés sur les parois et les colonnes des temples, sur le Sphinx, sur le colosse de Memnon. Le second doigt de la patte gauche d'Harmakhis porte une pièce de quatorze vers signée d'un nom illustre, celui de l'historien d'Alexandre le Grand, Arrien. Il faudrait, pour en faire saisir le charme, la citer en grec ; mais hélas ! M. Frary a raison, et l'on n'entend plus guère, faute de s'en donner la peine, la plus belle de toutes les langues. Voici donc une pâle traduction de ces vers, dont il faut renoncer à rendre l'allure : « Les dieux éternels ont formé ton corps étonnant dans leur sollicitude pour une région brûlée par la chaleur où tu répands ton ombre bienfaisante. Ils t'ont posé comme une île rocheuse au milieu d'un large plateau dont tu arrêtes le sable. Ce voisin, que les dieux ont donné aux Pyramides, n'est pas, comme à Thèbes, le sphinx homicide d'Œdipe : c'est le suivant sacré de la déesse Latone, le gardien du bienfaisant Osiris, le chef auguste de la terre d'Égypte, le roi des habitants du ciel semblable au soleil, égal de Vulcain. »

En avant des pattes du Sphinx est une esplanade pavée, puis un escalier de trente marches, suivi d'une autre esplanade et d'une sorte d'estrade à laquelle on accède par un escalier de douze marches. Letronne a conjecturé — mais ce n'est là qu'une conjecture — que l'esplanade en avant du Sphinx servait à l'affranchissement des esclaves dans l'Égypte gréco-romaine. Le temple qui la dominait fut restauré, comme nous l'apprend une inscription, sous le règne de Septime-Sévère. Antérieurement à cette date, en 166, le mur d'enceinte avait été réparé sous le règne de Marc-Aurèle et de Verus. Ce sont là des renseignements que les inscriptions nous donnent ; mais les auteurs anciens ont fort peu parlé du Sphinx. Ni Hérodote, ni Diodore, ni Strabon ne l'ont mentionné. Pline l'Ancien, qui lui consacre quelques lignes, en fait le tombeau du roi Armaïs, qui n'a jamais existé ; le compilateur avait mal entendu le nom d'Harmakhis donné au Sphinx par les Grecs d'Égypte. Au xiiie siècle, un auteur

arabe, Abdallatif, parle du Sphinx avec une vive admiration ;
il vante la douceur majestueuse de son aspect, le sourire qui
embellit son visage. Quand on demandait à Abdallatif ce qu'il
avait vu de plus merveilleux, il répondait : « L'exactitude des
proportions de la tête du Sphinx ». On attribue la mutilation
de cette tête, qui rappelle aujourd'hui le type de la race nègre,
au vandalisme des Mameluks ; ils l'auraient prise, au siècle
dernier, pour cible dans leurs exercices d'artillerie. La mutilation est cependant plus ancienne, témoin ce curieux passage
du bon Paul Lucas, qui visita l'Égypte à la fin du règne de
Louis XIV : « Outre les grandes pyramides, on en voit proche
un assez grand nombre de plus petites, de toutes grandeurs.
Parmi celles-ci, il y en a une surmontée d'une tête prodigieuse en grosseur qui regarde du côté du Caire : on l'appelle
le Sphinx, à cause de sa figure. La base est proportionnée au
colosse qu'elle soutient. La tête de la figure à environ cent
pieds de tour. *Le nez en est fort mangé.* Cette figure est toute
d'une pièce, et l'on tient qu'elle est creuse par dedans. Elle
paraît être en marbre, quoique ce ne soit que de la pierre.
Les gens d'à-présent de ce pays disent qu'il arrive toujours
quelque malheur à ceux qui veulent monter dessus. L'on
m'en fit même plusieurs histoires ; cependant, malgré tout ce
qu'on m'en put dire, si je n'eusse point été si las ou qu'il n'y
eût pas tant de difficulté pour y monter, j'y aurais grimpé. »
Lucas venait de faire l'ascension de la grande pyramide ; il
est bien excusable d'avoir reculé devant celle du Sphinx.

En 1816, le capitaine Caviglia entreprit de déblayer la partie
antérieure du colosse. C'est lui qui découvrit les constructions
romaines et les inscriptions dont nous avons parlé tout à
l'heure. Un plan de ses fouilles, qui ont été comblées depuis
par le sable, fut levé par le docteur Ricci. Ce plan indiquait,
derrière le grand Sphinx, des chambres inconnues, indication
qui fut un trait de lumière pour Mariette, chargé d'une mission en Égypte dans l'automne de 1850. La même année, il
avait commencé ses glorieuses fouilles du Sérapeum de Men-
phis, inspirées par un passage de Strabon ou peut-être par une

page de Letronne qui avait appelé l'attention sur le texte du
géographe grec. En 1852, les fouilles terminées, il se tourna
vers le Sphinx. Pline s'était trompé en voyant dans le Sphinx
le tombeau d'*Armaïs* ; mais le tombeau pouvait bien être dans
le voisinage. Pour s'en assurer, Mariette manquait d'argent ;
heureusement, le Mécène de ce temps-là, un Mécène doublé
d'un véritable savant, le duc de Luynes, vint en aide à l'intré-
pide chercheur. C'est avec les fonds du duc de Luynes, auxquels vinrent s'ajouter plus tard des subsides de l'État, que
Mariette découvrit le plus ancien temple du monde, cet étrange
sanctuaire situé à 40 mètres au sud-est du pied droit du Sphinx.
« Cette bizarre construction, écrit M. Renan, ressemble
moins aux autres temples de l'Égypte que le Parthénon ne
ressemble à Notre-Dame ». L'auteur d'un traité sur *la Déesse
syrienne*, qui vivait vers le second siècle de notre ère, avait
dit que les Égyptiens, dans les temps les plus reculés, cons-
truisaient des temples sans images sculptées. C'est un temple
de ce genre que Mariette a découvert sous le sable, dont il
a déblayé l'intérieur et qu'il a rendu accessible par un escalier.
Qu'on se figure un massif de maçonnerie carré, éveillant l'idée
d'une forteresse plutôt que d'un édifice religieux, où l'angle
droit règne partout, où le pilier n'est pas encore devenu
colonne, dont les parois ne montrent aucune inscription,
aucune image : à l'intérieur, deux grandes salles en forme
de T et d'étroites chambres latérales avec des niches. Rien ne
nous éclaire sur la destination de ce singulier édifice, qui
semblerait appartenir encore à l'architecture mégalithique
représentée par les murs dits cyclopéens en Grèce, par les
enceintes des plus vieilles cités de l'Italie, par les dolmens
de l'Inde, de l'Europe et de l'Afrique.

En archéologie, on n'explique qu'à la condition de rapprocher, et comme le temple du Sphinx est jusqu'à présent unique
en Égypte, le problème qu'il soulève n'est pas encore résolu.
Mariette lui-même a plusieurs fois changé d'avis à son égard :
tantôt il inclinait à y voir un temple, tantôt il y reconnais-
sait un tombeau. La présence des niches, malgré l'absence de

toute représentation funéraire, parlerait en faveur de cette dernière explication : mais, d'autre part, le voisinage du Sphinx suggère naturellement l'hypothèse que le temple d'Harmakhis s'élevait auprès de son image. Dans un puits qui contenait de l'eau et qui est situé à l'intérieur de la construction, Mariette découvrit sept statues de Chéfren, le constructeur de la seconde pyramide. La plus belle, une des merveilles de l'art égyptien, est au musée de Boulaq. C'est notre faute, ou plutôt celle du gouvernement impérial, si elle ne figure pas au Louvre avec les dépouilles du Sérapeum. Mariette, arrêté dans ses travaux par le manque de fonds, ne put explorer ce puits que plus tard, avec une subvention fournie par Saïd-pacha. « Quelques centaines de francs de plus, écrivit-il à ce propos, et la statue de Chéfren serait aujourd'hui au musée du Louvre. » Du moins la science n'a-t-elle rien perdu à ce contre-temps, car la statue a été conservée depuis, grâce à M. Mariette et à M. Maspero, avec toute la sollicitude qui lui est due. C'est un colosse en diorite d'une extrême dureté, qui n'a pu être taillé qu'à l'aide d'outils aussi parfaits que les nôtres. Un sculpteur anglais disait même à M. Ebers qu'il n'oserait pas attaquer pareille matière avec son ciseau. Comment les statues de Chéfren se sont-elles trouvées dans le puits du temple? A quelle époque ont-elles été jetées dans cette fosse? Autant de problèmes auxquels on ne peut répondre que par des hypothèses provisoires : l'archéologie égyptienne, qui a fait tant de grandes choses, est si jeune encore, et la vieille archéologie gréco-romaine est si souvent condamnée elle-même au « Je ne sais! »

Un des projets favoris de Mariette, c'était de désensabler complètement le Sphinx, de recommencer et de terminer le travail de Caviglia, puis de construire à l'entour un mur d'enceinte qui tînt le sable en respect et défendît au désert d'aller plus loin. C'est ce qu'il a fait pour Ipsamboul, ce qu'il voulait faire pour Edfou et pour Denderah. Absorbé par des travaux multiples qu'il poursuivait à la fois sur un trop grand nombre de points, Mariette ne put donner suite à cette idée.

Mais, en 1879, dans une lecture faite devant les cinq Académies, qui est en quelque sorte son testament archéologique Mariette indiquait le déblaiement du Sphinx comme un des travaux les plus utiles qui s'imposaient à la direction des fouilles.

« Le sphinx et son temple, disait-il, nous apparaîtront alors dans leur état primitif, et aucune des particularités qu'ils présentent ne pourra nous échapper. Pline ne paraît se tromper qu'à moitié en disant que le Sphinx est un tombeau. Il ne serait pas impossible que, comme à Denderah, à Edfou, à Karnak, à Philæ, existât quelque part dans le corps du monstre une crypte, un caveau, une chapelle souterraine qu'on aurait prise pour une tombe. Le père Vansleb a bien parlé d'un puits qui aurait son ouverture dans le dos du Sphinx. »

M. Maspero a tenu à honneur de reprendre et de mettre à exécution le projet de Mariette. Jusqu'au milieu du mois d'avril, il n'avait fait que renouveler les fouilles de Caviglia, comblées depuis par le sable : il avait déblayé la poitrine, une partie des pattes et de l'escalier qui descend à la plaine. Mais, à ce moment, la cohésion et la dureté des couches inférieures lui firent comprendre qu'il attaquait des parties auxquelles on n'avait pas touché depuis des siècles. Aux termes de sa dernière communication, il se proposait de porter l'effort sur deux points, sur la patte droite et sur les premières marches de l'escalier. Peut-être allait-on directement du Sphinx au temple de granit qui est à sa droite, et alors on risquerait de rencontrer, le long du chemin, une décoration de statues analogue à celle que Mariette découvrit au Sérapeum. Peut-être aussi quelque chapelle inconnue se dissimule-t-elle dans l'espace qui sépare le Sphinx du temple de granit. Les artistes égyptiens ont toujours représenté Harmakhis posé sur un socle cubique orné de rainures et de dessins analogues à ceux qu'on observe sur divers sarcophages de l'ancien empire. Il s'agit de savoir s'ils ont obéi à un caprice d'artiste, ou s'ils ont reproduit le spectacle qu'ils avaient sous les yeux ; en d'autres termes, si le Sphinx est couché à même sur un lit de roc ou si on lui avait taillé dans la montagne un socle gigantesque. Dans cette dernière hypothèse, continue M. Maspero, on aurait chance de rencontrer sur la face orientale une porte de temple ou de tombeau. Et alors, si c'était le tombeau de Ménès? Toutes les espérances sont permises quand on remue un sol presque vierge. Il est vrai que l'on ne trouve presque jamais ce que l'on cherche; mais on s'en dédommage souvent, et au-delà, en découvrant autre chose à quoi l'on ne songeait point.

Quelques semaines encore, et pour la première fois depuis Thoutmès, le grand Sphinx sera entièrement dégagé. M. Maspero ne fera point dresser de stèle commémorative de son travail; il n'a pas besoin de cela pour que la postérité s'en souvienne. C'est un homme heureux qui doit avoir sa part à l'immortalité des monuments qu'il déblaye. O pattes d'Harmakhis, vous reparaîtrez à la lumière, vous serez délivrées des monts de sable qui vous écrasent, vous pourrez, au besoin, vous défendre d'un coup de griffe contre les bons touristes armés de marteaux qui tenteraient, — et ils le tenteront sans doute, — de se faire des presse-papiers à vos dépens!

On lit dans le *Journal des Débats* du 19 juin 1887 :

La dernière partie du rapport de M. Maspero est consacrée au déblayement du Sphinx de Gizeh, déblayement qui est l'œuvre propre de la souscription ouverte, il y a trois ou quatre ans, dans les colonnes de ce journal. Aujourd'hui, le devant du Sphynx est entièrement déblayé, et l'on peut contempler de nouveau dans toute sa grandeur ce géant, taillé en plein roc, au rebord extrême du plateau libyque, et qui semble hausser la tête pour être le premier à découvrir par-dessus la vallée le lever de son frère le soleil. On voit encore, sur l'esplanade réservée le long de ses pattes, un autel avec une sorte de chapelle, puis, contre sa poitrine, la stèle placée par Thontmès IV, lorsqu'il le fit déblayer. Un autre autel et deux stèles de Ramsés II ont été enlevés et transportés au Musée britannique.

C'est la sixième fois, depuis l'origine, que le Sphinx est rendu à la lumière. La plus ancienne tentative de déblayement que nous connaissons fut exécutée au temps de Khâfra, probablement lors de la construction de la seconde des grandes pyramides. Le travail fut recommencé plus tard par Thoutmès IV.

Une troisième fois, à l'époque gréco-romaine, on déblaya le Sphinx et on répara son poitrail et ses pattes qui tombaient en ruines. On construisit même un mur qui longeait ses flancs, pour le préserver contre l'invasion du sable. Mais, cette fois encore, le sable revint, recouvrit tous ces travaux et l'ensevelit jusqu'au cou, et il est resté, ne montrant aux voyageurs que sa tête gigantesque, jusqu'au commencement de ce siècle. En 1818 enfin, Caviglia, puis, en 1833, Mariette le dégagèrent de nouveau.

Quand M. Maspero entreprit un nouveau déblaiement, il espérait trouver, à la base du Sphinx, une ouverture conduisant à des chambres intérieures; car il n'est guère admissible qu'un pareil bloc de pierre ne cache pas de secrets. Son attente a été déçue. La pierre ne présente pas d'ouvertures. Du moins a-t-il eu le privilège de rendre à la lumière un des monuments les plus étranges de l'ancien empire d'Égypte. D'ailleurs, il ne considère pas tout espoir comme perdu et il se demande si ce géant ne reposerait pas lui-même sur une terrasse dans laquelle il faudrait chercher le mystère de ce Sphinx qui se dresse comme une énigme au milieu de la vallée du Nil. Mais le déblayement de cette base, si elle existe, exigerait des travaux tout autrement importants, et c'est une granda tâche que M. Maspero a laissée à ses successeurs.

En contemplant cet envahissement du sable, on ne peut se défendre d'une remarque. Quand les anciens Égyptiens ont taillé ce Sphinx dans le roc, la vallée n'était pas envahie par le sable, sans quoi le roc en eût été recouvert, comme il l'est aujourd'hui, et le travail eût été impossible. A quelle époque nous fait donc remonter ce travail gigantesque, puisque, déjà du temps de la IIIᵉ dynastie, le sable avait enseveli le Sphinx! Et si l'on veut admettre que, à cette époque déjà, le sable recouvrait la plaine, de quels moyens disposaient, pour triompher de cet obstacle toujours renaissant, les premiers habitants de l'Égypte!

III

LES FOUILLES DE SUSE[1]

Les bonnes fortunes de l'archéologie militante laissent d'ordinaire le grand public assez froid. Il n'apprécie ni l'importance des résultats obtenus ni les sacrifices et les efforts qu'ils ont coûtés. Ce n'est pas une tâche facile d'enrichir les musées et trop souvent ceux qui se sont dévoués à ce labeur n'ont récolté que des déceptions ou l'oubli. En voyant, dans la salle assyrienne du Louvre, les énormes taureaux de Khorsabad ou les statues en diorite de Tello, le visiteur ne pense pas assez à MM. de Botta et de Sarzec, qui en ont assuré la possession à la France. Les découvertes de M. de Sarzec, les plus brillantes que l'on ait faites depuis vingt ans dans le domaine de l'archéologie orientale, n'ont été estimées à leur valeur que par un très petit nombre de juges éclairés; il semble presque qu'on n'ait eu qu'à se baisser pour recueillir ces merveilles, qu'à les confier au premier chemin de fer pour les transporter au Louvre. Trop heureux encore lorsque, après avoir vingt fois risqué sa vie, un archéologue ne s'entend point dire, au retour, qu'il a dépensé trop d'argent pour peu de chose! On pourrait compter sur les doigt d'une main ceux auxquels on a rendu justice de leur vivant.

M. Dieulafoy est de ces derniers, et la mission qu'il a dirigée en Susiane ne peut se plaindre de l'indifférence du public. Ses découvertes sont déjà célèbres avant d'avoir été toutes déballées; la presse s'est efforcée d'en faire sentir l'importance à ceux que la recherche des antiquités intéresse le moins. Cette heureuse exception est due à plusieurs causes.

---

1. *République Française* du 18 novembre 1886.

Une femme héroïque faisait partie de l'expédition; elle a obtenu, au retour, la plus légitime et la plus flatteuse des récompenses. Les objets exhumés rappellent les noms de Darius et d'Artaxerxès, noms familiers à tous dès les bancs du collège et qui rehaussent, par avance, le prestige des œuvres auxquels ils sont attachés. Le goût des souvenirs historiques est beaucoup plus répandu que celui des belles choses; jadis, au musée des Souverains, que l'on a eu grand tort de disperser, le berceau du roi de Rome captivait l'attention de ceux que Raphaël laisse indifférents. M. Schliemann a dû une partie de sa célébrité aux noms de Priam, d'Agamemnon et de Clytemnestre, qu'il a placés, comme des étiquettes à sensation, sur ses découvertes d'Hissarlik et de Mycènes. Mais en voilà assez sur les causes de la popularité des fouilles de Suse; ce qui importe, c'est que cette popularité soit durable, et que la prochaine exposition des objets rapportés au Louvre ne fasse que confirmer le jugement rendu d'avance par l'unanimité des connaisseurs. Nous sommes certain qu'il n'en peut être autrement.

La Perse a été visitée de bonne heure par les archéologues. Dès le xvie siècle, un ambassadeur de Philippe III à la cour du shah Abbas le Grand décrivait les ruines de Persépolis. Au xviie siècle, Chardin y fit des recherches fructueuses; de notre temps, Ker Porter, Texier, Coste et Flandin, Loftus, et, tout récemment, une expédition allemande, ont fait connaître avec assez d'exactitude les monuments épars sur le sol. Mais les progrès de la photographie rendent aujourd'hui suspects ou inutiles la plupart des anciens ouvrages à planches; il faut recommencer les courses des explorateurs qui n'ont pas eu à leur disposition ce précieux moyen de fixer leurs souvenirs. C'est ce que voulait faire M. Dieulafoy lorsqu'il entreprit, en 1881, son premier voyage archéologique en Perse.

L'étude de l'art persan et, en particulier, de l'architecture achéménide était encore assez arriérée. M. Dieulafoy en a fait l'objet d'un travail d'ensemble, *l'Art antique de la Perse,* dont plusieurs livraisons ont déjà paru. Mais il ne suffisait pas à sa curiosité d'ingénieur et d'archéologue de reproduire et de décrire exactement les ruines apparentes telles que le tombeau de Cyrus et la colonnade célèbre de Persépolis. C'était le sous-sol de la Perse qu'il se proposait d'interroger. Les monticules qui marquent l'emplacement de Suse l'avaient vivement intéressé : c'est là qu'il résolut de porter ses premiers efforts. Il demanda l'appui de M. de Ronchaud, directeur des musées nationaux, qui s'employa ardemment en sa faveur. Une première mission, composée de M. et Mme Dieulafoy, M. Babin, ingénieur des ponts et chaussées, et M. Houssay, docteur ès sciences naturelles, quitta Paris à la fin de 1884 et atteignit Suse à la fin du mois de février 1885.

Deux savants anglais, le colonel Willams et sir W. Loftus, avaient entrepris des fouilles à Suse de 1851 à 1853. Avant cette époque, l'emplacement de la grande ville n'était même pas fixé avec certitude : quelques-uns la plaçaient à Dizfoul, d'autres à Schuster. Les explorateurs anglais, bien qu'entravés par des difficultés de toute sorte, obtinrent des résultats remarquables auxquels il convient de rendre hautement justice. Ils attaquèrent l'un des monticules et y découvrirent les restes du palais d'Artaxerxès avec des inscriptions trilingues qui furent déchiffrées par M. Oppert. Mais M. Loftus ne put reconnaître l'entrée du palais, et l'hostilité du clergé de Dizfoul l'obligea à interrompre les travaux que le gouvernement anglais, occupé à ce moment de Ninive, n'avait d'ailleurs secondés que mollement.

L'emplacement de Suse, qui est située dans la partie occidentale de la Perse, non loin de la frontière anatolienne, est traversé par une grosse rivière, l'Ab-Kharkha, l'ancien Choaspes. Les palais et les temples étaient construits sur la rive gauche, qui est toute couverte de *tumuli* ou monticules artificiels de décombres. Les plus importants sont au nombre de trois ; malheureusement ils sont voisins d'une construction musulmane que la piété des Chyites considère comme le tombeau de Daniel. A ce fâcheux voisinage sont dus la plupart

des difficultés et des périls que la mission de M. Dieulafoy eut
à surmonter.

Le gouverneur de l'Arabistan, Mozaffer-el-Molk, se montra
d'abord favorable aux fouilles, mais le fanatisme des musulmans ne tarda pas à s'en alarmer. Excités par le clergé de
Dizfoul, ils étaient convaincus que les Français voulaient
creuser des galeries souterraines pour enlever les talismans
déposés dans le tombeau de Daniel. Sept cents hommes s'ar-
mèrent pour exterminer la mission ; ils furent contenus à grand
peine par le cheik Tahër, le chef religieux de la contrée, qui
était l'ami des explorateurs. Soudain commencèrent des pluies
torrentielles, des orages mêlés de tonnerre et d'éclairs ; pour
comble d'ennui, le monticule où fouillait M. Dieulafoy avait
été converti en cimetière à l'époque des Parthes et chaque
coup de pioche amenait des ossements à la lumière. Plus de
doute, les sacrilèges des chrétiens irritaient le prophète
Daniel qui s'apprêtait à détruire les récoltes et à inonder le
pays ! En vain M. Dieulafoy jura qu'aucun de ses ouvriers
n'approcherait du tombeau de Daniel : le clergé de Dizfoul
s'adressa à Zellé-Sultan, le fils du shah, et le gouvernement
de Téhéran signifia à notre ministre que les fouilles devaient
cesser immédiatement.

On était au mois d'août 1885 ; les travaux effectués jusque-là avaient été sans cesse entravés non seulement par
les pluies et les orages, mais par les menaces des pillards, les
grèves et les révoltes des ouvriers. Il fallut prodiguer les
cadeaux et les promesses pour réussir à enlever cinquante-
six caisses remplies des *talismans de Daniel*. MM. Babin et
Houssay restèrent sur les lieux, tandis que M. et Mme Dieulafoy ramenaient leur précieuse cargaison vers la France. Elle
semblait en sûreté à Amarah, petite ville turque sur le Tigre,
lorsque l'avidité des douaniers ottomans remit tout en question. Évaluant le contenu des caisses à 100.000 francs, ils
exigèrent 6.000 francs de droits de passage ; puis le vali de
Bagdad, renchérissant sur ses subordonnés, mit l'embargo
sur le tout en prétextant que ces antiquités *avaient bien pu*

être découvertes sur territoire ottoman. On sait que depuis 1884, cédant aux conseils de quelques enragés, la Porte a prohibé l'exportation des antiquités découvertes sur le territoire de l'empire. Il fallut de longues négociations et une note énergique de notre ambassade pour que les caisses, confisquées à Bagdad, pussent reprendre le chemin de Paris.

La Perse avait d'abord refusé de laisser recommencer les fouilles; elle finit par en autoriser la reprise, à la condition qu'elles eussent complètement cessé au printemps de 1886, date du grand pèlerinage au tombeau de Daniel. M. Dieulafoy repartit pour Suse où il arriva le 13 décembre 1885, après avoir échappé non sans peine aux bandes de pillards qui courent le pays. Ne disposant que d'un temps limité, il résolut de concentrer tous ses efforts sur le point le plus important, qui avait donné de brillants résultats dans la campagne précédente. Il poussa les travaux jusqu'à la fin d'avril et se trouva alors en présence des effrayantes difficultés du transport. Il s'agissait de faire arriver jusqu'à la mer, à travers un pays sans routes, coupé de fondrières et de marais, sept à huit morceaux de pierre pesant chacun de 2.500 à 3.000 kilogrammes, outre une quantité de menus objets qui craignaient l'humidité et les secousses violentes. Mozaffer, devenu très hostile, refusa sèchement de prêter les chevaux de l'artillerie persane et les harnais qu'on lui demandait; en outre, il fit défense aux muletiers et aux chameliers du pays de louer leurs bêtes aux explorateurs. Cette fois encore, tout était perdu sans l'énergie de M. Dieulafoy et son habileté à se servir du *bakschich*. On acheta des mulets, on fabriqua des harnachements, on construisit des chariots. Mais les mulets, qui n'étaient pas dressés, refusèrent tout service : il fallut, pour les décider à se mouvoir, faire marcher devant eux quelques juments de leur choix! On mit huit heures à parcourir le premier kilomètre, avec un chargement de 1,500 kilogrammes. Le voyage fut plein de fatigues et de dangers. Dès le 15 avril, le thermomètre marquait 45° à l'ombre; la température, au dehors, variait de 65° à 72°. Après des efforts surhumains,

Mme Dieulafoy tomba de cheval, terrassée par un implacable
soleil. Elle reprit connaissance le soir et son mari put la conduire jusqu'au village d'Awas, où elle resta pendant huit
jours entre la vie et la mort. M. Babin souffrait cruellement
de la dysenterie; l'excellent maître charpentier de Toulon,
qui avait construit les chariots, tremblait la fièvre. Puis,
quand on arriva à la rivière, l'Ab-Dizfoul, il y eut les mille
difficultés de l'embarquement, d'une navigation longue et
périlleuse : bien des fois les voyageurs ont dû songer à ce
radeau du Tigre sur lequel sombrèrent, il y a trente ans, les
richesses découvertes par Place et Fresnel. Enfin, vers le
20 mai, on atteignit le Chott-el-Arab et le vaisseau de guerre
le *Sané* put embarquer, avec les précieuses reliques, le per-
sonnel exténué de la mission. Aux termes de la convention
passée avec la Perse, la moitié des découvertes devait appartenir au shah; mais celui-ci, sans doute en souvenir de l'hospitalité qu'il a reçue à Paris, chargea M. Dieulafoy d'offrir au
Louvre la part d'antiquités qui lui revenait. La conduite du
shah, en cette circonstance, a été digne de tout éloge; il fut
un temps où les sultans de Constantinople procédaient de
même, mais, pour le malheur de la science, ce temps-là n'est
plus qu'un souvenir.

Sir W. Loftus, nous l'avons dit, avait vainement cherché
l'entrée du palais d'Artaxerxès Mnémon, découvert par lui
sous un monticule de Suse. M. Dieulafoy remarqua que les
colonnes de la halle centrale portaient une triple inscription
en assyrien, en médique et en perse, et que l'inscription
perse était tournée vers le Sud. C'est là que devait être l'entrée
du palais achéménide, et c'est là qu'il la trouva. Elle se composait de deux énormes pylônes avec une magnifique frise en
briques émaillées, une procession de neuf lions en bas-relief,
hauts chacuns de 1^m,75 et larges de 2^m,50, marchant entre
deux rangées de fleurons. Les couleurs employées sont le
bleu turquoise, le blanc, le jaune et vert; elles sont d'une
conservation merveilleuse. Cette découverte fut le point de
départ du déblaiement presque entier du grand palais. Il

s'étendait sur un espace de près de cent hectares; ses
colonnes avaient 1ᵐ,50 de diamètre et 19 mètres de hauteur.
Le bois et la brique crue dominaient dans la construction.
Le palais est entouré de fortifications redoutables, un double
rempart flanqué de tours, un fossé et un glacis. M. Dieulafoy
a réuni les éléments d'une restauration complète de cette puissante construction achéménide, où les rois de Perse passaient
une partie de l'année.

Dans une des inscriptions trilingues découvertes par
M. Loftus et traduites par M. Oppert, le roi Artaxerxès Mnémon (402-362 avant Jésus-Christ) rapporte que son ancêtre
Darius (521-485) avait élevé cette *salle du trône*, mais qu'elle
fut détruite par le feu sous Artaxerxès Longue-Main, son
grand-père (471-424). On était donc en présence d'un palais
reconstruit au ivᵉ siècle sur les ruines d'un édifice datant
de l'époque de Darius. Artaxerxès, comme on s'en aperçut
bientôt, avait utilisé les matériaux provenant des constructions antérieures. Dans les fondations du palais nouveau, on
découvrit des briques d'un travail remarquable, bien supérieur à celui des briques d'Artaxerxès, qui furent réunies et
rapprochées avec le plus grand soin. Ces briques ont donné
le plus précieux trophée des fouilles, la frise des douze archers
de Darius. Ce sont des guerriers au profil élégant, marchant
à la file, qui portent chacun un arc, un grand carquois et une
javeline terminée par une grenade d'argent. Leurs uniformes
se composent d'une jupe étroite fendue sur le côté, d'une
blouse à larges manches serrée à la taille et d'une veste
ronde, le tout bordé de riches galons; ils ont des bracelets aux poignets et des pendants aux oreilles. En haut
et en bas de la procession règne une frise charmante à
motifs grecs. Les inscriptions cunéiformes, placées entre
les personnages, mentionnent Darius et Otannès, le chef
des conjurés bien connus par Hérodote, qui contribua à
faire monter Darius sur le trône et dont le roi achéménide épousa la fille. On ne se trompe donc guère en pla-
çant vers 500 avant Jésus-Christ la date de l'exécution des

douze archers, ornement et orgueil aujourd'hui du musée du Louvre.

Nous n'avons pas encore signalé le détail le plus intéressant et le plus mystérieux de cette frise : les archers sont noirs, non pas à la façon des nègres, mais comme les Éthiopiens de l'Abyssinie. Une autre figure en briques émaillées, découverte dans la même campagne, représente un personnage vêtu d'une robe verte chargée de broderies jaunes, bleues et blanches, avec une peau de tigre sur les épaules et une lance d'or à la main. Ce personnage, qui ne peut être qu'un chef ou un roi, est également noir.

M. Dieulafoy affirme que les habitants de la Susiane présentent encore un grand nombre des caractères de la race noire. M. Houssay signale les particularités anatomiques de cette race parmi les squelettes qu'il a recueillis à Suse. Pour M. Dieulafoy, le peuple susien primitif aurait été noir : ce seraient les Éthiopiens du Levant dont Homère et Hérodote ont parlé.

Comme l'auteur des fouilles de Suse n'a pas encore exposé en détail son opinion sur cette question difficile, nous sommes tenu d'en parler nous-même avec quelque réserve. Il est incontestable que la légende grecque place une race noire dans la Susiane. Memnon, fils de Tithon et de l'Aurore, est un roi éthiopien ; son père, Tithon, règne à Suse et il conduit une armée de Susiens et d'Éthiopiens au secours de Priam. Rawlinson voyait dans cette légende une preuve de l'affinité ethnique entre l'Éthiopie et la Susiane, l'*Elam* de la Bible. Il croyait, avec Rennell, que les Éthiopiens d'Asie mentionnés par Hérodote dans l'armée de Xerxès étaient les habitants du Béloutchistan actuel, dont les descendants sont encore presque noirs. Ce seraient les restes d'une population kouschite primitive qui se serait étendue depuis l'Abyssinie jusqu'à l'Indus ; même à l'époque des Sassanides, la Caramanie porte encore le nom de *Kusan*. On voit que les hypothèses de M. Dieulafoy, qui s'autorisent aujourd'hui de monuments nouveaux, s'étaient déjà présentées à l'esprit des orientalistes qui ne connaissaient que les textes des historiens.

Mais peut-on admettre qu'à l'époque de Darius l'élément noir dominât encore en Susiane? Voilà ce qu'Hérodote ne dit point et ce qui nous semble, pour notre part, très douteux. Deux autres suppositions seraient admissibles. Nous savons que les habitants de la Colchide, qui faisaient partie de l'empire de Darius, avaient le teint basané; Hérodote voyait en eux une colonie égyptienne transportée sur les bords du Phase par le roi Sésostris. Ritter a essayé de montrer que ces Colques basanés étaient des Hindous. Quoi qu'il en soit, on pourrait croire que les douze archers sont le contingent des peuples de la Colchide qui envoyaient au roi de Perse, tous les cinq ans, un tribut de cent jeunes gens choisis.

Hérodote dit encore que les Éthiopiens d'Afrique soumis par Cambyse envoyaient tous les trois ans au grand roi un tribut de cinq guerriers. Les Éthiopiens portaient de longs arcs, des peaux de léopard et de lion. Les archers de Suse seraient-ils des Éthiopiens de l'Éthiopie et non des Éthiopiens du Levant? Nous posons le problème, mais ne prétendons pas le résoudre. Il reste toujours à rendre compte du chef noir, que M. Dieulafoy prend pour un ancien roi de la Susiane. Nous ne l'avons pas vu et ne pouvons en parler que par ouï-dire. Ce chef est-il peut-être Memnon? Hérodote attribue à Memnon l'Éthiopien la fondation de Suse; ce ne serait pas la première fois qu'une légende locale se serait reflétée dans une œuvre d'art.

La frise des archers et celle des lions ne sont pas les seuls reliefs en briques émaillées dont M. Dieulafoy a enrichi le Louvre : il y a encore une superbe rampe d'escalier, dont les motifs sont tout à fait grecs. Au même palais de Darius appartiennent un lion et un taureau en relief non émaillés, hauts de 1^m,80, et un chapiteau avec deux taureaux accroupis. Cet énorme morceau d'architecture, large de 4^m,10 et pesant 30,000 kilogrammes, a pu être transporté de Suse à Paris au milieu des difficultés que l'on sait. Les petits objets recueillis sont d'une très grande importance ; il y a surtout une magnifique collection de sceaux en pierres dures, dont l'un pourrait avoir appartenu à Xerxès lui-même. La valeur de ces intailles représente à elle seule les frais de la mission, qui se sont élevés à 50,000 francs. C'est le prix d'une belle figurine en bronze antique, quand il faut l'acquérir sous le feu des enchères ou par l'entremise des marchands d'antiquités. Tant qu'il restera un coin du monde où l'on pourra fouiller au profit des collections nationales, la véritable économie consistera à faire pratiquer des fouilles : celles de M. Dieulafoy seraient une affaire très avantageuse si elles n'étaient pas quelque chose de mieux encore, — une conquête pour l'histoire de l'art et un éclatant succès pour la science française.

IV

LES ANTIQUITÉS DE LA SARDAIGNE [1]

M. Perrot est un homme heureux. A un âge qui permet
encore les vastes pensées et les longs espoirs, il a commencé
une œuvre attrayante mais difficile entre toutes, qu'aucun
archéologue du XIX° siècle n'avait osé entreprendre, l'histoire de l'art dans l'antiquité. Le concours d'un architecte
de talent, M. Ch. Chipiez, la facilité de sa plume, une
étonnante force de travail et par-dessus tout l'heureuse variété
de ses études antérieures le mettent en état de mener une
tâche aussi lourde à raison d'un gros volume par an. Le premier était consacré à l'Égypte ; le second nous a conduits en
Assyrie et en Chaldée, le troisième à Chypre, dans les cités
phéniciennes et leurs colonies. Le quatrième volume, qui
vient de paraître, traite de l'art indigène de la Sardaigne, du
temple de Jérusalem, représentant presque unique de l'art en
Judée, enfin de l'art hittite, ce trait d'union, hier encore
inconnu, entre l'art de l'Égypte et de l'Assyrie et celui de la
Grèce. Dans une œuvre qui comprend déjà près de 3,000 pages,
on pourrait craindre de constater çà et là quelques traces de
fatigue, signes précurseurs du relâchement ou de l'abandon.
Il n'en est rien. M. Perrot semble s'avancer à travers l'épineuse
histoire de l'art oriental, si obscure toujours et souvent si
aride, soutenu et pour ainsi dire consolé par la vision de l'art
grec, dont chaque volume, chaque page le rapproche, et dont
l'exposition fournira bientôt à ses facultés d'écrivain et d'artiste l'occasion de paraître dans tout leur éclat. Oui, M. Perrot est un homme heureux, parce qu'il réalise dans son âge
mûr une pensée longuement caressée dans sa jeunesse,

1. *République Française* du 20 janvier 1887.

parce qu'il voit s'élever rapidement les assises d'un édifice qui fera vivre son nom dans l'avenir. Ceux qui ont gaspillé leur talent en productions éphémères, à qui le besoin de se lire tous les jours n'a pas laissé le temps de produire un livre, peuvent répéter, en pensant à M. Perrot, le vers mélancolique du poète :

O fortunati quorum jam mœnia surgunt !

Mais ils feront bien, pour ne point pécher par envie, de dire encore, avec le même Virgile :

Haud equidem invideo, miror magis...

Nous ne pouvons songer à passer en revue, même d'une manière sommaire, le riche ensemble d'idées et de faits qui forme le dernier volume de M. Perrot. Nous craignons de le suivre dans le temple de Jérusalem, si ingénieusement reconstruit par M. Chipiez, ou sur les routes de la Haute-Syrie et de la Cappadoce, car ce n'est pas en quelques lignes que l'on peut redire l'impression complexe que de tels voyages laissent après eux. Pour marcher au lieu de courir, il faut resserrer notre domaine. Débarquons en Sardaigne et ne prétendons pas voir l'île tout entière, car une bonne partie de la Sardaigne antique appartient à l'art de la Phénicie. Contentons-nous de jeter un coup d'œil sur ce qui est véritablement sarde en Sardaigne ; si ce n'est pas, à proprement parler, de l'art, ce sont du moins les vestiges d'une civilisation éteinte d'autant plus intéressante qu'elle est moins connue et moins semblable à celles que nous connaissons.

Quand les Phéniciens ont établi des comptoirs sur la côte de la Sardaigne, quand les Romains l'ont conquise et y ont tracé des routes, ils ont trouvé l'île occupée par des populations très anciennes, dont les origines ne les ont guère préoccupés. La science moderne, éclairée par l'archéologie, est plus curieuse. Elle a fait, à cet égard, quelques découvertes dont il est possible de tirer des conclusions. D'abord, au nombre de ces *peuples de la mer* qui livrèrent des assauts répétés à la

Basse-Égypte et qui furent vaincus, douze siècles avant notre ère, par Ramsès II et Ménephtah, on a déchiffré, sur les documens égyptiens, le nom des *Shardanes*. On y a reconnu, avec beaucoup de vraisemblance, les ancêtres des Sardes ; mais il est certain qu'à l'époque de Ramsès ils habitaient l'Asie-Mineure ou la Libye et n'étaient pas encore établis dans l'île qui a conservé leur nom jusqu'à ce jour. Par quelle route se sont-ils rendus d'Égypte en Sardaigne ? Voilà ce que nous ignorons encore.

De curieuses observations semblent attester, en second lieu, les rapports de la Sardaigne avec l'Afrique d'une part et l'Espagne de l'autre. La principale tribu sarde, les *Iolaéens*, rappelle la ville africaine de *Iol* et le dieu *Iolaos* mentionné par Polybe, dont on a cru déchiffrer le nom sur une inscription libyque. Une autre tribu sarde, les *Ballari*, nous fait penser aux îles *Baléares*, et l'analogie entre les monuments de ces îles et ceux de la Sardaigne vient à l'appui de la ressemblance des noms.

M. Perrot serait tenté de croire que les premiers habitants de la Sardaigne sont originaires d'Afrique. Nous ne le pensons pas. Ce n'est pas l'élément libyen qui se retrouve en Sardaigne, c'est l'élément ibérique commun à l'Espagne et à la Libye. A une époque très ancienne, bien avant Ramsès, les Ibères, venus on ne sait d'où, peut-être de la mystérieuse Atlantide, ont couvert l'Espagne, une partie de la Gaule, le nord de l'Afrique et peuplé les îles de la Méditerranée occidentale.

Trouvèrent-ils en ces lieux des populations antérieures ? Cela est certain pour l'Espagne et pour l'Afrique; cela est très probable pour la Sardaigne, où les textes anciens ont conservé le souvenir de Troglodytes. Nous pensons que les Ibères, en possession de la civilisation néolithique, sont venus s'ajouter au vieux fond des populations quaternaires comme sur le sol de la Gaule la race des constructeurs de dolmens. Les Shardanes sont arrivés ensuite, sans doute de l'Orient, comme les premières tribus celtiques en Gaule, et, supérieurs

en civilisation grâce à leur contact avec l'Égypte, connaissant
l'emploi des armes et des outils en métal, ils ont donné leur
nom à l'île vers le xii° siècle avant notre ère, qui marque,
dans le bassin occidental de la Méditerranée, la fin de l'époque
néolithique et le commencement de celle des métaux. Peu
de temps après, en même temps peut-être, les Phéniciens,
rouliers des mers et pourvoyeurs de bronze, établirent des
factoreries sur les côtes de Sardaigne. Au vi° siècle, les
Carthaginois arrivèrent, non plus en marchands paisibles,
mais en conquérants; puis, ce fut le tour des Romains, qui
ne subjuguèrent entièrement l'île que du temps d'Auguste.
Ainsi, jusqu'au commencement de l'ère chrétienne, voilà six
peuples au moins, sans compter les colons grecs, dont nous
voyons ou dont nous devinons la présence sur le sol de la
Sardaigne! Est-il possible, avec le peu de documents dont
nous disposons et la fragilité même de nos prémisses, d'attribuer à chaque élément ethnique la part qui lui revient dans
les monuments de l'art primitif dont il nous reste à parler?
Résignons-nous à des hypothèses; les moins certaines valent
encore mieux que le vague.

Laissons de côté les objets d'art phéniciens, apportés en
Sardaigne par le commerce et généralement faciles à reconnaître. Trois groupes de monuments sollicitent notre attention : les tours en forme de tronc de cône appelées *nuraghes*,
les *tombes de géants* et les figurines de bronze non phéniciennes.

Ces figurines d'aspect bizarre, qui se sont trouvées en
nombre dans certaines cachettes, sont probablement des
ex-voto. Presques toutes sont des statuettes viriles représentant des guerriers. Elles ne sont pas phéniciennes, et pourtant l'on sent que l'influence phénicienne n'en est pas absente.
Quelques idoles ont quatre yeux, comme le Baal ou Kronos
des Phéniciens. On trouve le type du sacrificateur, bien connu
à Chypre. Sans rajeunir ces méchantes figurines autant que
voudrait le faire M. Perrot, nous croyons que l'honneur ou le
déshonneur en revient aux Shardanes; la fabrication a pu en

continuer jusqu'à une époque tardive et il est peu raisonnable d'y reconnaître, comme on l'a fait, des *bronzes préhistoriques*. Les statuettes, hommes ou animaux, sont souvent piquées au sommet de longues tiges fixées elles-mêmes sur des piédestaux. Quand les figures manquent, on se croit en présence d'épées votives; mais peut-être bien n'y a-t-il là qu'une apparence.

Les *nuraghes* — on ignore l'étymologie de ce mot — sont le grand mystère de l'archéologie sarde. Qu'on se figure des tours en forme de tronc de cône construites sans ciment, en pierres brutes ou grossièrement taillées. Elles occupent toujours le sommet d'un tertre naturel ou artificiel. Les murs sont d'une extrême épaisseur. A l'intérieur, où l'on accède par une porte très basse et un corridor étroit, est une chambre obscure qui se rétrécit au sommet en forme de dôme. Une rampe ou un escalier conduit à une plate-forme sans parapet située au sommet de la tour. Telle est la disposition générale, mais il y a beaucoup de variantes. On trouve des *nuraghes* agglomérés, des *nuraghes* à plusieurs étages, des groupes de *nuraghes* avec des cours intérieures. Le nombre de ces singuliers monuments, que les Grecs attribuaient à Iolas ou à Dédale, est estimé à plus de trois mille, bien que les paysans sardes n'aient cessé de les exploiter comme carrières. Près des *nuraghes*, on remarque presque toujours des sépultures dites *tombes de géants*, à cause des dimensions énormes de la fosse, qui atteint 10 mètres de longueur. La fosse communique avec le dehors par une ouverture pratiquée au bas d'une stèle posée debout à l'entrée; cette ouverture est si petite qu'elle donnerait à peine passage à un enfant. Les fouilles des *tombes de géants* n'ont jamais, assure-t-on, fourni d'ossements complets. Ajoutons que les *nuraghes* ont leurs analogues dans les îles Baléares, dans l'île de Pantellaria et peut-être en Afrique jusqu'à Ghadamès. Les *tombes de géants* appartiennent, d'autre part, à la grande classe des monuments mégalithiques.

Voilà les termes généraux du problème : que devons-nous

Nuraghe de Tamuli et *tombes de géants*. (Perrot et Chipiez, *Histoire de l'Art*, t. IV. p. 47. — HACHETTE, éditeur.)

penser des *nuraghes?* Et, d'abord, il est certain qu'ils ne sont ni phéniciens, ni carthaginois, ni romains, bien qu'on ait pu continuer à en construire, par tradition, jusqu'à l'époque carthaginoise ou plus tard encore. Le même phénomène de survivance s'est produit pour les monuments mégalithiques. Loin d'être uniformément répandus sur le sol de l'île, les *nuraghes* suivent une ligne qui va du nord au sud, en touchant à la mer du côté de l'ouest. Ils marquent les étapes d'une invasion venue d'Occident, qui a laissé des traces analogues dans les Baléares. Cette invasion nous paraît être celle des Ibères, de la civilisation néolithique à laquelle appartiennent aussi les *tombes de géants.*

Les *nuraghes* sont-ils des temples, des tombeaux ou des forteresses? On a successivement défendu ces trois hypothèses; mais le nombre des *nuraghes* suffit à prouver que ce ne sont pas des temples, et comme on n'y a jamais trouvé d'ossements, ce ne sont pas davantage des tombeaux. Seraient-ce des forteresses? Remarquons que les chambres intérieures sont presques inhabitables, qu'elles sont privées d'air et de lumière, que la plate-forme supérieure n'a ni parapets ni créneaux. Aucune enceinte extérieure n'en défend les abords et les assiégeants n'auraient eu qu'à boucher la porte pour faire mourir les assiégés d'asphyxie ou de faim. Il n'y a pas dans l'ancien monde une seule forteresse qui soit construite sur le même type que les *nuraghes.* Tout au plus auraient-ils pu servir de magasins, et cette opinion est à peu près celle de M. Perrot. Il y voit des refuges provisoires, des *pyrgoi* destinés à abriter momentanément, en cas de surprise, les familles sardes et leurs biens. Mais les ennemis que redoutaient les hommes des *nuraghes* ne pouvaient être que les sauvages indigènes de l'île, uniquement armés de pierres et de flèches : fallait-il des tours si massives pour se mettre à l'abri de leurs atteintes? Pourquoi cette plate-forme inutile à un magasin, exposée à tous les traits dans une forteresse? Pourquoi les *tombes de géants* sont-elles voisines des *nuraghes* sans être protégées par eux? Autant de questions que l'hypothèse du *pyrgos* laisse sans réponse. Quant à ceux qui voient dans les *nuraghes* des tours à signaux, nous leur répondrons qu'il y a disproportion complète entre l'effort et le résultat.

Il est une hypothèse que n'a pas examinée M. Perrot et qui, déjà indiquée par Fergusson, semble emprunter quelque vraisemblance à des découvertes récentes. Pendant l'époque néolithique, qui est celle des *nuraghes*, beaucoup de peuplades n'enterraient leurs morts que décharnés, à l'état de squelettes et non de cadavres. Leurs tombeaux, parmi lesquels il faut compter les dolmens, étaient des ossuaires. Ce fait important, constaté par les archéologues suédois dès 1832, a été mis en lumière chez nous par M. R. Galles en 1869, et étudié depuis avec détail par un savant de Toulouse, M. Cartailhac. M. Galles supposait que les menhirs voisins des dolmens indiquaient des sépultures provisoires, d'où les ossements auraient ensuite été exhumés pour être déposés dans les ossuaires. Les avenues conduisant aux chambres des dolmens sont souvent trop basses pour l'introduction d'un corps tout entier. Dans les grottes sépulcrales de Menton on a trouvé des squelettes coloriés en rouge; les Australiens colorient encore de même les ossements décharnés. Les grottes funéraires de l'Italie, que Pigorini et Chierici attribuent aux Ibères, présentent des faits analogues, surtout en Sicile. Dans les grottes du Petit-Morin, on a trouvé des crânes contenant des os d'autres squelettes, introduits, après le décharnement, par le trou occipital. A Vauréal, en Seine-et-Oise, un monument mégalithique contenait cinq crânes rangés sur une seule ligne et portant chacun une amulette. Le décharnement préalable, soit par l'action du temps, soit par l'enlèvement violent des chairs, a été constaté aussi, avec plus ou moins de certitude, dans le Périgord, en Espagne et en Algérie. Aujourd'hui, cette pratique subsiste chez nombre de tribus sauvages, les Patagons, les Andamans, les Néo-Zélandais, les Peaux-Rouges; elle a toute l'autorité d'un dogme religieux chez les Parsis, ces descendants des anciens Perses, qui se sont réfugiés dans l'Inde en fuyant devant l'invasion musulmane.

Dans les environs de Bombay, sur le point le plus élevé de la colline de Malabar, s'élèvent cinq énormes tours en granit noir appelées Dakhmas ou *tours du Silence*. Par une pente rapide on accède à la terrasse supérieure, dont la surface est divisée en 72 compartiments, disposés autour d'un puits central rempli de charbon. Chaque compartiment reçoit successivement un mort. Les vautours et le temps accomplissent leur œuvre, loin des regards des survivants auxquels l'approche même des tours est interdite. Quelques mois après, le corps décharné est précipité dans le puits central. Cela ne vaut-il pas mieux, demandent les Parsis, que d'être lentement mangés par les vers, au risque de souiller la terre et l'eau, contrairement à la défense de Zoroastre ? Ces idées sont certainement très anciennes. Les écrivains grecs racontent déjà avec horreur que les Perses n'enterrent pas leurs morts, mais les exposent.

Les *nuraghes*, suivant la remarque de Fergusson, ont pour but apparent d'exposer et non d'abriter, *exposure not shelter*. Pourquoi les *nuraghes* de la Sardaigne, les *talayoti* des Baléares, œuvres des Ibères qui paraissent avoir pratiqué le décharnement, ne seraient-ils pas analogues aux *tours du Silence?* On se figure les corps, après quelques mois d'exposition sur la plate-forme, transportés d'abord dans la chambre intérieure, puis déposés à l'état de squelettes dans les *tombes de géants* voisines des *nuraghes*. Nous avons rappelé que ces tombes sont trop grandes pour un seul homme, qu'on n'y a jamais trouvé que des ossements en désordre, que l'ouverture en est trop petite pour l'introduction d'un corps tout entier. Voilà des indices dont il importe de tenir compte et qui semblent attester, comme dans d'autres pays ibériques, la pratique funéraire du décharnement. Chaque famille, à côté de son tombeau, aurait eu sa *tour du Silence*, où le mort se dépouillait de sa chair avant d'entrer dans sa demeure définitive.

Nous n'osons qualifier de séduisante une hypothèse qui éveille d'aussi lugubres images, et nous sommes loin de nous dissimuler qu'elle n'explique pas toutes les données du problème. Il est difficile de justifier les chambres intérieures ; on ne sait trop que dire des *nuraghes* agglomérés. Mais il est une impression dont nous avouons ne pouvoir nous défendre : placées dans le voisinage immédiat des tombes, avec des particularités de construction si originales, ces tours ont une signification religieuse ; elles ont quelque rapport avec les rites funéraires, cette religion des peuples qui commencent comme des peuples qui finissent, et l'on commet certainement une erreur en y reconnaissant des forteresses ou des magasins. Un archéologue allemand prétendait que les *trésors* de Mycènes sont des réservoirs ; on sait aujourd'hui qu'il faut y voir des tombeaux. Nous pensons que le caractère religieux et funéraire des *nuraghes* sera un jour aussi nettement établi que celui des prétendus *trésors* de la Grèce avant les Grecs.

V

DEUX MOULES ASIATIQUES EN SERPENTINE[1]

(Musée du Louvre et Cabinet des Médailles.)

Au mois de septembre 1882, je rencontrai à Ali-Aga, près
de Myrina en Éolide, un fonctionnaire supérieur de la police
ottomane, chargé de donner la chasse aux brigands qui infes-
taient les environs de Magnésie. C'était un homme instruit,
parlant couramment le grec, qui menait de front la poursuite
des brigands et celle des antiquités. Au cours de notre con-
versation, il me fit voir le curieux objet que reproduit notre
première vignette. Il l'avait acquis, me dit-il, d'un cultivateur
des environs de Selendj, à l'est de Thyatir (Ak-Hissar) en
Méonie. Comme il n'y attachait pas d'importance, il en fit
cadeau, quelque temps après, à un habitant de Smyrne. Je
fus assez heureux pour ressaisir la piste de cette plaque, et,
grâce à l'intérêt qu'elle inspira à M. Heuzey, je pus la faire
entrer, en 1883, au musée du Louvre. M. Perrot la fit des-
siner pour l'*Histoire de l'art dans l'antiquité* et voulut bien
me permettre de présenter ce dessin très exact aux lecteurs de
la *Revue archéologique*. M. Sayce, professeur à Oxford, auquel
j'en communiquai une épreuve, la mentionna brièvement
dans l'introduction du dernier volume de M. Schliemann[2].
Un fragment détaché que je portai à M. Bonnier, maître de
conférences à l'École normale supérieure, permit au savant
professeur de le soumettre à une analyse microscopique dont
il a eu l'obligeance de me faire connaître la conclusion : « La
roche en question, m'écrivit-il, est une serpentine, avec
altération partielle de certains des minéraux qu'elle contient.

---

1. *Revue archéologique*, 1885, t. I, p. 54-61.
2. Schliemann, *Troja*, 1884, p. xxii.

L'examen microscopique montre qu'il y a surtout du pyroxène
et du péridot altérés par des phénomènes postérieurs au
dépôt de la roche. Il résulte des expériences que nous avons
faites qu'elle résiste suffisamment à la fusion pour avoir pu
servir de moule à un orfèvre, même pour le moulage du
bronze ou du cuivre. C'est la grande quantité de talc qu'elle

Moule asiatique en serpentine. (Musée du Louvre.[1])

contient qui rend cette roche si douce au toucher, si molle, si
facile à travailler. »

Notre plaque, de couleur noire lustrée, ayant 0^m,09 de
hauteur, 0^m,114 de largeur et 0^m,015 d'épaisseur, est évidemment un moule d'orfèvre. Les rigoles qu'elle présente, destinées à l'écoulement du métal, ne laissent aucun doute à cet
égard. On a publié, d'ailleurs, un certain nombre d'objets

1. Nous devons ce cliché à l'obligeance de la maison Hachette.

analogues, appartenant à l'art assyrien, et généralement en calcaire ou en serpentine[1]. Ils présentent des rosaces semblables à celles que l'on voit sur notre plaque, mais on n'en connaissait pas qui offrît des figures humaines si remarquables par leur attitude et leur caractère.

Il en existait une, pourtant, et bien près de nous, exposée à tous les regards au Cabinet des médailles, celle peut-être des grandes collections de l'Europe qui renferme encore le plus d'objets inédits. Nous l'avons fait reproduire ici, comme **le** moule du musée du Louvre, à la grandeur de l'original.

Moule asiatique en serpentine.
(Cabinet des médailles.)

Elle a été décrite par M. Chabouillet, sous le n° 2255 de son *Catalogue des camées.* « Dans le procès fait aux Templiers, qui aboutit à la destruction de cet ordre célèbre, on accusa les chevaliers d'adorer une idole *en forme de Baphomet*... C'est à ces sectaires que l'on attribue le curieux monument que je viens de décrire. On peut le faire remonter au xii° siècle. Ce moule a dû servir à reproduire des figures baphométiques. »

Nous ne savons à qui remonte l'idée de cette attribution singulière dont M. Chabouillet s'est fait l'écho. Il y a vingt ans, lorsque ce savant publia le *Catalogue des camées*, l'art asiatique était encore très peu connu : une erreur, bien excusable à cette époque, peut être rappelée pour mémoire, mais n'a plus besoin d'être discutée ni réfutée aujourd'hui.

Le moule de la Bibliothèque Nationale est également en serpentine ; les deux rainures, formant la moitié d'une croix

1. Perrot et Chipiez, *Histoire de l'art*, t. II, fig. 436, 437 ; Layard, *Discoveries*, 1853, p. 597.

de saint André, que l'on voit à droite et à gauche du personnage féminin, s'expliquent peut-être par les nécessités pratiques du moulage.

Cet objet présente, avec celui du Musée du Louvre, des analogies et des différences que l'on constatera au premier coup d'œil. Le travail du premier rappelle celui de la pierre, tandis que le second, d'une exécution plus sèche, semble trahir l'habitude de la gravure sur métal.

Dans le moule du Louvre, on voit un personnage féminin, les mains ramenées sur les seins, suivant un geste fréquent dans les œuvres d'art babyloniennes, placé à la droite d'un personnage masculin de taille inférieure. Il n'est pas douteux que l'un et l'autre ne représentent des divinités. La déesse est entièrement nue ; l'indication réaliste du nombril et du bas-ventre sont des traits caractéristiques qui se retrouvent dans les plus anciens monuments chaldéo-babyloniens[1]. M. Schliemann a découvert dans les ruines de la seconde ville d'Hissarlik, c'est-à-dire au-dessous de la cité qu'il identifie à la Troie d'Homère, une petite figure en plomb dont la ressemblance avec la nôtre est extrêmement frappante[2]. La disposition des cheveux est la même ; les divisions horizontales du cou sont indiquées avec une précision analogue ; le *pelvis*, également triangulaire et d'une dimension exagérée, présente au milieu le symbole de la croix gammée (*swastika*). Malgré l'imperfection de nos connaissances en ce qui touche la mythologie babylonienne, on peut reconnaître dans notre figure, comme dans celle de M. Schliemann, une représentation de l'Aphrodite asiatique, Istar ou Nana, un des prototypes de la Grande Déesse des Grecs. La nudité de cette déesse rappelle le célèbre texte assyrien de la *Descente aux enfers* où Istar, malgré sa résistance, est obligée de se dépouiller de ses vêtements pour forcer l'entrée de la demeure infer-

---

1. Cf. Heuzey, *Catalogue des figurines antiques du Louvre*, p. 33 ; Perrot et Chipiez, *Hist. de l'art*, II, fig. 16, 228, 229, 231, 232 ; Ménant, *Rech. sur la glyptique*, p. 170 ; Cesnola-Stern, *Cyprus*, p. 414.

2. Schliemann, *Ilios*, p. 380, fig. 226 de l'édition allemande.

nale [1]. L'art assyrien répugne à la représentation de la nudité
féminine [2] ; elle est au contraire fréquente dans l'art babylonien
archaïque, qui en a transmis le modèle aux arts indigènes
de l'Asie-Mineure.

Le personnage à la gauche d'Istar est probablement le dieu
Bel-Nabou. Vêtu comme en prêtre babylonien, il porte une
espèce de tablier à six franges orné de plissés verticaux et
symétriques [3]. Le lion, gravé sur la droite du moule, tenant
une branche d'arbre entre ses pattes, rappelle les lions servant
de poids que l'on a découverts à Ninive [4] ; comme eux, il
porte sur le dos un anneau, dont la présence, justifiée dans
un poids, témoigne ici de l'imitation d'un modèle en ronde
bosse qui devait être très répandu. En face du lion, de l'autre
côté d'Istar, est un autel ou tabernacle à quatre étages, surmonté d'une coupole et flanqué de deux espèces de tours ou
de montants décorés à leur sommet [5]. Les trois rondelles et
l'ornement quadrangulaire qui occupent le champ méritent
une attention particulière [6]. M. Sayce a déjà rapproché celles
de droite des nombreux pesons circulaires découverts par
M. Schliemann dans les couches inférieures d'Hissarlik [7]. Il y

1. Voyez la traduction de ce conte donnée par M. Oppert à la suite de
l'*Histoire d'Israël* de M. Ledrain.

2. Perrot et Chipiez, *Histoire de l'art*, t. II, p. 515. La seule figure de femme
nue que nous connaissions de la sculpture assyrienne est une statue d'Istar
dédiée par Assourbilkala, fils de Teglathphalasar.

3. Ces plissés verticaux sont fréquents sur les cylindres. Cf. Perrot et Chipiez,
Histoire de l'art, t. II, fig. 17, 20, 230, 290, 296.

4. Perrot et Chipiez, *Histoire de l'art*, t. II, pl. XI.

5. Comme le lion fait face à gauche, la symétrie demanderait que l'objet
opposé fît face à droite ; cet autel serait alors un trône avec des pieds en
forme de griffes. Mais il serait difficile alors d'expliquer le renflement circulaire que l'on voit distinctement entre les pieds. Un certain nombre de monuments nous ont conservé l'image d'autels ou de tabernacles fort analogues à
celui de notre plaque si on le considère comme posé sur la surface plane de
gauche. Cf. Perrot et Chipiez, *Histoire de l'art*, t. II, fig. 67, 68, 79, 218, 233, 300.
Dans le même ouvrage, on trouve la représentation d'un autel à pieds en
orme de griffes, fig. 108.

6. Pour des exemples analogues, v. Perrot et Chipiez, *Histoire de l'art*, t. II,
fig. 10 ; Ménant, *Recherches*, fig. 166, 167, pl. V.

7. *Troja*, introduction, p. XXII. Pour ces pesons ou *fusaïoles*, voy. *Troja*,
fig. 49-52 ; *Ilios*, fig. 1821, 1823, 1824, 1829, 1849, 1850-52, etc.

reconnaît, non sans vraisemblance, l'image d'un ex-voto offert à la Grande Déesse asiastique.

En somme, le caractère de ce monument nouveau n'est ni assyrien ni babylonien, mais se rapproche beaucoup de certaines œuvres de l'art babylonien archaïque en même temps qu'il présente des analogies frappantes avec des monuments découverts dans la partie occidentale de l'Asie-Mineure. Il faut donc y reconnaître le produit d'un des arts indigènes encore mal connus qui naquirent sous l'influence de l'art de la Chaldée avant l'époque de l'art assyrien proprement dit. Le lieu de sa découverte, la Méonie, permettrait de la rapporter à cet art lydo-phrygien dont MM. Texier et Perrot ont révélé l'existence. Pour M. Sayce, c'est une œuvre hittite, c'est-à-dire un monument de l'art des Khétas, qui répandirent en Anatolie le culte et les images de la Grande Déesse asiatique. Nous pensons que la désignation *d'art lydo-phrygien* est préférable, puisqu'elle se fonde, dans l'espèce, sur un fait géographique bien constaté et n'implique aucune théorie sur l'ethnographie primitive de l'Asie-Mineure. Les Hittites, depuis quelques années, occupent un peu, dans l'histoire de l'art, la place que les Touraniens de M. Max Müller tenaient, il y a vingt ans, dans l'histoire du langage : on leur attribue volontiers tout ce qui ne rentre pas dans une série connue et leur nom est devenu la désignation collective des nouveautés qu'on ne peut classer ailleurs [1]. Ce qui nous frappe dans l'art indigène de l'Asie-Mineure, c'est, à côté de ressemblances générales, des divergences et comme des dialectes très marqués ; la tendance actuelle à considérer ces monuments comme l'œuvre d'une même civilisation et d'une même race est certainement contraire à la méthode scientifique qui a pour devise μέμνασ' ἀπιστεῖν.

Le moule de la Bibliothèque Nationale a été décrit fort

---

1. Il est amusant, par exemple, de voir les Grecs d'Asie-Mineure, en présence d'une inscription byzantine ou basilidienne qu'ils ne peuvent pas lire, déclarer bravement que « c'est du hittite ». Pareille mésaventure est arrivée à M. Carolidès. (Τὰ Κόμανα, 1882, p. 61.)

exactement par M. Chabouillet : « Deux personnages, un homme et une femme, debout l'un à côté de l'autre. L'homme est coiffé d'une sorte de casque pointu ; sa barbe, longue et large, est disposée à la mode assyrienne ; il est revêtu d'une sorte de robe courte qui laisse la poitrine nue et s'arrête à mi-cuisses. Cette robe est disposée comme une cotte de mailles ; sur le bras gauche, une épaulière paraissant également de mailles. Ce personnage a les deux mains placées sur la poitrine, dans un geste qui doit avoir une signification mystique, car les mains de sa compagne sont placées de la même manière. Celle-ci est coiffée d'un disque sur lequel sont tracées des figures géométriques ; sa robe, qui laisse comme celle de l'homme la poitrine entièrement nue, descend beaucoup plus bas ; ses cheveux pendent en grosses boucles le long des joues. »

La coiffure du dieu est remarquable, car elle n'est pas assyrienne et se retrouve dans d'autres monuments de l'art indigène de l'Asie. « Prenez garde, écrivait M. Kiepert en 1842 [1], aux grands bonnets coniques et n'oubliez pas le passage dans lequel Hérodote signale les tiares terminées en pointes, κυρβασίας ἐς ὀξὺ ἀπηγμένας ὀρθάς [2], que portaient les Saces ou Scythes Cimmériens, car cette race domina en Asie jusqu'au temps d'Alyatte et de Cyaxare. » On trouve le même casque pointu dans une figure de bronze lydo-phrygienne publiée par M. Perrot [3], ainsi que dans le bas-relief de Nymphi et d'autres œuvres congénères [4]. Les deux appendices en forme de cornes qui sont placés de chaque côté du casque ressemblent à l'espèce d'*ureus* qui orne le bonnet des personnages dans les bas-reliefs de Nymphi, de Ghiaour-Kalé et de Boghaz-Keui [5]. Enfin, au-dessous du casque, on voit de part et d'autre une saillie percée d'un trou qui se retrouve, par

---

1. *Archæologische Zeitung*, 1843, p. 44.
2. Hérodote, VII, 64.
3. *Revue archéologique*, 1869, I, pl. XI ; *Mémoires d'archéologie*, p. 25.
4. Perrot, *Mémoires*, p. 9 ; *Revue archéologique*, 1866, I, pl. XII ; *Exploration de la Galatie*, pl. IX et X, p. 156-163.
5. Perrot, *Mémoires*, p. 13. Cf. Perrot et Chipiez, *Hist. de l'art*, II, fig. 17, 21.

une analogie frappante, dans le bronze anatolien dont il a déjà été question[1].

Le moule de la Bibliothèque nationale se rapproche bien plus que celui du Louvre du style des cylindres assyriens. C'est encore l'œuvre d'un art qui n'est ni assyrien ni babylonien, mais plus voisin de ses modèles ou qui s'en inspirait avec moins de liberté. Il est évidemment impossible de fixer, même approximativement, la date de ces objets : nous avons seulement voulu attirer l'attention sur eux, dans l'espoir que quelques collections privées ou publiques, comme cela est arrivé pour le cabinet des Médailles, contiennent des monuments inédits du même genre que notre publication fera sortir de l'oubli.

1. Perrot, *Mémoires d'archéologie*, pl. II.

VI

**FOUILLES DANS LES NÉCROPOLES
DE WATSCH ET SANCT-MARGARETHEN
EN CARNIOLE[1]**

Lorsque M. de Sacken publia, en 1868, le résultat des fouilles
de M. Ramsauer dans la nécropole de Hallstatt près de Salz-
bourg, il sembla qu'un monde nouveau et une civilisation nouvelle se fussent révélés à l'archéologie. Le style des objets
découverts était si particulier, ils présentaient si peu de points
communs avec les trouvailles antérieures, qu'on prit le parti
de désigner sous le nom de *période de Hallstatt* l'âge historique
ou préhistorique dont ces monuments, jusqu'alors presque
isolés, étaient les témoins. Cette période est caractérisée par
l'usage simultané du bronze et du fer, et la technique du premier de ces métaux paraît y avoir atteint un remarquable
degré de perfection. M. de Sacken pensait que les bronzes
d'art trouvés à Hallstatt étaient des objets d'importation fournis par l'Italie du nord et l'Étrurie, en échange du sel gemme
qui constitue, aujourd'hui encore, une des principales richesses
de cette région de l'Autriche. Quant aux bronzes d'un travail
grossier et aux objets en fer, il y voyait les produits d'une
industrie locale qu'il attribuait aux peuplades celtiques des
Taurisques et des Noriques. Les découvertes récentes que
nous nous proposons d'exposer dans cette notice, d'après le
remarquable rapport de M. Ferdinand de Hochstetter[2], four-

---

1. *Revue archéologique*, 1883, t. II, p. 265-280, pl. XXIII.

2. *Die neuesten Græberfunde von Watsch und St.-Margarethen in Krain und
der Culturkreis der Hallstætter-Periode*, mit 2 Tafeln und 18 Holzschnitten,
besonders abgedruckt aus dem XLVII. Bande der *Denkschriften der mathema-
tisch-naturwissenschaftlichen Classe der K. Akademie [der Wissenschaften*
Wien, 1883.

nissent des éléments de comparaison d'une importance capitale, qui, répandant un jour nouveau sur la civilisation de la période de Hallstatt, permettent de contrôler et d'étendre les résultats obtenus par M. de Sacken. Ce n'est jamais qu'à titre provisoire et dans l'attente de révélations ultérieures qu'on peut admettre des centres de civilisation isolés; le progrès, en archéologie, consiste dans la constitution de séries nouvelles embrassant des régions géographiques de mieux en mieux définies. Le fait qui se constate aujourd'hui pour Hallstatt s'est produit, il y a quelques années, pour Hissarlik, lorsque les découvertes de Mycènes, de Spata et de Ménidi sont venues prouver que l'art d'Hissarlik n'était pas isolé dans l'histoire de l'industrie humaine comme un ἅπαξ εἰρημένον dans Homère. L'avenir nous réserve encore bien des enseignements de ce genre, si l'on continue à porter dans l'étude des nécropoles antiques autant de savoir et de précision que MM. de Sacken et de Hochstetter.

Depuis le premier rapport sur les fouilles de Watsch, présenté en 1879 à l'Académie de Vienne par MM. de Hochstetter et Deschmann, les recherches dans cette nécropole et ses environs ont été poussées avec ardeur. Au mois de mars 1880, un paysan découvrit un squelette de femme avec 36 bracelets de bronze, 2 spirales du même métal, 4 fibules, 14 boucles d'oreilles et un grand nombre de perles d'ambre et de verre[1]. Le prince de Windischgrætz fit exécuter des fouilles en 1879, 1880 et 1881, et recueillit beaucoup d'objets intéressants dont il enrichit sa collection à Vienne. Les plus importants sont une ciste de bronze et des fragments de ceinturons avec des ornements circulaires dans le style de Hallstatt. Enfin, M. de Hochstetter et le musée de Laibach poursuivirent, en 1881, les recherches commencées trois ans auparavant et obtinrent les résultats surprenants dont il sera parlé plus loin. Ils explorèrent surtout une colline qui contenait une grande quantité d'urnes funéraires avec un petit nombre de sépul-

____

1. Ces objets ont été acquis par le musée de Laibach.

tures à inhumation. Les urnes étaient généralement recouvertes d'une plaque de pierre et entourées de charbon de bois;
lorsqu'il y avait deux urnes sous une même plaque, l'une
d'elles était vide. C'est là une de ces nécropoles à urnes
(*Urnenhügel*) comme on a rencontré dans le Brandebourg, la
Poméranie, le Mecklembourg et le Holstein. Les squelettes
étaient tantôt au-dessus, tantôt au-dessous des urnes funéraires, et l'on ne peut dire lequel des deux modes de sépul-
ture a été pratiqué le plus anciennement. En général, les
objets de bronze se trouvaient en plus grand nombre auprès
des squelettes non incinérés[1].

M. de Hochstetter a fait reproduire par la gravure les objets
les plus importants découverts dans cette nécropole. Ce sont :
une aiguille de bronze, toute pareille à une autre trouvée à
Sanct-Margarethen, aujourd'hui au musée de Laibach; une
fibule de bronze en forme de barque (*kahnfœrmige*), ornée sur
la panse de zigzags rectilignes (deux objets identiques ont été
trouvés à Sanct-Margarethen); une lampe en terre cuite à trois
branches; une hache en fer, et, à côté, une pointe de lance en
bronze.

Les fouilles suivantes, au pied d'une autre colline explorée
en 1878, donnèrent : une fibule de forme serpentine, en 8;
une grande fibule en demi-cercle avec ornements circulaires;
deux bagues de bronze avec la représentation grossière d'une
tête. Après la conclusion de ces recherches, dont les produits
ont été transportés au musée de Vienne, M. Deschmann a
pratiqué quelques fouilles au profit de la collection de Laibach. Il a découvert notamment une fibule en bronze, en
forme de lyre, d'un travail très élégant et jusqu'à présent
unique en son genre, ainsi que le fourreau en bronze d'une
épée de fer, sur lequel est gravée au pointillé la silhouette
d'un bouquetin. Enfin, dans le courant de l'hiver dernier, des
ouvriers ont découvert et fouillé deux tombeaux à inhumation remplis d'urnes de terre rouge; auprès d'un des sque-

____

1. *Die neuesten Græberfunde*, etc., p. 1-4.

lettes était un casque de bronze formé de plusieurs morceaux
assemblés, une grande pointe de lance et des phalères du même
métal ; auprès de l'autre on recueillit deux bracelets, sept
fibules, un collier et surtout les fragments de deux bracelets
ou pendants d'oreilles en bronze recouverts à l'extérieur et à
l'intérieur d'une couche d'or, dont l'ornementation (des points
circulaires ressemblant à des têtes de clous et formant un
double méandre) rappelle exactement le « style géométrique »
connu par les bronzes de Hallstatt et quelques spécimens très
anciens trouvés à Olympie[1].

Toutes ces trouvailles doivent être rapprochées de celles
que la commission préhistorique de l'Académie de Vienne et
les archéologues du musée de Laibach ont faites en 1879,
1880 et 1881 dans les *tumuli* de Sanct-Margarethen en Carniole inférieure. M. de Hochstetter se réserve de donner plus
tard un travail détaillé sur ces tombeaux[2].

Pour étudier la période de Hallstatt, au nord-est des Alpes,
nous disposons maintenant de documents importants et nombreux. Ce sont, outre les trouvailles faites à Hallstatt même
et celles dont il vient d'être question, les objets découverts en
différentes localités de la Carniole (*tumuli* de Landstrass, tombeaux à urnes de Zirknitz, *tumuli* de Sanct-Veit et de Sanct-
Marein, tombeaux à urnes de Lepence, tombeaux de Santa-

---

1. Furtwængler, *Die Bronzefunde aus Olympia*. Berlin, 1880, p. 9.
2. Voy. le rapport provisoire inséré dans le fascicule de décembre 1880 des
Sitzungsberichte de l'Académie des sciences de Vienne. — Depuis que cet article
a été écrit, M. Alexandre Bertrand a bien voulu nous communiquer une lettre
de M. de Hochstetter, du 16 octobre 1883, où le savant autrichien donne quelques
renseignements sur les fouilles exécutées à Watsch dans le courant de cette
année. On a trouvé cinquante tombes à inhumation et un très grand nombre
d'*Urnengræber*. Les premières sont en général des tombes de guerriers, ensevelis avec leurs lances et leurs flèches. Deux d'entre elles ont fourni chacune
quarante-deux et trente-huit pointes de flèches ; le bois a naturellement disparu. Les tombeaux de femmes ont donné des bracelets et des colliers de tout
genre, ainsi que des perles d'ambre et de verre. La trouvaille la plus importante, qui appartient au prince Windischgrætz, est un ceinturon de bronze
orné de figures au repoussé, cavaliers et fantassins réprésentés exactement
comme sur la zone supérieure de la *situla* de Bologne. Ce curieux objet a été
publié par M. Bertrand dans la *Revue archéologique*, 1884, t. I, p. 102 et
suiv., pl. III. — M. de Hochstetter est mort le 18 juillet 1884.

Lucia à Gœrtz, etc.), de la Styrie (Mariarast, Purgstall, Klein-Glein), de la Carinthie et du Tyrol. Repoussant la théorie de l'importation, soutenue par M. de Sacken alors que la nécropole de Hallstatt était seule connue dans la région des Alpes autrichiennes, M. de Hochstetter résume ainsi ses conclusions : « Les résultats des dernières fouilles dans cette région nous imposent de plus en plus la conviction que les industries du bronze et du fer qu'elles nous révèlent étaient *indigènes*, qu'elles se développèrent indépendamment auprès des Alpes comme d'autre part en Italie et en Grèce, et qu'en général la technique métallique de la période de Hallstatt est le patrimoine commun de tous les peuples qui habitaient alors le centre de l'Europe. »

A l'appui de cette thèse, M. de Hochstetter a étudié d'abord une des trouvailles les plus importantes de Watsch, la curieuse *situla* de bronze ornée de séries de figures au repoussé, qui, découverte au printemps de 1882, est aujourd'hui au musée de Laibach[1]. Nous reproduisons ici la vignette annexée au travail de M. de Hochstetter, ce qui nous dispensera d'une description forcément longue et néanmoins insuffisante. Cette *situla*, avec ses zones de figures superposées, rappelle au premier aspect les coupes trouvées en Assyrie, à Chypre et à Palestrine, décorées elles-mêmes, suivant toute vraisemblance, à l'imitation des tapis orientaux[2]; mais c'est dans les Alpes autrichiennes, c'est-à-dire tout près de Watsch, qu'on a découvert les objets qui lui ressemblent le plus exactement. Ce sont : 1° les fragments d'un vase en bronze avec figures en repoussé trouvés à Matrei en Tyrol[3]; le

---

1. Sur cette *situla*, v. Deschmann, *Mittheil. der K. K. Centralcommission.* 1883 ; Tischler, *Die Situla von Watsch, Corresp.-Blatt der D. Gesellsch. f. Anthrop., Ethnol. u. Urgesch.*, déc. 1882 ; Alexandre Bertrand, *Comptes rendus de l'Acad. des inscriptions*, 14 octobre 1883.

2. Layard, *Monuments of Niniveh*, 2º sér., pl. LVII-LXV ; Cesnola-Stern, *Cyprus*, pl. IX (patère de Dali), pl. XIX, LI, LXVI ; Inghirami, *Monumenti*, III, 19, 20.

3. Comte Benedict Giovanelli, *Le antichità rezio-etrusche scoperte presso Matrei*, Trento, 1845. Le contenu des tombeaux de Matrei est en général très semblable à celui de la nécropole de Watsch.

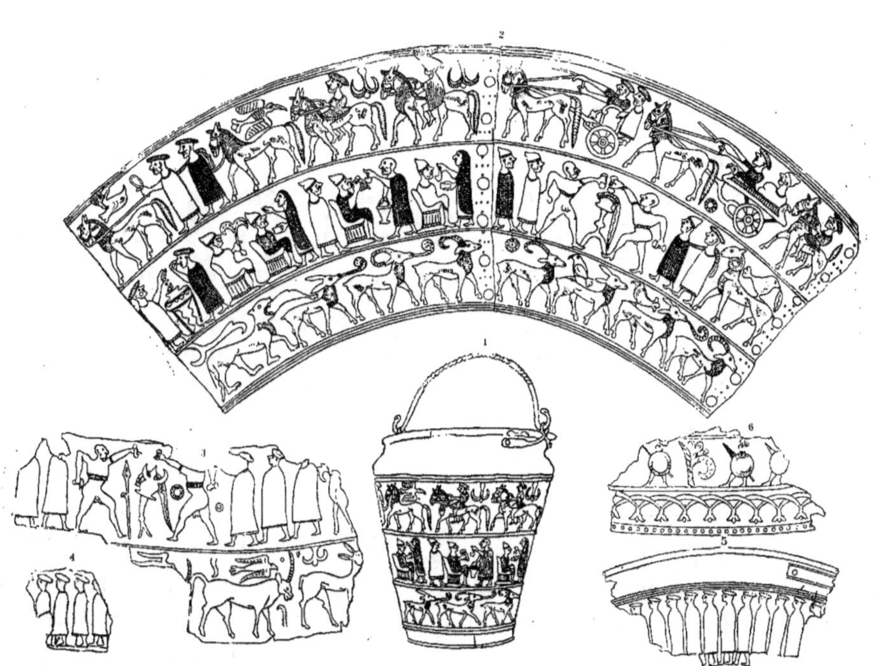

1 et 2. — Situle de Watsch (Carniole).
3, 4 et 5. — Fragment de situle (Matrei).

6. — Fragment découvert à St-Marein (Carniole).
1/3 de la grandeur réelle.

style et la plupart des motifs sont identiques à ceux de la *situla* de Watsch (surtout les deux lutteurs nus, de part et d'autre d'une espèce de trépied surmonté d'un casque), au point qu'on peut les croire exécutés d'après un même dessin ; 2° la ciste de Moritzing[1], trouvée en 1868 à Botzen dans le sud du Tyrol ; le dessin est beaucoup plus simple, mais le style et les vêtements des personnages sont les mêmes que sur les deux précédentes ; 3° la *situla* de Hallstatt[2], dont le couvercle présente quatre animaux en repoussé : une panthère (ou un lion) tenant dans sa gueule la cuisse d'un animal (comme sur la *situla* de Watsch), un fauve à tête humaine, un cerf broutant un arbre, une chèvre (?) mangeant une plante qui paraît sortir de sa bouche ; 4° un fragment trouvé dans un tumulus de Sanct-Marein, au sud de Laibach, et reproduit à la page précédente (n° 6), d'après la planche I du mémoire de M. de Hochstetter. On y voit, toujours en repoussé, des guerriers avec boucliers et lances, coiffés de casques en forme de plats, pareils à ceux que l'on a découverts dans les *tumuli* de Sanct-Margarethen.

Parmi les trouvailles faites en Italie et qui doivent être rapprochées des précédentes, la *situla* de la Certosa de Bologne occupe le premier rang[3]. On peut voir au musée de Saint-Germain un fac-similé de cette situle en galvanoplastie. Par leurs dimensions, la ténuité du métal, la zone inférieure d'animaux et le style général des figures, les deux *situlæ* offrent des analogies frappantes. Celle de la Certosa a été trouvée dans un tombeau à incinération. Zannoni pense, non sans vraisemblance, que Felsina était peuplée à cette époque d'Ombriens (Paléo-Italiques) et d'Étrusques, dont les premiers

---

1. Conze, *Frammenti di vaso di bronzo trovati nel Tirolo*, dans les *Annali dell' Instituto*, 1874, p. 164, et les *Monumenti*, t. X, pl. VI.

2. Sacken, *Das Grabfeld von Hallstatt*, 1868, pl. XX et XXI.

3. Zannoni, *Gli scavi della Certosa di Bologna*, pl. XXXV, fig. 7 (1876). Des *situlæ* analogues ont été trouvées à Este, Sesto Calende et Trezzo, dans l'Italie du nord ; Zannoni les a fait graver sur les planches XXXV et XXXVI de son ouvrage, ainsi que le miroir de Castelvetro en Émilie. Toutes les localités d'où proviennent ces objets sont *cisapennines*.

brûlaient leurs morts tandis que les seconds les ensevelis-
saient. La *situla*, selon lui, serait un objet de luxe conservé
dans une famille ombrienne et enseveli à Felsina aux débuts
de la domination étrusque.

Les scènes représentées sur les *situlæ* de la Certosa et de
Watsch appartiennent à la vie privée : ce sont des processions,
des jeux, des banquets, sans aucune signification symbolique
ni mythologique. Les artistes ne paraissent guère s'être
préoccupés d'autre chose que de remplir un certain espace en
combinant des modèles qu'ils avaient sous les yeux. Les pan-
thères, les animaux ailés et certains ornements végétaux trahissent seuls une influence asiatique. Tandis que les herbivores
sont représentés avec une branche de feuillage à la bouche,
le lion ou la panthère, qui n'était connu que de nom, est
figuré sur les bronzes d'Este, de la Certosa, de Hallstatt et de
Watsch avec une cuisse d'homme ou d'animal dans la gueule [1],
indication naïve qui ne se rencontre sur aucun monument
égyptien, assyrien ou persan [2]. Ce détail seul suffirait à rendre
suspecte l'hypothèse d'une importation orientale. Le dessin
est d'ailleurs naïf et grossier comme il convient à des œuvres
d'art de cette époque et de ces contrées, mais le travail du
repoussé est très habile et témoigne d'une pratique déjà
ancienne et avancée.

Il est remarquable que parmi les objets du style de la *situla*
de Watsch pas un seul n'ait été découvert au sud de l'Apennin,
c'est-à-dire dans l'Étrurie proprement dite. Ainsi l'hypothèse
de M. de Sacken, qui croyait tous les bronzes d'art de Hallstatt
importés d'Étrurie [3], est inadmissible, non moins que celle de

---

1. On connaît la vieille histoire de l'ogre lydien Kamblès, racontée par
Athénée (X, 415) d'après Xanthos. Il dévora sa femme pendant la nuit et,
le lendemain matin, trouva le bras de sa victime pendant de sa bouche. Τοῦτον
οὖν ποτε νυκτὸς τὴν ἑαυτοῦ γυναῖκα κατακρεουργήσαντα καταφαγεῖν, ἔπειτα πρωῒ
εὑρόντα τὴν χεῖρα τῆς γυναικὸς ἐν τῷ στόματι, ἑαυτὸν ἀποσφάξαι.
2. Un des fauves de la *situla* de la Certosa, dévorant une jambe humaine, est
muni d'ailes recroquevillées. L'influence de modèles asiatiques est indéniable,
mais il n'y a pas eu d'exportation directe.
3. Sacken, *Das Grabfeld von Hallstatt*, 1868, p. 143.

M. Helbig, qui voudrait y reconnaître des importations de Chalcis. Il paraît légitime d'y voir, avec M. de Hochstetter, les produits d'un art indigène particulier à des populations aryennes
qui habitaient la région des Alpes d'Autriche et les contrées
avoisinantes. Mais nous ne nous croyons pas autorisé à penser, comme le savant autrichien, que la *situla* de Bologne soit
une importation des pays cisalpins ni qu'elle provienne de la
Carniole elle-même. Elle pourrait aussi bien avoir été fabri-
quée dans la région de l'Italie au nord de l'Apennin, par
exemple dans le pays des Euganéens (Este) ou dans les environs de Bologne. Si, maintenant, l'on compare aux deux
situlæ reproduites plus haut les bronzes archaïques découverts
à Olympie, les objets de Troie et de Mycènes et les vases du style
géométrique [1], objets datant au moins du viiie et du viie siècle
avant notre ère, on reconnaîtra une certaine analogie non seulement dans les systèmes d'ornementation et la technique, mais
dans la sphère des sujets représentés, qui appartiennent pour
la plupart à la vie civile. Certains motifs de la *situla* de Watsch,
comme les deux *pugiles*, se retrouvent sur un vase de Milo
publié par M. Conze. Ce dernier archéologue avait déjà
signalé [2] une ressemblance de style entre les vases grecs
archaïques et les bronzes des peuples du Nord, et essayé de
montrer que le style géométrique est le patrimoine commun
des races indo-européennes [3]. « Dès le xxe siècle avant Jésus-
Christ, dit M. de Hochstetter, ce style se répandit sur toute
l'Europe avec la technique du métal ; mais il se mêla de très
bonne heure, en Grèce, en Italie et dans l'Europe centrale,
au style dit *oriental*, particulier aux peuples sémitiques de

---

1. Furtwængler, *Die Bronzefunde aus Olympia*, 1880 ; Conze, *Zur Gesch. der
Anfænge der griech. Kunst*, 1870 et 1873 ; *Melische Thongefæsse*, 1862 ; Hirsch-
feld, *Vasi arcaici ateniensi*, dans les *Monumenti* et *Annali dell' Instituto*, 1872.
Les huit mille bronzes trouvés à Olympie appartiennent, comme ceux de la
Carniole, à l'époque *bimétallique* du fer et du bronze.

2. *Sitzungsberichte der k. Akad. in Wien*, 1870, p. 527.

3. M. Milchhœfer, *Die Anfænge der Kunst in Griechenland*, 1883, a adopté et
même exagéré cette idée, à laquelle M. Dumont oppose d'assez forts arguments. (*Bulletin de correspondance hellénique*, 1883, p. 374.)

l'Asie. Le nord de l'Europe seul paraît y être resté étranger.»
Ainsi s'expliqueraient les animaux ailés et les ornements flo-
raux que l'on rencontre déjà à Hallstatt et à Watsch. « Mais
les *chalkeutes*[1] de la période de Hallstatt, bien qu'ils doivent
également à l'Asie les éléments orientaux de leur art, les ont
empruntés d'une manière indépendante, par une toute autre
voie que les Telchines mythiques et les Grecs[2]. Leurs pérégri-
nations ne les ont pas conduits à travers la Grèce et l'Italie,
puisqu'il n'y a rien, dans leur art, qui soit *spécifiquement*
grec, ni vases peints, ni figures mythologiques. » En reproduisant cette phrase où la part de vérité nous paraît si grande,
nous ne pouvons nous empêcher de penser à ces découvertes
récentes faites dans le Caucase, à ces bronzes de Koban qui
ressemblent d'une manière frappante aux bronzes de Halstatt,
et nous nous demandons si les races aryennes de l'Europe
centrale n'auraient pas suivi, dans leur voyage vers l'Occident,
la rive septentrionale de la mer Noire, la voie de terre, en se
séparant des Italo-Grecs plus tôt qu'on ne l'admet généralement[3]. Les chalkeutes de Hallstatt sont peut-être les descendants directs de ces Chalybes qu'Homère place dans le voisinage du Pont-Euxin. Il semble vraiment que le temps approche
où quelque hypothèse solidement établie jettera une lumière
nouvelle sur toute cette partie de l'ethnographie européenne.

M. de Hochstetter a consacré une étude spéciale[4] aux
casques de bronze découverts à Watsch et à Sanct-Margarethen. Ces casques appartiennent aux types suivants :

1° Casque en forme de chapeau, sans crête; le profil de la
calotte a l'aspect d'un fer à cheval[5].

---

1. Cette désignation a été proposée par Alphonse Müllner, *Emona*, Laibach, 1878.

2. Suivant Diodore, les Telchines ou inventeurs de la métallurgie passèrent
de la Lycie à Rhodes, de là en Grèce et en Étrurie.

3. Voir les excellentes pages de M. Sayce, *The route followed by the western
Aryans in their migration into Europe*, appendice de ses *Principes de Philologie comparée*, trad. E. Jovy.

4. *Die neuesten Graeberfunde*, etc., p. 19 et suiv.

5. En 1812, on a trouvé dans les Alpes autrichiennes, là Negau en Styrie,

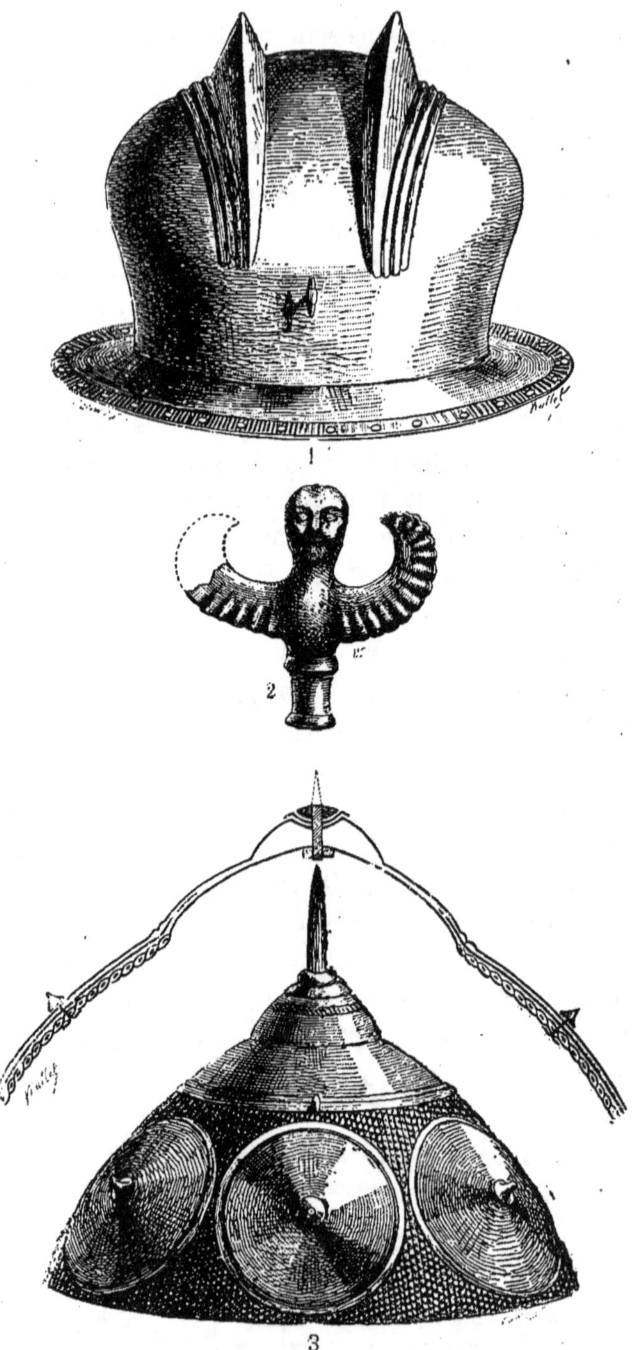

Casques de Watsch et de St-Margarethen.

2° Casque à double crête (fig. 1, p. 62) trouvé à Watsch, tout à fait semblable à celui de Hallstatt qu'a publié M. de Sacken[1]. Il est très digne de remarque que le casque de Watsch a été découvert avec les mêmes objets (pointes de lances, tiges en fer, ceinture de bronze, etc.) que le casque de Hallstatt; ils étaient placés l'un et l'autre dans des tombes de guerriers.

3° Casque en forme de chapeau, sans crête; le profil de la calotte a l'aspect d'une demi-ellipse. Il se compose de cinq morceaux de bronze assemblés au moyen de petits clous. Au sommet du casque étaient deux petits bustes ailés (fig. 2, p. 62); le seul qui subsiste rappelle un ornement de l'urne de bronze de Græchwyl[2]. Dans le même tombeau ont été découvertes des armes en fer.

4° Casque ayant la forme d'une demi-sphère ou d'une coupe, se terminant par une pointe comme la *Pickelhaube* prussienne et orné sur les côtés de cercles dont le centre est marqué par des pointes (fig. 3, p. 62). Ce casque, porté par les cinq fantassins qui forment le second groupe de la *situla* de la Certosa, n'était encore connu que par cette représentation lorsqu'on en a découvert plusieurs tout semblables dans les *tumuli* de Sanct-Margarethen. Nous donnons ici (p. 62) une réduction du dessin publié par M. de Hochstetter[3].

---

vingt casques de ce type portant des inscriptions indéchiffrables, qui ne sont point étrusques. Cf. un casque de Hallstatt, Sacken, pl. VIII, fig. 6, et Lindenschmit, *Alterthümer*, 1, 3, 2, 5.

1. Sacken, *Das Grabfeld von Hallstatt*, pl. VIII, fig. 5. Deux autres casques à double crête se trouvent l'un à Augsbourg, le second au musée Grégorien étrusque. M. Furtwængler en a signalé un quatrième à Olympie (*Inventar*, n° 6935.)

2. Lindenschmit, *Alterthümer*, II, 5, 2, 2.

3. Les six cercles de bronze sont fixés au moyen de clous sur la calotte du casque, qui se compose d'un treillis serré en bois de noisetier (*Haselnussruthen*), recouvert à l'extérieur de cuir dont il subsiste quelques fragments. Des casques analogues, mais moins bien conservés, se sont rencontrés à Sanct-Marein en Carniole et à Hallstatt (v. Sacken, p. 45). — On a prétendu que le casque de St.-Margarethen était en réalité un *umbo* de bouclier; mais la représentation de la *situla* de Bologne paraît trancher la question dans le sens de M. de Hochstetter. Les bonnets en treillis sont assez fréquents à Chypre; nous savons d'autre part que les Celtes se servaient de boucliers en treillis recouverts de cuir, dont on croit avoir trouvé quelques spécimens en Allemagne.

5° Au cours des fouilles faites en 1880 pour le musée de Laibach, on a découvert un chapeau conique en treillis avec un grand nombre de clous de bronze. Ce casque tomba malheureusement en morceaux, mais il est facile d'en reconnaître le type dans la coiffure des quatre derniers guerriers de la *situla* de Bologne.

Il est inutile de pousser plus loin cette énumération en y faisant entrer quelques fragments dont la forme n'a pu être exactement constatée. Ce qui précède suffit à établir deux faits d'une haute importance : 1° que les casques dessinés sur la *situla* de Bologne et sur celle de Watsch se sont retrouvés *en nature* à Watsch et à Sanct-Margarethen ; 2° que plusieurs de ces types de casques ne se rencontrent pas ailleurs. Il n'en faut pas davantage, semble-t-il, pour prouver que les guerriers figurés sur la *situla* de la Certosa et les hommes représentés sur celle de Watsch ont réellement existé en Carniole et ont été ensevelis dans les tombeaux de cette région. Il devient dès lors tout à fait impossible de voir dans ces deux *situlæ* autre chose que le produit d'un art local et indigène. Si les modèles de ces objets ont été importés, ce qui n'est pas invraisemblable, il faut du moins admettre que les objets eux-mêmes ont été fabriqués dans le pays, par des ouvriers appartenant à la race d'hommes qui les a placés dans les tombeaux.

La dernière partie du mémoire de M. de Hochstetter est consacrée à l'étude des nombreuses fibules trouvées en Carniole ; on y reconnaît toutes les formes que présentent les objets analogues dans les nécropoles de l'Italie du nord, antérieures à l'époque romaine. A Watsch on rencontre surtout la fibule demi-circulaire qui passe pour le type italique le plus ancien (Bologne, Moncucco, Golasecca, etc.) [1]. Une fibule qui ne s'est rencontrée encore qu'en Carniole et qu'on appelle « fibule de Watsch » présente une forme demi-circulaire avec une tige très noueuse qui lui donne l'apparence d'un collier

---

1. V. Tischler, *Ueber die Form der Gewandnadeln nach nihrer historischen Bedeutung*, dans la *Zeitschrift für Anthropologie und Urgeschichte Bayerns*, IV⁰ vol., 1ᵉʳ et 2ᵉ cahiers, 1881.

de perles ; la feuille, l'ardillon et la tête sont toujours de fer. Dans la nécropole récemment explorée de Koban, au nord du Caucase [1], on a trouvé presque exclusivement et au nombre de plusieurs centaines les fibules demi-circulaires si fréquentes en Carinthie. Les autres fibules les plus communes en Carniole sont la fibule *en arc* ou *en barque* (*Bogen oder Kahn-fibel*), qu'on rencontre aussi à Olympie, à Dodone et à Mégare [2] ; les fibules en spirales très fréquentes à Hallstatt (on les a appelées *fibules de Hallstatt*) sont comparativement rares. On trouve en nombre les fibules serpentiformes très communes à la Certosa ; assez souvent la *Thierfiebel*, dont l'arc représente un animal, principalement un chien chassant ; souvent aussi les fibules en T ou en arbalète, qui, très répandues à Hallstatt, en Suisse et dans l'Allemagne du sud, sont presque inconnues en Italie, si ce n'est à la Certosa de Bologne. On en a rencontré d'analogues dans le Caucase [3]. Comme ces différents modèles de fibules se sont souvent trouvés réunis dans un même tombeau, il ne paraît pas qu'on puisse, avec M. Tischler, considérer l'un ou l'autre de ces types comme appartenant à une époque plus ancienne. Ce sont les produits naturellement variés d'industries locales, que le commerce a disséminés et qui ne se prêtent point à une classification chronologique. Nous voudrions même qu'on se montrât très circonspect en tirant des conclusions de la présence, dans les Alpes autrichiennes, d'un type de fibule simple qui se retrouve dans le Caucase ; la part du hasard et l'insuffisance des recherches ne doivent jamais être perdus de vue, et l'on ne peut s'étonner de constater certaines ressemblances entre des objets destinés au même usage, quand les formes de ces objets ne sont pas d'une complication qui exclut les coïncidences fortuites.

1. R. Virchow, *Das Græberfeld von Koban*, Berlin, 1883 (avec 11 planches). M. Virchow appelle cette nécropole « un véritable Hallstatt caucasique ». Le musée de Saint-Germain possède une riche collection de bronzes de Koban, rapportés par M. Chantre.

2. Furtwængler, *Bronzefunde*, etc., p. 105.

3. Bayern, *Die Ausgrabungen der alten Græber bei Mzchet*, dans la *Zeitschrift f. Ethnologie*, t. IV, pl. 12.

Des fouilles toutes récentes faites en Styrie, dans les environs de Wies, ont prouvé que la civilisation de Hallstatt s'était également étendue sur cette région[1]. Un tumulus appelé Grebinz-Kogel, près de Klein-Glein, contenait vingt-six livres pesant de bronze, entre autres une cuirasse et une grande quantité d'armes, des poteries ornées de têtes de taureaux, des vases à décors géométriques, etc. D'autres *tumuli* plus récents, dans la même région, trahissent une influence romaine ; on y rencontre de la poterie faite au tour, des monnaies du iie siècle après J.-C., mais plus aucune arme. Enfin, certains *tumuli* appartiennent à la période de transition et contiennent des vases de la période de Hallstatt à côté de vases faits au tour.

La nécropole de Mariarast, explorée par MM. Alphonse Müllner et le comte Gundaker Wurmbrand[2], paraît bien appartenir aussi, en grande partie du moins, à la période de Hallstatt. Tout le monde connaît les casques de Negau et le chariot de Strettweg près de Judenburg, qui comptent parmi les monuments les plus importants de cette civilisation. En Carinthie, on peut y rattacher les *tumuli* voisins de Gmünd[3], ceux de Warmbad-Villach[4], et les tombeaux de Tscherberg dont l'exploration a été commencée en 1876. Le Tyrol parait être très riche en restes de cette époque : citons seulement le « tumulus d'urnes » de Sonnenburg, à trois lieues au nord de Matrei ; le « champ d'urnes » de Matrei, où l'on trouva les fragments de *situlæ* dont il a été question ; les « champs d'urnes » des environs d'Innsbruck à Vols et à Hœtting. En Bosnie même, M. de Hochstetter a découvert, dans le tumulus de Glasinac, un petit chariot de bronze à quatre roues avec des figures d'oiseaux appartenant au style de Hallstatt[5].

---

1. Radimsky, *Die præhistorischen Denkmale der Umgebung Wiens*, dans les *Mittheilungen der anthrop. Gesellsch. zu Wien*, t. XIII, 1883.
2. *Archiv. für Anthropologie*, t. XI.
3. *Carinthia*, 1866, p. 61-65.
4. *Mittheil. der anthrop. Gesellschaft zu Wien*, 1872, p. 7, et *Carinthia*, 1871, p. 285.
5. *Mittheil. der anthrop. Gesellsch. zu Wien*, 1881. D'après Undset (*Das erste*

MM. de Sacken, Lindenschmit, Genthe et même, bien qu'a-
vec plus de réserves, M. Conze, ont admis que les bronzes du
Nord sont en général des bronzes étrusques importés. M. de
Hochstetter s'inscrit en faux contre les tendances exclusives
de cette opinion. Il pense que le vieil art italique n'est
autre que l'art de l'Europe du nord à la période de Hallstatt[1], entre le ix° et le vi° siècle avant notre ère, et que
les Proto-étrusques, descendant de leur ancien pays alpin
vers l'Italie, ont apporté dans la péninsule ce « capital artistique primitif ». La découverte des bronzes d'Olympie a
fait connaître une très ancienne technique du bronze en
Grèce, dont le style est tout à fait en harmonie avec l'art
ancien de l'Italie et celui de Hallstatt, et qui appartient à une
période où la Grèce, comme l'Italie du nord et les pays
alpins, connaissait depuis longtemps le travail du fer. Aussi,
des objets que l'on qualifiait autrefois d'étrusques pourraient être rapportés avec beaucoup plus de vraisemblance à
l'art grec[2]. « Mais la route par laquelle ces produits grecs
sont parvenus jusqu'au centre de l'Europe n'est certainement
pas la route de mer par l'Italie ; c'est la route de terre par les
Balkans et les pays danubiens. »

Le seul type de tombeaux sur la terre italienne qui corres-
ponde parfaitement à celui de la période de Hallstatt se
trouve dans la nécropole de Villanova, au sud de Bologne,
découverte et explorée en 1853 par le comte Gozzadini. L'ensevelissement et la crémation y alternent comme à Hallstatt
et à Watsch[3]. Les nécropoles à urnes du type de Villanova

Auftreten des Eisens in Nord-Europa, p. 197), on a récemment découvert à
Corneto un char tout à fait identique à celui de Glasinac.

1. C'est la thèse que M. Alexandre Bertrand soutient depuis 1872. Voir le
mémoire intitulé : *Le Bronze dans les pays transalpins*, lu à l'Académie des
inscriptions, le 3 octobre 1873. (*Archéologie celtique et gauloise*, p. 187.)

2. L'hydrie en bronze trouvée dans le tumulus de Græchwyl, en Suisse, a été
considérée comme étrusque par Jahn (*Mittheil. der antiq. Gesellsch. zu Zürich*,
VII, 5, 1852) et Lindenschmit (*Alterth.*, II, 5, 2, 2) ; mais Furtwængler (*Bronzefunde*, p. 68) n'hésite pas à y voir une œuvre grecque du vi° siècle.

3. M. de Hochstetter fait cette observation importante, que les vases d'argile

sont très nombreuses en Italie au nord de l'Apennin[1]. Le comte
Gozzadini, après avoir considéré les tombeaux de Villanova
comme étrusques, reconnut lui-même que cette appellation
était impropre : on eut recours alors à celle de *proto-étrusque*
ou *paléo-étrusque*. Conestabile leur assignait comme date le
ixe et le xe siècle avant J.-C., immédiatement après l'époque
du bronze pur, c'est-à-dire des terramares de l'Émilie et de la
Lombardie[2]. En Suisse, dans le sud-ouest de l'Allemagne,
en Bohême, sur le Rhin, en Hongrie, etc., la civilisation de
Hallstatt est remplacée, dans les derniers siècles avant J.-C.,
par la civilisation dite de *la Tène* (« *late celtic* » des archéologues anglais[3]), dont les Gaulois semblent avoir été les pro-
pagateurs principaux. On n'a encore découvert dans les Alpes
autrichiennes aucune nécropole de cette seconde phase, et la
période de Hallstatt paraît y confiner immédiatement à celle de
l'influence romaine (Wies et Mariarast).

M. de Hochstetter n'admet que pour le nord de l'Europe
une époque du bronze de longue durée et nettement caractérisée : dans l'Europe centrale et surtout dans le bassin méditerranéen, — entre autres à Hallstatt, — l'existence d'une
époque *du bronze pur* lui paraît avec raison fort douteuse.
Les archéologues des pays du Nord sont généralement
d'accord pour faire dériver de l'Europe centrale, des régions
entre la Hongrie et la Suisse, la *Bronzecultur* si développée
et si riche de l'Europe septentrionale[4]. Elle ne vient certaine-

des nécropoles autrichiennes ressemblent plus à ceux des terramares d'Italie
qu'aux vases plus richement ornés de Villanova.

1. Padoue, Golasecca, Sesto Calende, Bovolone et Poregliano près de Vérone,
Bismantova et Pietole Vecchio près de Mantoue, Crespellano près de Bologne
et les plus anciennes tombes de la Certosa. Au sud de l'Apennin, on a rencontré des vases du type de Villanova dans le riche tombeau de Corneto
(musée de Berlin), ainsi que des fibules du même style.

2. Ces déterminations chronologiques perdent de leur valeur depuis que
M. Helbig a montré (*Die Italiker in der Poebene*, 1879, p. 7) que les établissements des *terramares* datent d'époques différentes. Les plus récents peuvent être
contemporains des tombeaux de Hallstatt.

3. Undset, *Das erste Auftreten des Eisens in Nord-Europa*, 1882, p. 21
et suiv.

4. Sophus Müller, *Die nordische Bronzezeit*, 1878, p. 2.

ment ni de Grèce ni d'Étrurie, car les caractères qu'elle présente sont tout différents. On est donc forcément amené à la conclusion que la civilisation septentrionale du bronze dérive directement de celle de la période de Hallstatt, c'est-à-dire du centre de l'Europe. Parmi les routes que suivit cette civilisation pour se répandre dans le Nord, l'une des plus remarquables passe par la Moravie, la Silésie et la Posnanie. A l'Ouest, la ligne du Rhin et du Weser forme une seconde route naturelle entre le centre et le nord de l'Europe. Par ces deux chemins, de nombreux objets de bronze et aussi de fer pénétrèrent de bonne heure dans le Nord[1]. La *Bronzecultur* septentrionale, si semblable en tous points à celle de Hallstatt, paraît avoir duré pendant plus de cinq siècles (1000-500 avant J.-C.) ; puis elle s'effaça peu à peu devant la civilisation du fer de la période de La Tène qui, originaire de l'Europe centrale, se répandit sur toute l'Allemagne du nord jusqu'en Scandinavie, pour être supplantée elle-même, vers le 1er siècle après J.-C., par la civilisation romaine. « La civilisation de Hallstatt et celle du bronze dans le Nord, dit M. de Hochstetter, se touchent dans l'Allemagne centrale suivant une ligne encore mal déterminée et sont incomparablement plus proches parentes entre elles que la civilisation méditerranéenne et celle de l'Europe centrale. » A la désignation ancienne de « civilisation de Hallstatt » l'auteur voudrait substituer l'appellation plus générale de « civilisation de l'Europe centrale », patrimoine commun de tous les peuples aryens dans cette partie de notre continent, s'étendant d'une part jusqu'au Caucase, de l'autre sur le bassin du Danube, le sud de la Bohème, le sud-ouest de l'Allemagne, la Silésie, la Suisse, une partie de la France[2], en

---

1. Undset, *Das erste Auftreten des Eisens in Nord-Europa*, 1882, p. 332, reconnaît dans les plus anciens objets en fer du nord de l'Europe l'influence de la civilisation de Hallstatt. Il reste difficile d'expliquer pourquoi ces objets sont relativement fort rares. — Le commerce de l'ambre, qui paraît remonter à une très haute antiquité, fut la cause principale de l'établissement de relations suivies entre le nord de l'Europe et le bassin de la Méditerranée. Cf. Oppert, *Comptes rendus de la Soc. de numism. et d'archéol.*, 2º série, 3º partie, 1879.

2. On connaît dans tout le bassin du Rhône, notamment près de Besançon

poussant des ramifications en Grèce et dans l'Italie du nord.
Sous le nom de culture étrusque, l'archéologie a longtemps
confondu deux couches de civilisation bien différentes : la culture *paléo-italique* ou ombrienne (*altitalische*), qui appartient
à l'Europe centrale, et la civilisation proprement étrusque,
née sur le sol de l'Italie vers le vi° siècle avant notre ère sous
l'influence de l'Orient, de l'Égypte, de la Phénicie et de la
Grèce. Les Ombriens, les Rasénas et les Boïens celtiques sont
descendus de l'Europe du nord dans le bassin du Pô ; c'est du
Nord qu'est venue la civilisation du bronze que l'on retrouve
dans les terramares et dans les constructions sur pilotis de
cette région. « Ce que la civilisation de Hallstatt a de commun
avec la civilisation étrusque n'est pas un *capital de civilisation*
étrusque : l'opinion diamétralement contraire est la vraie. »
Quant à l'origine première de cette civilisation du centre de
l'Europe, c'est là une question étroitement liée à celle de
l'origine des peuples aryens eux-mêmes ; elle est loin encore
d'être définitivement résolue.

Si nous avons réussi à donner une idée précise des faits
contenus dans le mémoire de M. de Hochstetter, le lecteur
n'aura pas eu de peine à suivre les conclusions qu'il en tire.
Le rôle de l'hypothèse y est en somme très restreint et nous
ne pensons pas qu'un esprit non prévenu puisse se refuser
à les accepter en partie. L'archéologie classique a longtemps
épousé les préjugés des écrivains anciens : elle a traité de barbares les produits étrangers à son domaine et a refusé de leur
accorder son attention. Depuis les découvertes d'Hissarlik et
de Mycènes, elle a dû changer d'attitude à cet égard ; « le
préhistorique, comme dit M. Curtius, est devenu de l'histoire »,
et il s'est produit en archéologie quelque chose d'analogue au
changement d'idées opéré en ethnographie et en linguistique
vers le commencement de ce siècle, lorsque la découverte de
l'unité indo-européenne prouva que les *Barbares* étaient les

et dans la Côte-d'Or, des *tumuli* appartenant à la période de Hallstatt. Voir
la salle VI du musée de Saint-Germain. (*Catalogue*, p. 141-161.)

frères des Grecs et des Romains. L'archéologie aryenne, il est vrai, n'a encore eu ni son Schlegel ni son Bopp ; mais si elle se constitue lentement et sûrement, en se défiant des synthèses prématurées, elle n'aura bientôt rien à envier à son aînée, la science comparative des langues.

VII

UNE CAMPAGNE EN TUNISIE

Lettre à M. Georges Perrot, directeur de la Revue Archéologique[1].

Carthage, le 5 mars 1884.

Monsieur le Directeur,

Vous m'avez demandé quelques détails sur la mission archéologique que je viens de remplir, en compagnie de M. Ernest Babelon, dans la partie orientale de la Tunisie. Vos lecteurs voudront bien m'excuser si je suis très bref dans ce résumé que j'écris à leur intention. Ce n'est pas à Carthage, loin de toute bibliothèque, et avec des loisirs parcimonieusement mesurés, que l'on peut expliquer des textes épigraphiques d'une manière satisfaisante. La publication hâtive de ces documents expose à des inexactitudes qui n'accusent pas tant la difficulté du sujet que la négligence des éditeurs. Quant aux monuments figurés, il n'est guère utile de les décrire lorsqu'on ne peut encore en éclairer la description par un croquis ou une image photographique. En attendant donc que nous puissions faire connaître les résultats de notre mission avec le développement et la précision désirables, je crois suffisant de vous exposer la marche de notre voyage et les principales recherches auxquelles nous avons eu l'occasion de nous livrer[2].

Arrivés à Tunis le 26 novembre 1883, nous avons voulu

1. *Revue archéologique*, 1884, t. I, p. 185-191.
2. Un rapport détaillé sur notre mission a paru dans le *Bulletin archéologique du Comité des travaux historiques*, 1886, p. 4-78, avec des planches en héliogravure que nous avons reproduites ici et dans l'article suivant.

visiter d'abord le site de Carthage et le petit musée de Saint-Louis, si intelligemment organisé par le P. Delattre. Transportée au Louvre, cette collection paraîtrait insignifiante ; à Carthage, sur l'emplacement même d'où proviennent la plupart des objets qui la composent, elle prend un intérêt considérable. On nous avait chargés d'étudier la question du musée de Tunis, dont la fondation a été décidée dans l'automne de 1883 ; le P. Delattre a même été nommé directeur de ce musée futur, qui restera peut-être longtemps encore à l'état de projet. Le bey a bien offert une très belle salle dans son palais du Bardo, pour l'installation des collections tunisiennes ; mais le Bardo est loin de Tunis, et le transport des objets un peu lourds sera fort difficile. D'ailleurs, pour le moment, il n'y a pas beaucoup d'œuvres d'art appartenant au gouvernement beylical qui puissent trouver place dans le nouveau musée. Le jardin de la Résidence contient quelques intéressants bas-reliefs d'époque romaine, mais de style punique, qui seraient mieux à leur place au Louvre, à côté de monuments analogues. A l'arsenal de la Goulette, on a déposé une statue d'homme trouvée à Djerba, une statue de femme rapportée de Gightis par le lieutenant-colonel Récamier, un grand baptistère en marbre recueilli à Djerba et divers fragments d'architecture. Tous ces objets sont d'un intérêt médiocre, et le transport de la Goulette à Tunis en serait coûteux. Quant aux inscriptions et aux mosaïques, il serait assurément désirable qu'on pût les réunir à Tunis ; mais le poids des premières et la fragilité des secondes offrent des difficultés que la bonne volonté seule ne surmonte pas. Lorsque les finances de la Tunisie seront réorganisées, il faut espérer que l'on trouvera cent mille francs pour construire un musée et en assurer l'entretien ; je pense toutefois qu'il ne faudrait pas l'établir à Tunis, mais à la Goulette, de manière que les antiquités recueillies sur les différents point de la côte pussent y être transportées facilement[1].

1. Depuis l'époque où nous écrivions ces lignes, l'installation du musée du Bardo a fait de sérieux progrès, grâce au zèle de M. de la Blanchère, directeur

Parmi les collections particulières de Tunis, une seule paraît avoir quelque importance, et elle est peu accessible : c'est celle de M. le commandant Marchand, à l'Ariana. On ne rencontre guère, dans le commerce, que des objets médiocres ou faux, offerts à des prix que les officiers collectionneurs ont rendus exorbitants. C'est aux pierres gravées vendues à Tunis que s'applique le mot de Longpérier : « Sur dix pierres, il y en a neuf de fausses, et la dixième est moderne. » Les bronzes carthaginois de petit module sont très communs; cela tient à ce qu'on a découvert l'an dernier une jarre qui en contenait plusieurs milliers. Tunis est littéralement inondé de pièces d'argent siciliennes, frappées avec de très mauvais coins, ainsi que de fausses cornalines, d'un type uniforme, représentant une tête de femme vue de profil. Le zèle archéologique de nos militaires a donné une prime à la fraude, qui n'a même pas besoin d'être habile pour réussir. On est surpris de l'extrême rareté des monnaies à légendes puniques et de la mauvaise conservation de celles qu'on rencontre : le sol de la Tunisie, imprégné de salpêtre, oxyde et détériore le bronze, et les pièces à fleur de coin qu'on voit dans les collections particulières sont presque toutes importées. C'est en Sicile et non en Tunisie qu'ont été trouvées les belles séries de bronzes puniques que Müller a décrites dans sa *Numismatique de l'Afrique ancienne.*

Le 4 décembre, nous partîmes avec le P. Delattre pour Tebourba (*Tuburbo Minus*) et nous installâmes à quelques kilomètres de la ville, dans la fabrique nommée *El Battan*, sur la Medjerda, alors occupée par un détachement d'artillerie. De là, nous fîmes deux excursions dans le Djebel Ensârin, l'une à Zouitina (*Thibiuca*), où nous prîmes copie d'une inscription intéressante ; l'autre à Henchir Djal, où nous pûmes aussi recueillir queques textes nouveaux. Le mauvais temps nous obligea de revenir à Tunis plus tôt que nous n'eussions

des Beaux-Arts dans la Régence. Nous persistons toutefois à croire que l'emplacement choisi n'est pas bon. — 1887.

désiré. L'exploration de cette partie de la vallée de la Medjerda pourrait encore donner lieu à une campagne fructueuse si on l'entreprenait au printemps.

Au commencement de la semaine suivante, nous nous rendîmes en voiture à Dar-el-Bey, la capitale de l'Enfida. Le régisseur de cet admirable domaine, M. Mangiavacchi, s'occupe avec zèle de recueillir les antiquités du pays ; il voulut bien nous faire les honneurs de sa collection naissante. On trouve dans l'Enfida les ruines de dix-sept villes romaines, entre autres Aphrodisium, Botria, Gurza et Uppenna ; plusieurs henchirs considérables ne sont pas encore identifiés. De Dar-el-Bey, une journée de voiture nous conduisit à Sousse, où nous eûmes l'occasion, dans la suite, de séjourner plusieurs fois. Sousse est construite sur les ruines mêmes d'Hadrumète, ce qui rend les fouilles presque impossibles. Le presbytère de l'église contient quelques stèles puniques, anépigraphes à l'exception d'une seule, qui ont été trouvées dans les fondations de l'édifice ; à côté de ces stèles étaient des urnes remplies d'ossements que l'on a pris pour des ossements d'enfants, d'où la bizarre inscription gravée par un capucin au-dessus de la porte de l'église : IMMACVLATAE SACRVM. SVPER PHOENICVM HOLOCAVSTA SEDEO. Sur la prière de M. Renan, nous avons photographié ces stèles et procédé à une enquête touchant le contenu des urnes ; malheureusement pour l'inscription du capucin, les médecins militaires consultés par nous ont déclaré que les ossements en question avaient appartenu à des moutons. Le cardinal Lavigerie vient d'ordonner le transport au musée de Saint-Louis des stèles conservées dans le presbytère de Sousse ; cette détermination lui a été suggérée par une communication relative à ces stèles que M. Philippe Berger a récemment faite à l'Institut.

Un habitant de Sousse, M. Moïse Younès, conserve un fragment de bas-relief colossal représentant un quadrige auquel est attaché un captif ; c'est une œuvre romaine très médiocre, qui a pu faire partie d'un arc de triomphe. Chez M. Cadelli, on voit une statue d'empereur romain d'assez bon style, provenant, suivant les uns, de Lemta, suivant les autres, de Ziân. Enfin, une partie de l'ancienne collection Pistoretti appartient aujourd'hui à M. Gandolphe; elle contient notamment une belle série d'impériales romaines en or et des terres cuites de fabrique locale, photographiées l'an dernier par M. Cagnat.

Deux mosaïques importantes ont été trouvées récemment dans les faubourgs de Sousse, où s'élevaient des villas romaines. La première, découverte par M. le lieutenant-colonel Malaper, représente des Amours traînés par des poissons, une panthère, un cheval et un singe jouant de la guitare. Elle doit être prochainement relevée et transportée à Tunis[1]. La seconde, qui appartient à M. Galéa, représente une série de scènes de chasse et de pêche sur les bords du Nil; on y remarque surtout une chasse au crocodile et au rhinocéros, dessinée avec beaucoup d'esprit. Un conducteur des ponts et chaussées, actuellement à Sousse, en a commencé un dessin à l'échelle; la mosaïque elle-même a souffert et serait difficile à relever.

L'excursion de Kairouan est de celles qui s'imposent à tout voyageur parvenu à Sousse; nous y avons employé les trois jours de rigueur et ne les avons pas regrettés. L'art arabe de la Tunisie est beaucoup moins connu que celui de l'Égypte, bien qu'il ait produit des œuvres intéressantes. La chaire en bois sculpté de la mosquée de Kairouan mériterait d'être reproduite par le moulage : c'est une merveille de délicatesse et de goût.

Revenus à Sousse, nous nous sommes décidés à suivre la côte jusqu'à Sfax. C'est un voyage long et fatigant, sans grand intérêt d'ailleurs, que nos successeurs feront bien de s'épargner. A très peu d'exceptions près, les villes situées sur la côte tunisienne ont été entièrement ruinées au moyen âge,

---

1. Nous avons fait détacher cette mosaïque en 1884; elle est aujourd'hui au musée du Louvre.

où les bâtiments italiens venaient les exploiter comme des carrières; les ruines de Thapsus, qui ont été étudiées par Daux, présentent seules encore quelque intérêt. Partis de Sousse le 18 décembre, nous avons passé le 19 à Monastir, où M. Hérisson, agent consulaire de France, a recueilli quelques antiquités trouvées à Lemta (*Leptis*); nous avons visité aussi, à Lemta même, quelques mosaïques chrétiennes avec inscriptions. Le 20, nous étions à Méhédia, et nous traversions le lendemain Sallacta (*Sullectum*), pour passer la nuit à Chéba. Le 22, nous couchions à Azeg, et le 23, après avoir vu les ruines d'une église byzantine à Henchir Inchla (*Usilla*), nous arrivions très fatigués à Sfax. Les habitants de cette ville possèdent beaucoup d'intailles intéressantes, trouvées pour la plupart à El Djem ou aux îles Kerkennah; la plus belle collection est celle de M. Gau, receveur de la poste. Nous avons pu recueillir à Sfax un très grand nombre d'empreintes que nous nous proposons d'étudier à notre retour. Dans le voisinage de Sfax, vers le nord, se trouvent quelques masses de blocage très dégradées : ce sont peut-être les ruines de l'ancienne Taparura, dont les pierres ont servi à construire la ville arabe.

A Sfax, nous nous sommes embarqués pour Gabès, où la bienveillance du colonel de la Roque et du général Allegro nous a permis d'entreprendre quelques recherches. Nous avons visité El Hamma (*Aquæ Tacapitanæ*), l'emplacement de l'ancienne Tacape, distinct de celui de Gabès, et les ruines éparses dans l'oasis et aux alentours. De Gabès, nous avons passé à Djerba (*Meninx*), l'île des Lotophages. Grâce au capitaine Laferrière, qui commande la garnison de Djerba, nous avons pu explorer sérieusement les vastes ruines d'El Kantara (*Meninx*) et y pratiquer des fouilles pendant plusieurs jours. Avec l'aide du docteur Vercoutre, adjoint à notre mission, nous avons dressé le plan des ruines et photographié les sculptures éparses sur le sol. El Kantara présente une accumulation étonnante de marbres de couleur, taillés en blocs de dimensions colossales et travaillés avec beaucoup de goût; les statues sont d'un style médiocre, comme toutes les œuvres romaines que l'on trouve en Afrique. Les mosaïques d'El Kantara, dont plusieurs étaient fort belles, ont été mutilées par les collectionneurs de l'armée d'occupation; il est juste de dire que, si elles avaient été épargnées par les militaires, les Arabes se seraient chargés de les détruire et de les débiter par fragments. Le transport des mosaïques est coûteux et difficile : tout ce que l'on peut souhaiter, dans la plupart des cas, c'est d'en avoir des copies à l'échelle faites avec soin, travail dont nos officiers s'acquittent à merveille et que l'Institut ferait bien d'encourager.

D'Houmt Hadjim, un des ports de la côte méridionale de Djerba, nous nous sommes embarqués pour Bou-Ghrara (*Gightis*), localité aujourd'hui déserte de la côte tunisienne, sur la route qui mène de Gabès à Tripoli. MM. Guérin et Wilmanns, qui ont passé par Gightis, n'ont pu y prolonger leur séjour à cause de l'insécurité qui régnait alors dans le pays. Depuis l'occupation, Bou-Ghrara a été plusieurs fois visitée par nos troupes, notamment par un détachement de la colonne Jamais; M. Massenet, commandant du *Jaguar*, y a aussi pratiqué quelques fouilles. Comme nous avions une escorte assez considérable, un officier et trente soldats du 119° de ligne, nous avons pu nous installer sans crainte sur les ruines mêmes de Gightis et déblayer les quatre côtés du forum. Nos recherches, sur ce point, ont été très fructueuses. Outre les photographies de trois grandes statues de magistrats, trop lourdes pour être transportées, et un bon nombre de copies d'inscriptions, nous avons pu rapporter à Djerba une belle tête d'empereur voilé en pontife, où l'on reconnaît les traits d'Auguste, bien que la conservation de ce marbre laisse malheureusement à désirer[1].

Notre prochaine excursion nous conduisit à Zarzis, où le général Allegro voulut bien nous accompagner. A Zarzis,

---

1. Cette tête est exposée aujourd'hui au Cabinet des Médailles de la Bibliothèque Nationale.

Heliog. Dujardin.

Imp. Dujas.

STATUES DE GIGHTHIS
(TUNISIE.)

nous eûmes la bonne fortune de rencontrer la sixième compagnie mixte, commandée par M. le capitaine Rebillet, qui nous offrit très aimablement son concours pour l'exploration de Ziân. En cet endroit, situé à neuf kilomètres de Zarzis, subsistent des ruines considérables, non encore identifiées; M. Tissot a fait, il y a deux ans, l'acquisition du terrain. A la surface du sol se voient cinq grandes statues en marbre, acéphales, d'un style assez remarquable, dont nous avons commencé par prendre des photographies. Puis nous pûmes consacrer neuf jours à déblayer le forum, travail difficile, qu'il eût été impossible d'entreprendre sans le concours du capitaine Rebillet et de ses soldats. Comme à Bou-Ghrara, nos recherches ne restèrent pas vaines; notre butin se compose de deux grandes têtes de marbre, représentant un empereur (Claude) et une impératrice[1]; d'une amulette en or, couverte d'inscriptions gnostiques, trouvée au fond d'un puits dans le forum; d'inscriptions en lettres monumentales, dont aucune, malheureusement, ne donne le nom antique de Ziân; enfin de beaucoup de fragments de sculptures et de décrets honorifiques. Les objets les moins lourds ont été rapportés par nous à Djerba et expédiés de là à Paris, où ils sont arrivés sans accident.

Nous aurions bien voulu user de l'obligeance du capitaine Rebillet pour reprendre avec lui l'exploration de Bou-Ghrara, où il y a certainement encore à faire; mais la saison s'avançait et comme les fouilles de Carthage sont le but principal de notre mission, nous devions y sacrifier la continuation de nos recherches dans le sud tunisien. De Djerba, nous nous rendîmes directement à Sfax pour visiter, entre Tina (*Thenæ*) et Mahares, l'endroit appelé par les Arabes *Seguiet-el-Had*, « le fossé de la frontière ». Comme l'on sait, par les textes antiques, que Scipion fit creuser, entre les environs de Thenæ et Tabarka (*Thabraca*), un fossé servant de limite à la province romaine et à la Numidie, M. Tissot pensait que le Seguiet-el-

---

2. Ces deux têtes sont entrées au Cabinet des Médailles.

Had pouvait être un vestige de ce travail, dont la toponymie locale aurait conservé le souvenir. En réalité, le Seguiet-el-Had n'est qu'un thalweg naturel ne rappelant en rien les fossés creusés de main d'homme; d'ailleurs, la région tout entière s'appelle El-Had, « la frontière », et c'est d'elle que le ravin en question paraît avoir dérivé son nom. Il n'en reste pas moins que la désignation de *frontière* appliquée à ce petit district voisin de Thenæ, mais plus au Sud, n'est pas sans importance pour la détermination conjecturale du point de départ des « fossés numidiques ».

Après avoir passé une journée à Thenæ, où nous ouvrîmes quelques tombeaux fort curieux, disposés en colombaires, nous retournâmes à Sfax. Une dépêche de M. Tissot me rappela alors à Paris, où je restai cinq jours; le paquebot suivant me ramena à Tunis. J'y trouvai M. Babelon, qui était revenu de Sousse à Tunis à travers l'Enfida et avait pu étudier sur sa route Kalâat el Kebira (*Gurza*), Henchir Chigarnia (*Uppenna*), les dolmens d'El Hajjar (*les pierres*), Fradiz (*Aphrodisium*), Bou-Ficha, Henchir Foouara et Henchir Haret, toutes localités situées dans l'Enfida et dont plusieurs ont donné des textes épigraphiques nouveaux. Sitôt à Tunis, nous n'eûmes d'autre préoccupation que de mettre en train, sans perdre de temps, les fouilles de Carthage. Elles ont commencé le 4 mars sur un terrain appartenant à S. Ém. le cardinal Lavigerie, entre la citadelle de Byrsa et le port militaire. Nous y faisons creuser une tranchée de quarante mètres de longueur, orientée est-ouest, et nous sommes décidés à la pousser, malgré les difficultés matérielles que nous rencontrons, jusqu'à la profondeur de six ou sept mètres, c'est-à-dire jusqu'au sol punique et à la terre vierge.

Héliog. Dujardin.

Imp. Eudes.

SCULPTURES DE ZIAN
(TUNISIE.)

VIII

LES RUINES DE CARTHAGE[1]

Le temps n'a guère épargné les monuments de la civilisation phénicienne. Les grandes villes d'où elle a rayonné sur tout le bassin de la Méditerranée ne présentent plus que de rares vestiges antiques à demi ensevelis sous les sables. Sans doute, leurs emplacements ne sont pas tous abandonnés : choisis avec un coup d'œil très sûr par un peuple de navigateurs et de commerçants, ils ont continué, pour la plupart, à être habités jusqu'à nos jours ; mais les centres nouveaux se sont élevés aux dépens des villes antiques, et, comme l'a fait observer M. Renan, on n'a extrait en Syrie que bien peu de pierres de la carrière depuis quinze ou seize cents ans. Ç'a été la destinée des Phéniciens de travailler pour les autres, de servir d'intermédiaire entre le monde oriental et le monde gréco-romain, puis de disparaître presque entièrement de l'histoire après l'achèvement de leur tâche. La Grèce et l'Italie leur doivent l'alphabet phonétique, sans lequel nous ne posséderions ni Homère ni Virgile ; mais il ne nous reste rien de la littérature phénicienne, si ce n'est quelques milliers d'ex-voto et d'inscriptions funéraires. L'art grec naissant s'est inspiré des modèles que l'industrie des Phéniciens a créés ou que leur commerce a répandus ; mais ces modèles ont presque tous péri, et il ne subsiste pas une seule œuvre d'art considérable, une seule grande statue, que l'on soit en droit d'attribuer aux Phéniciens.

1. Conférence faite à la Sorbonne le 30 janvier 1886. Elle a été imprimée dans le *Bulletin hebdomadaire de l'Association scientifique de France,* n°. du 21 février 1886.

L'archéologie moderne n'a pas marchandé ses efforts pour réparer cette injustice des siècles; elle a multiplié les fouilles et les recherches sur le territoire de la Phénicie et des colonies phéniciennes; elle a recueilli jusqu'aux moindres fragments de l'écriture et de l'art d'un peuple qui a joué un rôle si considérable dans l'histoire de l'art et de l'écriture. Il ne m'appartient pas de résumer les explorations récentes qui se sont étendues de la Syrie et de l'Égypte jusqu'aux côtes d'Italie, de France et d'Espagne [1]; je voudrais seulement retracer un épisode de cette enquête collective sur le passé phénicien, où les savants français ont le droit de revendiquer une large part, et dont les résultats, en ce qui touche l'épigraphie, sont communiqués au monde des érudits par cet admirable recueil des inscriptions sémitiques publié sous la direction de M. Renan.

Je me propose de faire connaître brièvement ce que nous savons des monuments de Carthage, cette terre punique devenue terre française, où il reste tant de découvertes à faire, tant de problèmes à résoudre, mais où les premiers coups de pioche ont donné des résultats assez sérieux pour encourager les explorateurs de l'avenir.

I

Quand Salluste, au commencement de sa *Guerre de Jugurtha*, énumère les colonies phéniciennes de la côte d'Afrique, il se contente de nommer Carthage, aimant mieux n'en rien dire que d'en dire trop peu : *Nam de Carthagine silere melius puto quam parum dicere*[2]. Je suivrai cet exemple, et ne vous parlerai pas des vicissitudes politiques d'une ville dont la

1. Voyez à ce sujet le beau volume de MM. Perrot et Chipiez, *La Phénicie et Chypre*. Paris, Hachette, éditeur, 1885.
2. Salluste, *Jugurtha*, ch. XIX.

constitution et l'histoire ne se prêtent pas à un exposé rapide.
Rappelons seulement quelques faits et quelques dates qui
éclairent ce qu'on pourrait appeler l'histoire monumentale de
Carthage.

Fondée vers l'an 800 avant Jésus-Christ par des colons de
Tyr, *Kart-Hadast*, « la ville nouvelle », ne tarda pas à devenir le centre des établissements phéniciens en Afrique, dont
quelques-uns, comme Utique, Hadrumète et Leptis, étaient
certainement de fondation plus ancienne. Son empire s'étendit peu à peu, vers l'est jusqu'aux autels des Philènes, comprenant la Tunisie et une partie de la Tripolitaine actuelles,
vers l'ouest jusqu'aux colonnes d'Hercule, comprenant l'Algérie et une partie du Maroc; mais le territoire propre de
Carthage, placé sous la dépendance directe de la ville, ne
différait guère de la Régence actuelle de Tunis. La puissance
maritime de Carthage se développa particulièrement à
l'époque où le commerce des Grecs commença à faire une
rude concurrence au commerce phénicien dans la mer Égée,
et c'est la nécessité de protéger son commerce, de lui assurer
des ports de refuge et de ravitaillement, qui engagea Carthage
dans des entreprises de conquête sur la Sardaigne, la Corse
et la Sicile. Dès 509 avant Jésus-Christ, elle entra en relations diplomatiques avec Rome par un traité de commerce
que nous a conservé Polybe[1]. En 264, les deux républiques
en vinrent aux mains pour la possession de la Sicile, qui fut
enlevée à Carthage après une guerre de vingt-trois ans. Hannibal faillit la venger et fit trembler Rome jusque dans ses
murs; mais cette seconde guerre se termina par un désastre
qui mit Carthage à la merci de sa rivale. Épuisés eux-mêmes
par une lutte terrible de dix-sept ans, les Romains n'osèrent
pas pousser à bout leur victoire; ce n'est qu'un demi-siècle
après, en 150, qu'ils commencèrent sans motifs une guerre
nouvelle inspirée par le *delenda Carthago* du vieux Caton.
Malgré une résistance héroïque, Carthage fut prise d'assaut,

1. Polybe, III, 22.

incendiée et détruite [1]. De solennelles imprécations vouèrent aux dieux infernaux l'emplacement où ses ruines fumaient encore.

Toutefois, sa position était si belle, son territoire si fertile, son port si vaste et si sûr, qu'elle ne resta pas longtemps abandonnée; vingt-quatre ans après sa destruction, une colonie romaine y fut établie par Caïus Gracchus. Au début, cette colonie ne prospéra point; mais Auguste, s'inspirant des volontés de César, lui accorda de grands privilèges, et la nouvelle Carthage, à l'époque de Tibère, était déjà la plus peuplée des villes de l'Afrique. Cette Carthage romaine, aussi riche et moins redoutable que la Carthage punique, devint, au iv° siècle, la troisième ville de l'empire; cependant les Romains, par un reste de défiance, lui défendirent de relever ses murailles, et ce ne fut qu'en 424, à l'époque de Théodose II, sous la menace des grandes invasions, qu'elle put s'entourer d'une nouvelle enceinte. Comme son ancienne rivale, elle fut pourtant emportée par la tourmente. Conquise successivement par les Vandales et par les Byzantins, Carthage, bien que déchue, était encore une ville importante au vii° siècle; mais en 698 elle fut prise et saccagée par Hassan et disparut peu à peu pour ne plus se relever de ses ruines.

Les Arabes abandonnèrent son emplacement pour s'établir à Tunis, au fond d'un lac peu profond qui leur ouvrait la mer en même temps qu'il les protégeait contre les attaques des flottes chrétiennes. Carthage ne fut plus qu'une vaste carrière. Ce n'est pas la ville de Tunis seulement qui lui a emprunté ses matériaux de construction; de toutes les régions de la côte d'Afrique, de la Sicile, de l'Italie et de la Corse, on vint y prendre des pierres et des marbres de prix. « Aucun navire ne quitte Carthage, dit le géographe arabe Edrisi, sans char-

----

1. Une étude critique du siège de Carthage, qui présente encore bien des obscurités de détail, a été donnée par Tissot, *Géographie de l'Afrique romaine*, t. I, p. 613-633. Paris, 1885.

ger des quantités considérables de marbres. » La cathédrale
de Pise paraît avoir été élevée avec des matériaux carthaginois. Cet état de choses a subsisté pendant des siècles et dure
encore : c'est avec des pierres provenant de nos fouilles de
Carthage qu'a été pavée, en 1884, la route de la Goulette à
El Marsa. Maintenant que les grandes pierres et les marbres
ont presque tous disparu, on se contente d'enlever les menus
matériaux, qui forment une couche épaisse de 4 à 5 mètres
au-dessous du sol actuel de Carthage.

La destruction de tant de monuments ne s'est pas accomplie
en un jour, et les géographes arabes du moyen âge ont pu
nous transmettre quelques renseignements sur des édifices
dont il ne subsiste aujourd'hui que les fondations. Malheureusement leurs descriptions sont courtes ou vagues, et,
quand les voyageurs européens commencèrent à pénétrer en
Tunisie, la plupart des monuments étaient déjà réduits au
niveau du sol. Nous ne pouvons rappeler les noms de tous
ceux qui ont visité et décrit, depuis deux siècles, l'emplacement de la ville punique; celui qui a le plus contribué à le
faire connaître est le capitaine danois Falbe, qui dressa, en
1833, le meilleur plan de Carthage que l'on possède [1]. Mais
nous devons une mention aux explorateurs courageux qui ont
commencé l'étude scientifique du sous-sol de Carthage, aux
auteurs des premières fouilles qui se soient proposé un autre
but que la découverte de pierres de taille et de marbres précieux [2].

En 1837, à l'instigation de Dureau de la Malle, auteur d'un
livre consciencieux sur la topographie de Carthage, il se
forma, à Paris, une société pour l'exploration archéologique
de cette ville. Dureau de la Malle conseillait surtout de fouiller l'emplacement du sanctuaire de Junon Céleste, pensant

---

1. Ce plan, dont l'édition originale est devenue rare, a été reproduit dans la
Mission à Carthage de M. de Sainte-Marie. Paris, Leroux, éditeur, 1885.

2. Les premières recherches topographiques sur les ports de Carthage sont
dues au comte Camille Borgia ; il prit la fièvre en travaillant dans la vase et
alla mourir à Livourne. Cf. Beulé, *Fouilles et découvertes*, t. II, p. 47.

que la valeur des antiquités que l'on y pourrait recueillir couvrirait, et au delà, les frais de l'exploration. La société se composait de Raoul Rochette, Pourtalès, Falbe, Temple et plusieurs amateurs ou collectionneurs éclairés, en tout dix-huit personnes, qui réunirent un capital de 23,600 francs [1]. Temple et Falbe obtinrent que la société étendrait ses recherches à tout le nord de l'Afrique, où les progrès de notre armée frayaient la route aux archéologues. Ils partirent immédiatement pour l'Algérie et suivirent les généraux Damrémont et Perregaux dans l'expédition de Constantine, date mémorable non seulement dans l'histoire de la conquête de l'Algérie, mais dans celle de l'épigraphie romaine, qui lui doit quelques-unes de ses découvertes les plus précieuses. De là, Temple et Falbe allèrent à Carthage et y opérèrent quelques fouilles; ils recueillirent des inscriptions, une mosaïque et un fragment de peinture à fresque. Mais cette entreprise devait être éphémère comme tant d'autres du même genre; après avoir publié un volume sur les résultats de sa première campagne, la société pour l'exploration de Carthage n'a plus fait parler d'elle. C'était le moment où l'Algérie commençait à livrer ses trésors épigraphiques et l'attention des archéologues se détourna momentanément de la Tunisie.

En 1830, le bey de Tunis avait fait don à la France d'une parcelle de terrain située au sommet de la colline de Byrsa, l'ancienne acropole de Carthage, où une tradition, probablement erronée, voulait que saint Louis eût rendu le dernier soupir [2]. On y éleva, en 1842, une chapelle d'assez mauvais goût, ornée d'une statue en marbre de saint Louis que les soldats tunisiens traînèrent depuis la Goulette jusqu'au sommet de la colline. Suivant une légende locale, populaire parmi les Arabes, saint Louis mourant se serait converti à

1. Cf. le volume intitulé : *Excursions dans l'Afrique septentrionale par les délégués de la Société établie à Paris pour l'exploration de Carthage.* Paris, 1838.
2. L'acte de cession fait partie du traité signé avec le bey de Tunis par M. Mathieu de Lesseps, le 8 août 1830.

l'islamisme, et sa mémoire n'est pas moins respectée des musulmans que des chrétiens. L'établissement de cette chapelle donna lieu à quelques fouilles qui amenèrent la découverte de diverses inscriptions et de fragments d'architecture : ce fut le noyau du Musée actuel de Saint-Louis, qui devait être considérablement enrichi plus tard par les recherches de Beulé et du P. Delattre.

De 1856 à 1858, Nathan Davis, chapelain anglican à Tunis, opéra de nombreuses fouilles partielles sur l'emplacement de Carthage, aux frais et au profit du *British Museum*. Malheureusement il cherchait surtout des objets à emporter, et comme il était dépourvu de toute éducation scientifique, la relation qu'il a laissée de ses travaux est à la fois confuse et inexacte [1]. Il envoya à Londres plusieurs statues romaines, d'intéressantes mosaïques et un bon nombre d'*ex-voto* puniques et d'inscriptions latines. Ces fouilles d'amateur étaient à peine achevées lorsque Beulé arriva à Carthage, après un fructueux voyage en Algérie. Au mois de février 1859, il commença des fouilles sur l'acropole de Byrsa, où il découvrit de nombreux vestiges des travaux de fortification puniques, des fragments du temple d'Esculape et une rangée d'absides ayant fait partie d'un grand monument situé au pied de la chapelle de Saint-Louis. Dans l'automne de la même année, il explora la nécropole du Djebel-Kaoui, au nord de Carthage, et étendit ses recherches aux anciens ports. Beulé a résumé les résultats de ses fouilles dans un ouvrage savant et de forme agréable, qu'on lira toujours avec fruit, bien qu'il ne soit pas exempt de témérités [2]. Il avait conduit les travaux à ses frais, sans recevoir le moindre subside du gouvernement, et s'il n'a pas été le premier à fouiller Carthage, c'est à lui que revient l'honneur d'avoir interrogé pour la première fois le sous-sol de la ville punique

---

1. Davis, *Carthage and her remains*, London, 1861. C'est un fort méchant livre, auquel on a fait l'honneur immérité d'une traduction allemande.

2. Beulé, *Fouilles de Carthage*, Paris, 1861 ; voy. aussi ses charmantes *Lettres de Carthage* dans *Fouilles et Découvertes*, t. II, p. 1-72.

avec le goût d'un artiste et les préoccupations d'un savant.

Beulé écrivait en 1859 : « Ce que la France a fait en Égypte, à Ninive, à Babylone, à Olympie, à Athènes, pourquoi ne le ferait-elle pas aussi à Carthage, sur un territoire qui lui appartient? » Il ne s'agissait, dans l'esprit de Beulé, que d'explorer complètement le plateau de Byrsa, concédé par le bey de Tunis à la France; mais ses paroles ne furent malheureusement pas entendues. Quelques années après, l'ingénieur Daux entreprit des recherches topographiques, par ordre de l'empereur Napoléon III, à Utique, à Carthage et à Hadrumète; il fit plutôt des sondages que des fouilles et ne s'appliqua qu'à restituer, avec une hardiesse souvent excessive, les ouvrages de défense des anciennes villes phéniciennes. Ce n'est qu'en 1873 que les travaux de Beulé furent repris par un interprète du consulat de France à Tunis, M. de Sainte-Marie, aujourd'hui consul à Salonique; il découvrit, entre l'acropole et le rivage, des milliers d'*ex voto* puniques, transportés depuis à la Bibliothèque nationale, des inscriptions grecques et latines, les ruines d'un sanctuaire de Sérapis et plusieurs statues romaines. Les fouilles de M. de Sainte-Marie ont augmenté dans des proportions inespérées le nombre des textes connus de l'épigraphie carthaginoise et ouvert aux recherches ultérieures un filon qui n'est pas près d'être épuisé.

L'enceinte de Saint-Louis, possédée depuis 1830 par la France, était comme le commencement et le gage d'une conquête pacifique qui ne devait pas tarder à s'accomplir. Au mois de mai 1881, ces champs déserts où dorment ensevelies les ruines de Carthage étaient réveillés par le son des clairons et le frémissement d'une armée en marche. Un général français datait ses ordres du jour du « camp de Carthage ». Hannibal, vingt siècles auparavant, n'avait pas eu d'alliés plus fidèles que les Gaulois, qui avaient prodigué leur sang pour sa cause sur les champs de bataille de Trasimène et de Cannes; aujourd'hui, c'étaient les fils des Gallo-Romains qui venaient camper dans la patrie d'Hannibal, et, bien qu'ils

arrivassent en vainqueurs, ils ne venaient pas en ennemis. Ils
venaient porter la prospérité et la paix à ces fertiles régions
si longtemps livrées au despotisme, au pillage, à l'arbitraire;
ils allaient bientôt poursuivre avec ardeur une tâche commencée par la France quarante ans plus tôt, celle de rendre à
la lumière ce qui reste des ruines de Carthage et d'y recueillir
pieusement les débris des civilisations passées.

Depuis la construction de la chapelle de Saint-Louis, un
aumônier français avait résidé à Carthage, et l'enceinte de la
chapelle était devenue un petit musée où les objets découverts
par Beulé avaient trouvé place. En 1881, au moment de l'occupation française, le cardinal Lavigerie, archevêque d'Alger,
fit construire sur le plateau de Byrsa, en arrière de la chapelle de Saint-Louis, un collège français, transformé depuis
en couvent; les travaux de déblais entrepris à cette occasion
amenèrent de nouvelles découvertes, et une salle du collège
fut aménagée en musée [1]. Modeste à ses débuts, cette collection n'a cessé d'augmenter par suite des fouilles que le
P. Delattre, aumônier de Saint-Louis, a dirigées depuis 1881
sur plusieurs points du sol de Carthage. Elle compte aujour-
d'hui plus de dix mille objets [2], parmi lesquels une grande
collection de lampes, de mosaïques, et de beaux fragments
de marbre, tous découverts au cours des fouilles ou achetés
aux Arabes des environs. Les principales recherches du
P. Delattre ont porté sur l'ouest de la ville antique, où il a
exploré le cimetière des esclaves et des affranchis du procu-
rateur impérial [3], et sur le nord, où il a dégagé plusieurs basiliques, qui comptent parmi les plus anciens édifices du monde
chrétien [4].

Dès 1853, époque à laquelle il résidait à Tunis en qualité

<hr>

1. Cf. Lavigerie, *De l'utilité d'une mission archéologique permanente à Carthage.* Alger, 1881 (non dans le commerce).

2. Au mois d'avril 1881, le cardinal Lavigerie en comptait 6347. (*De l'utilité,* etc., p. 11.)

3. Cf. Lavigerie, *Op. laud.,* p. 31 et suiv.; Mommsen, dans les *Mélanges
Graux,* Paris, 1884, p. 505-513.

4. Voy. le *Bulletin du Comité des travaux historiques.* Paris, 1885-1886.

d'élève consul, Charles Tissot avait formé le projet de pratiquer des fouilles profondes à Carthage [1]. Le manque de ressources d'abord, puis le fardeau de ses occupations diplomatiques, enfin le mauvais état de sa santé l'empêchèrent de
prendre lui-même la direction de ces travaux, qui furent le
rêve irréalisé de toute sa vie. Au mois de novembre 1883,
Tissot avait terminé le manuscrit de son grand ouvrage sur la
géographie de l'Afrique romaine, dont un volume a déjà paru
depuis sa mort [2]; il désirait ardemment partir pour l'Afrique
afin de commencer l'exploration de Carthage ; mais les progrès de son mal l'avaient paralysé et il ne put même pas,
comme il l'avait souhaité trente ans plus tôt, aller mourir sur
cette terre d'Afrique qui lui était chère. Il nous chargea,
M. Babelon et moi, de la direction des premières fouilles, en
nous conseillant surtout de pratiquer une grande tranchée
très profonde pour atteindre le sol vierge à travers les débris
accumulés des époques byzantine, vandale, romaine et
punique. Nous avons fait creuser aux mois de février et de
mars 1884 trois grandes tranchées de 200 mètres, entre
l'acropole et le rivage, et nous avons partout atteint le sol
vierge à des profondeurs variant de 5 à 8 mètres. Nos fouilles
ont donné quelques monuments archéologiques curieux et
plusieurs centaines de nouveaux ex-voto puniques, découverts à l'endroit même que M. de Sainte-Marie avait exploré
en 1874 ; mais elles ont surtout eu pour résultat de prouver
d'une manière certaine que, malgré les dévastations exercées
par les chercheurs de pierres, le sous-sol de Carthage est
encore presque intact à une profondeur moyenne de 4 mètres.
Immédiatement au-dessous du sol romain, sur une profondeur d'un demi-mètre et davantage, s'étend une couche de
débris calcinés, témoin irrécusable du vaste incendie qui
dévora Carthage à la fin de la troisième guerre punique. Plus
bas, on reconnaît les fondations des maisons, les alignements

---

1. Cf. la biographie de Charles Tissot, que nous avons publiée en tête de ses
Fastes de la province d'Afrique. Paris, 1885.

2. Tissot, *Géographe de l'Afrique romaine*. Paris, 1885.

des rues, les citernes et les puits parfaitement conservés. Le
jour où le hasard ferait passer une tranchée profonde sur
l'emplacement d'un temple punique, qui peut dire combien
de découvertes imprévues renouvelleraient en un jour notre
connaissance de l'antiquité carthaginoise !

En 1885, des travaux de M. Vernaz, aux environs des
citernes de Bordj Djedid, ont donné des résultats curieux sur
la distribution des eaux et fait découvrir des tombes phéniciennes au nombre de plus de vingt[1].

Ici doit s'arrêter notre historique : il suffit à montrer que
l'on n'a jamais remué le sol de Carthage sans lui arracher
quelque secret. J'ajoute que les terrains explorés sérieusement ne forment pas la centième partie de la ville proprement
dite, de la partie la plus peuplée de l'ancienne Carthage comprise entre Byrsa et les ports.

II

Je me propose maintenant d'esquisser en peu de mots la
topographie de Carthage et d'appeler l'attention sur quelques
monuments remarquables conservés à la surface du sol ou
exhumés au cours des fouilles depuis vingt-cinq ans.

Carthage est comme une sentinelle avancée de l'Afrique, à
portée de la Sicile, de l'Italie, de la Sardaigne, de la Gaule,
sur la grande route commerciale qui, traversant la Méditerranée dans toute sa longueur, conduit de l'Asie-Mineure au
détroit de Gibraltar. La ville est située au fond d'un golfe,
dont Bizerte et Utique gardent l'entrée du côté de l'ouest, et
qui est protégé, à l'est, par la presqu'île du cap Bon. Elle
est construite sur un isthme facile à défendre, borné au sud
par le lac de Tunis, au nord par la sebkha de Soukara, qui,
aux époques punique et romaine, faisait encore partie du
golfe d'Utique. Une langue de terre étroite, que les anciens

____
1. Voir l'*Indépendant tunisien* du 26 avril 1885.

appelaient *tænia*, conduit de Carthage aux rivages d'Hammam el Enf, à l'est du lac de Tunis. C'est au milieu de cet isthme qu'est situé le port de la Goulette, où l'on débarque aujourd'hui pour se rendre à Tunis ; un chemin de fer conduit en une demi-heure à la capitale de la Régence en coupant la partie méridionale des ruines de Carthage.

Trois villages modernes se sont élevés sur l'emplacement de la ville antique, dont ils n'occupent d'ailleurs qu'une faible partie : ce sont Douar-ech-Chott, « le village du lac », à l'ouest, Sidi-Bou-Saïd, sur une haute colline au nord-est, et El Marsa vers le nord. Ce dernier est moins un village qu'une agglomération de palais, de casernes et de jolies maisons de campagne où le bey de Tunis, les agents diplomatiques et les riches Tunisiens viennent chercher le frais pendant l'été. La partie la plus peuplée de l'ancienne Carthage, entre la citadelle et les ports, est tout entière livrée à la culture ; quelques palais modernes s'élèvent seuls sur le rivage. Il faut, pour considérer cette région, se placer sur le sommet de la colline de Saint-Louis, l'ancienne Byrsa, à 63 mètres de hauteur au-dessus du niveau de la mer. On voit à ses pieds les deux ports de Carthage, sur la gauche de ceux-ci le palais et les bains du bey, au fond le golfe de Tunis, avec les montagnes du Bou-Kourneïn et du Djebel-Reças à l'horizon. Le spectateur a derrière lui la chapelle de Saint-Louis, avec le cloître attenant, et les profondes tranchées ouvertes par Beulé, qui ont dégagé sept absides adossées au mur du péribole du temple d'Esculape. Ces salles voûtées en cul-de-four ont fait partie du palais proconsulaire ou peut-être de la bibliothèque publique de Carthage. La chapelle elle-même couvre en partie l'emplacement du temple d'Esculape, dont Beulé a retrouvé des fragments aujourd'hui encastrés dans le mur d'enceinte de Saint-Louis. Travaillés avec beaucoup de goût, ils appartiennent pour la plupart à la meilleure époque de l'architecture romaine.

Une colline voisine de Byrsa, vers le nord-est, marque peut-être l'emplacement du temple de Junon Céleste, la principale divinité de Carthage ; mais, de toutes les splendeurs de son sanctuaire, on n'a découvert jusqu'à présent aucun vestige. Laissons de côté, dans ce rapide examen, les hypothèses et les identifications des archéologues pour considérer seulement ce que le temps a épargné ou ce que des fouilles, bien insuffisantes encore, nous ont rendu.

Si l'on descend de la colline de Saint-Louis vers la mer, on rencontre à moitié chemin la grande tranchée, longue de 150 mètres, que nous avons pratiquée dans la plaine en 1884[1]. Plus loin, vers le nord, est notre seconde tranchée, creusée sur l'emplacement d'une sorte de remblai artificiel où M. de Sainte-Marie et nous-mêmes avons découvert par centaines des ex-voto puniques « à la grande dame Tanit, face de Baal ». A cet endroit, il a fallu descendre jusqu'à 8 mètres pour trouver le sol vierge. Au milieu de fondations d'édifices bien conservés et de grandes citernes, nous avons déblayé une construction d'aspect étrange, formée de blocs énormes longs de 2 mètres, et dont l'entrée, du côté de la mer, ressemble à un fronton. L'intérieur est une cuve elliptique profonde, parfaitement cimentée ; elle paraît avoir servi de citerne, et la construction en est incontestablement carthaginoise.

En descendant encore vers le rivage, nous traversons, dans le voisinage du palais de Mustapha-ben-Ismaïl, l'emplacement du forum, une des mines inépuisables des chercheurs de pierres, mais qui n'a pas encore été explorée avec méthode. Entre le palais de Mustapha-ben-Ismaïl et celui du Bey, qui s'avance sur un petit promontoire, le rivage est couvert de restes de quais et de monticules de décombres. Le palais du Bey domine l'ensemble des deux ports. Bien qu'ensablés et réduits à l'état de mares, ces ports, creusés de main d'homme, laissent encore reconnaître la disposition des deux bassins puniques d'où sont sorties les plus puissantes flottes de l'anti-

---

1. Pour la description et la coupe de cette tranchée, voir le *Bulletin du Comité des travaux historiques* de 1886.

quité. Le port circulaire ou Cothon, au milieu duquel se trouve une île qui portait le palais de l'amiral, ne communique pas directement avec la mer; un goulet étroit conduit du Cothon au port marchand, qui avait la forme d'un hexagone allongé et aboutissait à la mer par un canal aujourd'hui obstrué. Une chaussée a été jetée à travers le milieu du port marchand pour mettre le palais du Bey en communication avec le village de Douar-ech-Chott. A la fin de la troisième guerre punique, comme Scipion avait fermé l'entrée du port marchand au moyen d'une digue dont les restes subsistent encore, les Carthaginois creusèrent une ouverture qui conduisait directement du port militaire à la mer, et c'est par là que sortit un jour, à la stupéfaction et à la terreur des Romains, une flotte nouvelle construite à la hâte dans le bassin intérieur qui échappait à la vue des assiégeants. Les traces de ce travail sont encore reconnaissables sous la forme d'une dépression entre le port circulaire et le rivage. Quant aux arsenaux et aux portiques qui bordaient les ports, au palais de l'amiral, aux cales de navires dont parle Appien, c'est à peine si Beulé a pu en retrouver quelques traces au cours de fouilles malheureusement trop sommaires entreprises avec des ressources insuffisantes, mais qu'il appartient à l'avenir de reprendre et de terminer.

Tandis que les palais et les fortifications s'écroulent ou sont rasés jusqu'au sol par un ennemi implacable, les travaux d'utilité publique échappent à la destruction, parce que le vainqueur en a besoin non moins que le vaincu. Il n'y a pas de rivière à Carthage; cette ville, qui a peut-être abrité un demi-million d'hommes, devait donc, pour se procurer de l'eau, construire un nombre considérable de citernes. En effet, il n'est pour ainsi dire pas un coin de Carthage où l'on ne trouve aujourd'hui des citernes; au cours de nos fouilles, nous en avons exhumé plus de vingt. L'eau y descendait des terrasses des maisons, qui étaient bétonnées à cet effet. Mais Carthage possédait aussi des citernes publiques, dignes de son étendue et de sa magnificence, et c'est sans doute pour ne rien perdre de l'eau du ciel que ses rues étaient pavées de larges dalles, *strata viarum*, munies de conduits qui portaient les eaux dans les réservoirs de la ville basse.

Deux groupes de citernes colossales ont subsisté jusqu'à ce jour; les unes, situées à El-Malka, au nord de Saint-Louis, servent depuis plusieurs siècles d'habitations ou d'écuries aux Arabes et sont fort endommagées; les autres, situées à l'est, tout près de la mer et du fort de Bordj-Djedid, sont dans un état de conservation qui surprend et confond les visiteurs. Qu'on se figure deux rangées d'énormes bassins elliptiques communiquant entre eux, couverts de voûtes puissantes où une large ouverture donne passage aux eaux de pluie ; les parois de ces bassins sont enduites de plusieurs couches de ciment dont la solidité a défié et défiera encore bien des siècles. Il y a en tout dix-huit bassins de ce genre, mesurant chacun 30 mètres de long et 7^m,50 de large, sur 12 mètres de hauteur depuis le fond jusqu'à l'extrados des voûtes. Un chemin de ronde pratiqué tout autour permettait de les surveiller et de les curer. Aux quatre angles et au milieu se trouvent six filtres circulaires recouverts par des coupoles, où les anciens explorateurs ont cru, par une erreur assez comique, reconnaître les demeures des gardiens des citernes. A l'heure actuelle, les bassins sont encore à moitié pleins d'eau, et les études se poursuivent en vue de les utiliser pour l'alimentation de la Goulette.

C'est au cours de ces travaux préliminaires qu'on a découvert, en 1885, un aqueduc souterrain, large de 1^m,70 sur 3^m,50 de hauteur et long d'environ 300 mètres, qui faisait communiquer les citernes avec des thermes dont les ruines confuses se voient sur le bord de la mer.

On s'est demandé souvent si la construction de ces citernes pouvait être attribuée aux Carthaginois et si l'emploi de la voûte qu'on y constate n'obligeait pas de les rapporter à l'époque romaine. Il paraît aujourd'hui établi que les Romains n'ont fait que restaurer et remanier ces réservoirs, dont les Carthaginois ont pu trouver les modèles en Sicile et sur les côtes d'Italie. Ils sont probablement contemporains du plus grand développement de la puissance carthaginoise vers le commencement de la première guerre punique.

Ces citernes, quelque vastes qu'elles fussent, ne suffirent point à la Carthage romaine. Sous le règne d'Hadrien, il y eut une sécheresse de cinq ans dont la province d'Afrique et sa capitale souffrirent beaucoup. Le prince voyageur, qui passa le temps de son règne en inspections fécondes, se rendit à Carthage avec le cortège d'architectes, de géomètres, de savants de toute sorte qui l'accompagnaient dans ses tournées provinciales. C'est alors sans doute que fut décidée la construction de ce gigantesque aqueduc qui amène à Carthage, jusqu'aux citernes d'El-Malka, les eaux limpides du Zaghouan et du Djougar. Les conduites d'eau établies à cette époque et restaurées en 1860 servent aujourd'hui à l'alimentation de Tunis[1]. L'aqueduc, long de 132 kilomètres, dont les arcades s'élèvent par endroits à la hauteur de 40 mètres au-dessus du sol, subsiste encore sur une grande étendue de son parcours ; aux environs immédiats de Tunis, il a malheureusement eu à supporter depuis des siècles les dévastations d'un vandalisme qu'on se décide tardivement à réprimer. Rien n'est plus grandiose que ces puissantes arcades, encore embellies et ennoblies, si l'on peut dire, par la majesté des siècles qu'elles ont vaincus, se profilant, dans la plaine de l'Oued-Melian, sur l'azur du ciel africain, témoignage éloquent de la sollicitude de Rome pour les provinces qu'elle avait soumises à son empire :

Profuit et victis, te dominante, capi [2].

Il faudrait s'engager dans des discussions très compliquées si l'on voulait étudier les différentes enceintes de Carthage et rétablir par la pensée les fortifications de la ville punique d'après les vestiges trop effacés qu'elles ont laissés à la sur-

1. Voyez le travail publié à ce sujet par M. Caillat dans la *Revue archéologique*, 1873, t. II, p. 292.
2. Rutilius, *Itinéraire*, p. 64.

BAS-RELIEF D'IVOIRE ET MASQUES EN TERRE-CUITE
(Fouilles de Carthage)

face du sol. Nous ne le tenterons pas ; nous ne décrirons pas
non plus ce qui reste des thermes, du cirque, du théâtre, de
l'amphithéâtre, des basiliques, car ce ne sont plus guère que
des fondations, ou même des ondulations de terrain qui en
marquent la place. Nous ne pouvons songer davantage à énumérer toutes les œuvres d'art que le hasard ou les travaux
d'excavation ont arrachées au sol de Carthage, et dont les
plus remarquables, une tête colossale de Lucille[1] et un
masque punique en terre cuite[2], appartiennent depuis longtemps au Musée du Louvre. Contentons-nous de signaler,
parmi une moisson si abondante, quelques œuvres peu connues et récemment découvertes, pour donner une idée des
espérances que l'on peut fonder sur une exploration méthodique du sous-sol de Carthage[3].

Rien n'est plus rare, dans nos musées, que les œuvres
d'art d'époque punique. Il faut, pour en découvrir, pénétrer
à une grande profondeur, ce que peu d'explorateurs ont eu le
moyen de faire jusqu'à présent. Nous avons eu le bonheur
de trouver en 1884, sous plus de 4 mètres de décombres, un
masque en terre cuite haut de $0^m,11$, portant des traces encore
vives de peinture, qui n'est certainement pas de travail romain.
L'original a été déposé par nous à la Bibliothèque Nationale.
Le style de cet objet trahit l'influence de l'art grec archaïque
de la Sicile, tel qu'on le reconnaît sur certaines monnaies
puniques où est figurée une tête de profil. Les artisans de
Carthage empruntèrent leurs modèles à l'île grecque voisine,
comme ses généraux lui dérobèrent des statues de marbre
que Scipion, en 146, s'empressa de restituer aux villes siciliennes. Le musée de Saint-Louis possède un masque égypti-
sant, découvert par le P. Delattre à une profondeur de 8
mètres, qui était sans doute destiné, comme le nôtre, à être
suspendu au mur intérieur de quelque temple[4]. Sur l'acropole

1. Gravée dans la *Revue archéologique*, 9ᵉ année, pl. 184.
2. Gravé dans Perrot et Chipiez, *La Phénicie et Chypre*, fig. 340.
3. Voir les planches annexées au présent article.
4. Cf. Delattre, *Objets archéologiques exposés à Amsterdam*. Tunis, 1883
p. 19, n° 2522.

de Carthage, le P. Delattre a trouvé également, dans un très ancien tombeau punique, un collier égyptien composé de cinquante et une perles rondes et de six amulettes; la colline voisine, dite de Junon Céleste, a fourni au même explorateur un scarabée égyptien en terre cuite portant le prénom de Thoutmès III[1]. Ce sont là des objets d'importation, qui témoignent des relations de Carthage avec l'Égypte, comme les antiquités phéniciennes trouvées en Étrurie attestent, à une époque très ancienne, les rapports commerciaux de Carthage avec l'Italie.

Il existe à Saint-Louis toute une série de terres cuites carthaginoises, où l'on reconnaît, à côté d'objets de style grec et de fabrication locale, des motifs fréquents en Égypte et en Asie-Mineure, dont les coroplastes carthaginois se sont inspirés. Cette tendance à l'éclectisme, cet esprit d'assimilation qui caractérisait l'art phénicien de l'Orient, paraît être aussi le trait dominant de l'industrie punique, comme le prouvent d'ailleurs les ex-voto à Tanit, où nous trouvons des formes architecturales manifestement empruntées à l'art grec.

L'enceinte et le musée de Saint-Louis renferment quelques statues en marbre de travail romain qui appartiennent à la meilleure époque de l'art impérial. Peut-être même faut-il voir une œuvre grecque dans une magnifique tête de femme, sans doute la Junon céleste, qui porte encore des traces de dorure. Le joyau de la collection est le buste d'un jeune prince de la famille d'Auguste, voilé en pontife, dont l'expression souriante et l'air candide ont été admirablement rendus par le sculpteur. L'artiste anonyme a fait vivre dans ce marbre les grâces rêveuses de la jeunesse, et, tout en donnant aux traits un caractère individuel bien marqué, il a créé une œuvre idéale autant qu'un portrait. D'autres bustes représentent des princesses et la famille impériale, entre autres Octavie, la sœur d'Auguste, bien reconnaissable à sa mai-

---

1. Cf. Delattre, *Objets archéologiques exposés à Amsterdam*, n°s 2521 et 2523; *Bulletin des antiquités africaines*, 1885, p. 241 et suivantes.

Héliog. Dujardin   Imp.Dujardin

TERRES-CUITES DE CARTHAGE
(Collection de Saint-Louis)

greur maladive et à la disposition de sa chevelure, relevée
en touffe sur le haut du front[1].

A côté de ces œuvres de la statuaire, le musée de Saint-
Louis possède plus de cinq cents lampes païennes ou chrétiennes et quelques mosaïques importantes, dont l'une représente la vierge martyre, sainte Perpétue, tenant en main la
palme de la victoire, suivant le mot de Tertullien : *Ergo vin-
cimus cum occidimur*[2]. On a exhumé à Carthage, il y a quelques années, une mosaïque considérable, encore inédite, qui
appartient aujourd'hui au général Bakouch ; les Arabes, au
moment de la découverte, l'appelèrent la *diffa*, c'est-à-dire le
repas de bienvenue que la tribu sert au voyageur. On y voit
des esclaves portant les apprêts d'un festin, une corbeille de
fruits, un plat chargé de mets, un encensoir; le dessin des
figures rappelle le style des peintures pompéiennes.

Mais la mosaïque la plus importante que l'Afrique ait fournie depuis longtemps a été découverte en 1881, par des
soldats français, à Hammam-el-Enf dans la banlieue de Carthage. Bien qu'elle ait été détruite en partie par ceux qui
voulaient la détacher, elle n'est pas perdue pour la science,
grâce à une excellente aquarelle à l'échelle exécutée lorsqu'elle était encore intacte. L'intérêt de cette œuvre d'art
n'est pas seulement dans l'ensemble de la décoration, mais
dans les détails et surtout dans les inscriptions latines qu'elle
porte. L'édifice dont elle ornait la salle principale est une
synagogue, construite probablement au ive siècle de notre ère.
M. Renan, qui a étudié les inscriptions de la mosaïque[3], a
fait connaître le curieux mélange de symbolique chrétienne et
de symbolique juive qui caractérise ce monument, le chande-
lier à sept branches dans les cartouches de part et d'autre de
la dédicace, les deux paons affrontés au-dessous. N'est-il pas
à regretter qu'une œuvre aussi curieuse, qui avait éveillé, dès

1. Ce buste et les précédents ont été gravés dans la *Gazette archéologique*,
1885, pl. XVII.
2. Gravée dans Lavigerie, *De l'utilité d'une mission à Carthage*, 1881, pl. V.
3. *Revue archéologique*, 1884, t. Ier, p. 273, et pl. VII-XI.

sa découverte, l'intérêt de l'Institut, n'ait pas été immédiatement détachée par des mains habiles pour être transportée au musée du Louvre, au lieu d'être abandonnée à l'inexpérience de ceux qui, en croyant la sauver, l'ont anéantie ? De pareils faits portent avec eux leur leçon, et, grâce aux mesures qui viennent d'être prises sur toute l'étendue du territoire de la Régence, il est certain qu'ils ne se renouvelleront pas.

Nous croyons avoir montré assez clairement que le territoire de Carthage est à déblayer : *Eruenda est Carthago.* Il ne faut pas se faire d'illusion sur la difficulté de fouilles qui auraient pour but de nettoyer le sol de Carthage comme l'Allemagne a mis à nu celui d'Olympie. Quand on doit creuser à 7 ou 8 mètres de profondeur, l'établissement d'un système de wagonnets pour enlever les terres devient absolument indispensable ; et si l'on veut enlever les terres, qui sont toutes cultivées entre Byrsa et le rivage, il est nécessaire de les racheter au préalable, pour qu'elles n'appartiennent plus désormais qu'à la science. Le problème qui se pose est à bien des égards difficile ; mais il n'est certainement pas insoluble. Par bonheur, la partie la plus intéressante du sol de Carthage est aujourd'hui la propriété des Pères de Saint-Louis ; c'est d'eux qu'il dépendra d'y autoriser un jour des fouilles méthodiques dont la France et la Régence de Tunis supporteraient les frais. Ceux-ci seraient d'ailleurs couverts en partie par le prix des moellons, sans intérêt archéologique, que l'on extrairait du sol jusqu'à la profondeur de 3 ou 4 mètres ; peut-être aussi pourrait-on songer, comme l'Italie le fait à Pompéï, à percevoir un droit très léger sur les nombreux visiteurs de Carthage. Tant que ces terrains appartiendront aux Pères dont S. E. le cardinal Lavigerie est le chef, nous sommes certains du moins qu'on n'y élèvera aucun groupe d'habitations qui empêcherait à tout jamais les fouilles ; c'est déjà trop que la chapelle de Saint-Louis et ses dépendances aient presque interdit à la science l'exploration de Byrsa. Parmi les grandes cités de l'antiquité, Carthage est la seule dont l'emplacement soit encore relativement libre de villages et de

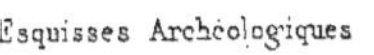

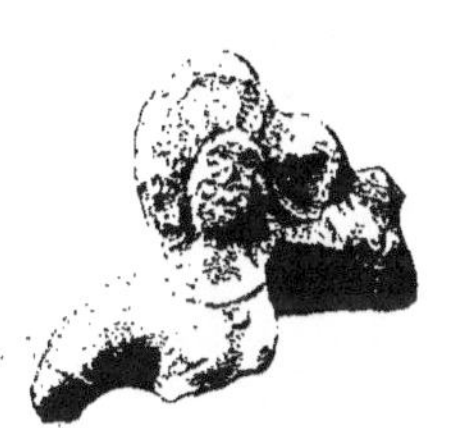

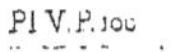
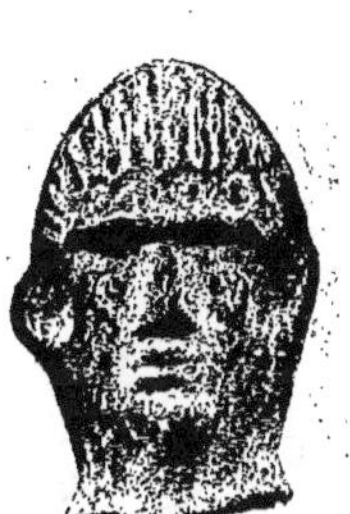

Héliog Dujardin

Imp Eudes

TERRES CUITES DE CARTHAGE
(BIBLIOTHÈQUE NATIONALE)

constructions modernes; on pourrait, en cinq ou six ans de travail, exhumer le cadavre de cette ville, ce qu'on n'a pu faire malheureusement ni pour Rome, ni pour Alexandrie, ni pour Athènes. Il serait profondément regrettable que notre siècle laissât passer l'occasion, nécessairement fugitive, de rendre à la lumière ce qui reste de la ville d'Hannibal.

IX

LES PIRATES AFRICAINS [1]

Bien peu d'hommes, même parmi les plus instruits, peuvent
se flatter de connaître d'une manière continue, ininterrompue
à travers les siècles, l'histoire d'une race ou d'une région. Il
est des périodes que l'enseignement n'éclaire pas, que la
curiosité du plus grand nombre délaisse, et qui restent à l'état
de pages blanches dans le livre du passé que nous épelons. Le
plus souvent, alors, certains préjugés vagues, certaines
erreurs fondées sur les faits qui précèdent ou sur ceux qui
suivent, remplacent les notions exactes et les appréciations
sérieuses. On est dans les mêmes conditions que les géographes de pays mal explorés qui, connaissant deux points
éloignés du cours d'un fleuve, remplissent par un tracé arbitraire l'intervalle qui les sépare.

Ces considérations, dont tout lecteur peut vérifier la justesse sur lui-même, s'appliquent d'une manière frappante à
l'histoire de l'Afrique du Nord, de cette contrée si intéressante pour nous qui, tour à tour phénicienne, romaine, vandale, byzantine, arabe et turque, est aujourd'hui, pour la
meilleure part du moins, le prolongement de la France sur
l'autre bord de la Méditerranée. Tout enfants, on nous a parlé
de Didon et de la fondation de Carthage, d'Hannibal et de ses
victoires, d'Hasdrubal et de sa ruine; adolescents, nous avons
retrouvé dans *Salammbô* le tableau de cette civilisation
curieuse, d'où sont sortis les hommes qui ont fait trembler
les Romains. L'Afrique romaine, trop heureuse pour avoir

1. *République Française* du 19 octobre 1886.

une longue histoire, nous est du moins connue par la révolte
de Tacfarinas et par les commencements de l'Église chrétienne. Mais après saint Augustin la nuit commence. L'Afrique
vandale et la domination éphémère des Byzantins n'occupent
guère de place dans nos mémoires, et quant à la période de
l'Afrique arabe, tout ce que l'on sait en général, c'est qu'elle
est caractérisée par le triomphe de l'islamisme. Puis vient la
conquête turque, non moins obscure, et enfin le jour reparaît
en 1830, quatorze siècles après la fin de la domination
romaine, avec le coup d'éventail du dey d'Alger et les débuts
de notre laborieuse conquête.

Quatorze siècles de nuit ou de pénombre, traversés par
quelques noms obscurs et les feux follets de demi-notions
confuses ! Je fais appel à la sincérité du lecteur : qu'il s'inter-
roge et qu'il dise si j'exagère. On sait que la conquête française a mis fin à la piraterie dans la Méditerranée et rendu
pour toujours la sécurité à nos mers ; c'est sur cette vérité
que se greffent les préjugés dont nous nous proposons de
faire justice. Aux yeux de la plupart, les *pirates barbaresques*
occupent seuls la scène depuis l'arrivée des Arabes jusqu'à
notre temps : on se figure que l'Afrique du Nord, fermée aux
chrétiens, devint un repaire de forbans, qui attirèrent sur eux
les armes de Charles-Quint et de Louis XIV et ne disparurent
qu'avec la domination turque. Ce ne sont qu'images san-
glantes de vaisseaux pillés, de chrétiens et de chrétiennes
réduits à l'esclavage, d'audacieux enlèvements et d'évasions
miraculeuses. Or, cette ère de pirateries et de rapines qui,
dans l'imagination de tant de personnes, s'étend sur une
période d'un millier et demi d'années, doit être abrégée de
dix siècles pour répondre à la réalité historique. Ce que l'on
connaît vaguement, c'est l'Afrique turque, et, — sans doute
parce que Turcs et Arabes sont musulmans — on étend à la
première époque ce qui n'est rigoureusement vrai que de la
seconde ; on calomnie la civilisation arabe du nord de
l'Afrique jusqu'à lui faire porter la honte du régime turc dont
elle a déjà si cruellement senti le poids.

L'histoire intérieure de l'Afrique arabe, celle des changements de dynasties et des guerres qui ont bouleversé ce pays pendant le moyen âge, ne mérite guère d'être étudiée que par les savants spéciaux. Non seulement il est fort difficile d'en dégager les traits généraux, mais il est presque impossible de la faire rentrer dans le cadre d'une histoire générale. Il en est tout autrement des relations commerciales et diplomatiques de l'Afrique du Nord avec les pays chrétiens. Celles-ci forment une partie essentielle, un des chapitres les plus intéressants de l'histoire de la civilisation au moyen âge, de cette histoire plus utile à connaître que celle des guerres et qui tend de plus en plus à devenir l'objet principal de l'enseignement.

Si elle a été trop négligée, cela tient à ce qu'avant de l'enseigner il fallait la reconstituer et l'écrire. Or, tous les historiens du moyen âge ont raconté les guerres, mais ils n'ont presque rien dit des relations pacifiques qui sont le pain quotidien dans la vie des peuples : ces relations, il faut que l'érudition moderne en arrache la connaissance aux archives, aux registres de commerce, aux pièces judiciaires, à tous les témoignages du passé que le chroniqueur ignore et qu'il appartient à l'historien de faire valoir.

L'histoire des relations de l'Afrique septentrionale avec les nations chrétiennes a été écrite en 1868 par M. le comte de Mas-Latrie, comme préface à un précieux *Recueil des traités conclus au moyen âge entre les chrétiens et les Arabes.* Cette préface vient d'être rééditée par l'auteur sous une forme plus accessible [1] et mérite d'être connue ailleurs que dans le cercle restreint de l'érudition. M. de Mas-Latrie n'avait pas eu de précurseur : il a construit son édifice sur les textes mêmes, dont un grand nombre ont été publiés par lui pour la première fois. Grâce à son livre, il n'est plus permis de parler au hasard de la piraterie barbaresque, ni d'attribuer aux Arabes les méfaits des Turcs. Œuvre d'un catholique orthodoxe, mais d'un historien impartial et judicieux, le travail de M. de Mas-Latrie est au

_____

1. Un volume in-8. Firmin-Didot, éditeurs.

premier chef une réhabilitation de l'Afrique arabe, où la tolérance et la bonne foi des musulmans sont souvent opposées,
d'une manière frappante, aux excès et à la duplicité des chrétiens.

I

Et d'abord, les conquérants arabes n'ont aucunement per-
sécuté les vaincus. Maîtres du pays vers l'an 700 après notre
ère, ils laissèrent leurs biens, leurs lois et leur culte aux chrétiens qui se soumirent à la capitation. Ils agirent de même en
Espagne et dans le sud-ouest de la France, partout où leur
autorité s'établit d'une manière stable et permanente. Si l'isla-
nisme fit de rapides progrès en Afrique, ce ne fut point en
usant de violence, mais par l'attraction qu'exerçait sur les
indigènes une religion simple et sensuelle. Du vıı⁰ au xı⁰ siècle,
les papes continuèrent à communiquer avec les Églises
d'Afrique; au neuvième siècle, le Maghreb comptait encore
quarante villes épiscopales.

Bien que les Arabes et les chrétiens aient été fort souvent en
guerre, l'Europe méridionale et l'Afrique du Nord entretenaient
des relations commerciales très actives. Les papes avaient seulement interdit la vente des armes et des marchandises de
guerre aux Sarrasins; encore ces décisions ne furent-elles pas
toujours respectées. Venise, Gènes et Pise étaient chrétiennes.
mais elles étaient aussi marchandes. Les produits de l'industrie arabe, alors très florissante, alimentaient tous les comptoirs italiens. D'ailleurs les princes africains et les papes
eux-mêmes furent souvent en relations diplomatiques presque
amicales. On conserve une lettre de Grégoire VII au roi En-
Nacer, qui est un modèle de courtoisie et de tolérance.
« Vous et nous, écrit le pontife, nous adorons le même Dieu
unique sous des formes différentes. » Un fait curieux prouve
à quel point l'hostilité des deux religions était peu profonde.
Un roi musulman, nommé Temin, avait eu cent fils et soixante

filles. Ne pouvant doter une famille aussi nombreuse, il laissa ses enfants chercher fortune au dehors. Un de ses fils paraît, en 1126, comme le héraut public de la ville de Pise ; c'est lui qui publia dans les rues de la ville le traité conclu entre Pise et Amalfi.

Dès le commencement du xII° siècle, on trouve en Afrique un consul de Gaëte. Les autres villes italiennes suivirent cet exemple. Un monastère italien, le couvent bénédictin de la Cava, fréta un vaisseau qui fit le commerce entre Tunis et Salerne. A Tunis même, les Pisans avaient un quartier particulier, où ils jouissaient de privilèges et d'immunités. Les traités de commerce consentis par les Arabes, et qui furent d'abord, à ce qu'il semble, de simples conventions verbales, assuraient la sécurité des transactions. Sans doute il y eut encore des actes de piraterie, mais où ne trouve-t-on pas de piraterie au moyen âge ? Chose remarquable, le plus grave méfait de ce genre qui ait été commis au xIII° siècle est l'œuvre non pas des Arabes, mais des Pisans.

Vers la fin du mois de juillet 1200, trois galères pisanes se trouvaient à l'ancre dans le port de Tunis, auprès de trois navires musulmans chargés et prêts à partir. Tout à coup, et sans la moindre provocation, les Italiens attaquent les vaisseaux arabes, blessent les matelots, outragent les femmes et amènent les trois navires à deux autres bateaux pisans qui étaient dans le port. Les écrivains de la douane de Tunis, chrétiens au service des musulmans, demandent aux Pisans de restituer leur prise : en vrais forbans, ceux-ci refusent et prennent le large. Mais, à la hauteur du cap Farina, ils rencontrent la flotte du sultan Almohade. Ils méritaient d'être pris et châtiés, c'est-à-dire tout au moins dépouillés et mis aux fers. L'amiral arabe se contenta de reprendre les navires volés sans même exiger la restitution des marchandises. Les pillards envoyèrent dire aux Arabes qu'ils pouvaient s'indemniser de leurs pertes sur les autres vaisseaux pisans stationnés à Tunis !

Le gouverneur de Tunis, moins débonnaire que l'amiral,

indemnisa les Arabes spoliés sur les blés de Tunis appartenant aux Pisans; puis il demanda à Pise le châtiment des corsaires et une indemnité pour les chrétiens de Tunis dont il avait confisqué les blés. La ville italienne refusa, et les marchands pisans, craignant l'irritation populaire, quittèrent Tunis. Leurs biens furent mis sous séquestre, mais il n'y fut pas touché. Quand les Pisans se décidèrent à revenir, ils les retrouvèrent intacts; personne ne leur témoigna de rancune.

Cette histoire montre à la fois l'esprit de tolérance des Arabes et le désir qu'ils avaient de vivre en bonne intelligence avec les chrétiens. Malgré les entreprises des princes italiens contre l'Afrique, des colonies chrétiennes purent subsister tranquillement à l'intérieur du pays. Les religieux rédemptoristes, franciscains et dominicains étaient parfaitement accueillis. Le commerce, où les deux partis trouvaient leur compte, faisait taire l'antagonisme religieux.

II

En même temps que les villes italiennes, Marseille envoyait des vaisseaux sur la côte d'Afrique. Ils transportaient du vin aux colonies chrétiennes de Ceuta, Bougie, Tunis et Oran, d'où ils revenaient chargés de draps, de cuir et de corail. Les armateurs chrétiens ne s'interdisaient pas le commerce des esclaves : une Sarrasine, Aïssa, est vendue quatre cents francs à un Marseillais. On oublie trop qu'à côté des esclaves chrétiens, dont le rachat suscita le zèle des rédemptoristes, il y avait aussi, et peut-être en nombre égal, des esclaves musulmans. La piraterie, absolument proscrite par les traités, ne laissait pas cependant d'être fréquente ; mais les Arabes n'étaient pas les seuls corsaires. Grecs, Sardes et Génois était des écumeurs de mer incorrigibles. « On doit même remarquer, dit M. de Mas-Latrie, que les stipulations des traités jusqu'au XIV° siècle concernent bien plus les corsaires chrétiens

que les corsaires musulmans. » Les gouvernements de Pise
et de Gênes s'engagèrent publiquement à unir leurs galères
aux navires que les émirs pourraient diriger contre les
pirates. Les malheureux qui tombaient aux mains des corsaires étaient vendus comme esclaves, tant à Tunis et à Alger
que sur les côtes de l'Europe. Au xiv° siècle, on vendait
encore à Gênes des esclaves musulmans. Le tarif de la douane
de Pise, au xiv° siècle, constate que les esclaves de tout âge
et de tout sexe payaient quatre lires à l'entrée et à la sortie
de la ville. Les traités conclus entre États chrétiens et maugrebins avaient prohibé, dès le xii° siècle, ces honteux trafics ;
mais le mal persista et ne fit que s'aggraver. Les guerres et les
croisades multiplièrent, au xiii° siècle, le nombre des prisonniers chrétiens. Les rédemptoristes, institués en 1198 à Marseille, les religieux espagnols de l'ordre de la Merci et d'autres
encore, prodiguèrent leurs efforts pour le rachat des captifs.
Vers 1313, deux religieux de la Merci sauvèrent à Maroc
deux cent trente-six esclaves chrétiens, parmi lesquels se
trouvait un chevalier espagnol près de se convertir à l'islamisme et d'épouser une princesse arabe qu'on lui offrait pour
ébranler sa foi. Mais si les écrivains occidentaux parlent beaucoup des esclaves chrétiens, ce n'est que par hasard que l'on
trouve mention des esclaves arabes ; les musulmans n'envoyaient pas de rédemptoristes en mission et leurs esclaves
ont pu vivre et mourir sans laisser de traces dans les documents du temps. Il est certain que, sous le régime des Turcs,
les pirates musulmans furent bien plus nombreux et plus
redoutables que leurs émules italiens ou grecs ; mais,
jusqu'à la fin du moyen âge, rien n'autorise à voir dans la
piraterie méditerranéenne une spécialité des Maugrebins.

Les ordres religieux, qui se consacraient avec succès au
rachat des captifs, durent renoncer bientôt à opérer des con-
versions. Alors comme aujourd'hui, le tempérament arabe se
montra rebelle au christianisme. C'est peut-être à la conscience qu'ils avaient de leur force morale qu'est due la tolérance des musulmans à l'endroit des missionnaires et prêtres

chrétiens. Le pape Innocent IV recommande l'évêque de Maroc aux bonnes grâces du roi ; il demande et obtient la même protection pour les religieux. Tous les établissements chrétiens en Afrique purent comprendre une église ou une chapelle et un cimetière particulier. Le traité de 1270 stipule que les moines et prêtres chrétiens pourront demeurer dans les États de l'émir des croyants ; qu'il leur donnera un lieu où ils pourront bâtir des monastères et des églises, un cimetière pour enterrer leurs morts ; que les prêtres prêcheront et prieront publiquement dans leurs temples et serviront Dieu suivant les rites de leur religion.

III

Les chrétiens jouissaient d'une véritable faveur en Barbarie ; plusieurs milliers d'entre eux servaient dans les armées des rois arabes, dont les harems renfermaient aussi des esclaves chrétiennes auxquelles on permettait de pratiquer leur religion. L'Église et les princes temporels approuvèrent les milices chrétiennes, qui n'étaient formées ni de renégats ni de transfuges. Jusqu'à l'arrivée des Turcs, on les trouve à la cour des rois de Tunis. La discipline et la solidité des troupes franques leur valaient une considération particulière. Fidèles à leurs croyances, ces soldats formaient un lien de plus entre deux sociétés qui étaient très loin de se haïr. Les papes savaient aussi qu'ils pouvaient exercer une certaine pression sur les rois arabes en menaçant, comme ils le firent plus d'une fois, d'interdire aux chrétiens de servir dans les armées musulmanes.

Assurément, si cet état de choses n'était attesté par des documents incontestables, on ne voudrait point y ajouter foi, tellement il paraît contraire aux idées qui ont généralement cours. En somme, les rapports des papes et des émirs n'étaient pas moins courtois que ne le sont actuellement ceux du Saint-Siège et de la cour de Pékin, avec cette différence pourtant que les chrétiens n'ont jamais été massacrés en pays mauresque comme ils l'ont été de nos jours dans l'empire du Milieu.

Renonçons donc une bonne fois à juger de la situation du nord de l'Afrique et de l'état des relations entre Arabes et chrétiens par les souvenirs de l'époque déplorable qui commence avec la domination turque et à laquelle la prise d'Alger a mis fin. « La honte du régime turc, dit avec raison M. de Mas-Latrie, est d'avoir encouragé les dispositions à la piraterie des populations du Maghreb au lieu de les réprimer, d'avoir organisé la course comme une institution permanente, d'avoir facilité ses armements, abrité ses déprédations, partagé ses bénéfices, tandis que les sultans des anciennes dynasties arabes, ne se bornant pas à des actes de répression, réparaient souvent les dommages qu'ils n'avaient pu prévenir. » La haute impartialité de M. de Mas-Latrie lui a fait un devoir de ne pas dissimuler les pirateries des chrétiens, qui, jusqu'au xvi⁰ siècle, égalèrent, si elles ne les dépassèrent pas, les brigandages des Arabes. « Nous croyons, dit-il, que la statistique des forfaits dont la Méditerranée a été le théâtre du xi⁰ au xvi⁰ siècle, s'il était possible de la dresser, mettrait à la charge des chrétiens une quotité fort lourde dans l'ensemble des pillages et des dévastations maritimes que nous rejetons trop facilement au compte des barbares. Si les chrétiens nous paraissent avoir plus souffert de la piraterie musulmane, c'est qu'ils avaient un commerce plus considérable et des côtes plus faciles à défendre, c'est que leur histoire générale nous est mieux connue que celle des Arabes. » A peine reconquises sur les Sarrasins, les îles de Sardaigne, de Corse, de Sicile et les Baléares devinrent des foyers de piraterie. Dans les eaux de Sicile, les pirates étaient si nombreux que les rois de Tunis consentirent à payer tribut aux rois normands dans l'espoir que cet abonnement annuel les délivrerait des flibustiers chrétiens. On voit combien l'opinion la plus répandue, qui prête le monopole de la piraterie aux Barbaresques, est le contraire même de la vérité.

D'ailleurs, aujourd'hui encore, les erreurs du même genre ne sont pas rares. Lorsque l'on parle, par exemple, du brigandage qui règne en Macédoine, on est tout disposé à en faire honneur aux musulmans ; mais les habitants de Salonique et de Drama savent bien que sur vingt coupeurs de bourses une bonne moitié au moins, sans être fidèle à l'Évangile, ne se soucie pas davantage du Coran.

Si les idées qui se dégagent de l'étude de M. de Mas-Latrie pouvaient pénétrer dans les milieux arabes soumis aujourd'hui à la domination française, elles porteraient avec elles un enseignement plus efficace que toutes les belles paroles. La barbarie de l'Afrique septentrionale, sa triste réputation d'inhospitalité et de piraterie, sont dues uniquement aux conquérants turcs, qui ont précipité aussi la ruine de son industrie et de son commerce. La France a délivré le Maghreb des Turcs, purgé la Méditerranée des pirates, ramené la prospérité et la paix en Algérie et en Tunisie. Elle a agi, non pas en ennemie, mais en amie des Arabes. A ceux-ci maintenant de le comprendre et de reconnaître ce qu'elle a fait pour eux.

X

LES COMMENCEMENTS DE L'ART DANS LA GRÈCE ANTIQUE[1]

Die Anfænge der Kunst in Griechenland, Studien von Dʳ A. Milchhoefer. Leipzig, 1883, 244-vi pages, avec des vignettes dans le texte.

Parmi les nombreux travaux sur les origines de l'art grec auxquels ont donné naissance, depuis quelques années, les fouilles d'Hissarlik, de Mycènes, de Spata et de Ménidi, le volume d'*Études* que publie M. Milchhœfer, *privat-docent* d'archéologie à l'université de Gœttingue[2], mérite d'occuper une des premières places, tant par l'étendue des connaissances dont l'auteur y a fait preuve, que par l'originalité, parfois même inquiétante, des opinions qu'il y soutient. Pendant plusieurs années, M. Milchhœfer a parcouru la Grèce, surtout le Péloponnèse et les îles ; il a donné, dans les *Mittheilungen des deutschen Instituts*, en collaboration avec M. Dressel, un catalogue méthodique des antiquités de Sparte et des environs ; il a publié à Athènes même un catalogue des musées d'Athènes qui, bien que s'adressant particulièrement au grand public, n'en témoigne pas moins d'un vaste savoir et d'une connaissance approfondie des monuments. C'est au cours de ses voyages qu'il a recueilli les éléments du volume que nous annonçons aujourd'hui à nos lecteurs. Il serait presque impossible, en analysant un pareil ouvrage, d'en soumettre successivement tous les chapitres à une critique détaillée ; il faudrait pour cela écrire un livre plus considérable peut-être que celui de M. Milchhœfer. Le but principal que nous nous

1. *Revue archéologique*, 1883, t. II, p. 366-381.
2. Aujourd'hui professeur à l'Université de Munster (1887).

proposons est de donner une idée exacte des huit chapitres qui composent ces études ; là où nous serons obligé d'exprimer des doutes, le lecteur pourra juger par lui-même s'ils sont légitimes. M. Milchhœfer ne nous a pas toujours convaincu ; il nous a toujours intéressé, et nous pensons que personne ne trouvera trop étendu le résumé que nous allons donner de son travail.

Dès son introduction, M. Milchhœfer indique l'idée générale que nous retrouverons dans tout son livre : de même qu'une langue ne peut perdre son caractère national par l'admission des mots étrangers, de même il faut présumer que dans les plus anciennes productions de l'art sur le sol de la Grèce on doit découvrir un élément primordial, purement hellénique, qui donne, pour ainsi dire, le ton à l'ensemble de cet art. Le premier pas dans cette voie a été fait par M. Conze, lorsqu'il s'est efforcé de montrer que le système de décoration géométrique est particulier à la famille aryenne, et, sur le sol de la Grèce, aux populations pélasgiques. Ainsi l'histoire de l'art, comme celle de la langue et de la religion, se trouve mise en rapport avec les données de l'ethnographie. Dans le même ordre d'idées, M. Milchhœfer croit être arrivé aux résultats suivants : Sur le sol de la Grèce, nous trouvons de tout temps une production artistique locale qui est l'œuvre d'une population aryenne primitive. Cet art a subi l'influence de populations voisines et apparentées par la race, puis, en seconde ligne seulement, celle de l'Orient sémitique. On voit que M. Milchhœfer tend à revenir à l'opinion d'Otfried Müller sur l'originalité de l'art grec, opinion que le progrès des études orientales avait fait modifier depuis longtemps. Quant à l'assimilation qu'il établit entre l'histoire de l'art et celle de la langue et de la religion, nous avouons ne pas l'admettre dans toute sa rigueur ; mais il faut prendre son parti de cette vue très systématique si l'on veut suivre M. Milchhœfer dans ses déductions. Plusieurs des résultats obtenus par lui peuvent être justes, alors même que l'idée directrice du livre est contestable.

Le chapitre Ier est consacré aux produits des fouilles de Mycènes, en particulier aux objets en or. Il est évident que l'art de Mycènes est un art complexe, *eine Mischkunst*, dont il faut d'abord isoler les éléments. L'origine sémitique est incontestable pour les représentations de divinités araméennes (Mycènes, n° 267), du temple d'Astarté (*ibid.*, 423), enfin pour les objets décorés de plantes étrangères, comme le palmier [1] et le lotus. Par contre, il y a des éléments asiatiques qui ne sont pas nécessairement sémitiques, comme les lions, les sphinx, les griffons, etc. (Mycènes, n{os} 261, 263, 269, 272, 277). Tous les objets de style oriental ont cela de particulier qu'ils sont coulés dans des moules ; ce caractère les distingue nettement de l'ensemble des autres trouvailles faites dans les mêmes tombeaux. La seconde classe comprend les objets de style purement ornemental, sans figures d'hommes ni d'animaux. Ceux-ci ne sont plus fondus, mais travaillés au repoussé. Le motif dominant est la spirale ; ailleurs, le dessin trahit l'imitation du tissage, de la tapisserie et du travail du bois. La perfection et la complication de ce style ornemental attestent qu'il est le produit d'un art déjà ancien et exercé (Mycènes, n{os} 405, 413, 486, 491, 500). L'ornement paraît souvent avoir été gravé sur bois, puis imprimé sur une mince plaque d'or. Quant à la nature des décorations, elle s'explique par la qualité même de la matière, dont la souplesse et la ductilité se prêtaient aux raffinements de détail, spirales, étoiles, nervures circulaires, etc. Dans les objets d'or trouvés à Troie, la décoration est appliquée sur une surface plane ; à Mycènes, un pas en avant a été fait, et la surface plane elle-même a été travaillée de manière à offrir des ornements analogues, repoussés et non pas soudés. Or, l'on peut affirmer que ce système ornemental n'est ni assyrien, ni phénicien, ni égyptien, parce que dans l'ornementation de l'art oriental primitif l'élément végétal est au premier plan et l'ornement *abstrait* ne paraît que sous une forme très simple. Il est vrai

---

1. N'y avait-il pas cependant des palmiers à Délos ?

que des motifs analogues se trouvent sur les plafonds de
tombeaux égyptiens, mais ils paraissent n'avoir été introduits
en Égypte que par les Phéniciens, qui les auront eux-mêmes
empruntés, comme ils ont tour à tour emprunté et prêté toutes
choses. Le fait que dans les plafonds égyptiens les motifs
en spirale sont généralement peints en jaune prouve, selon
M. Milchhœfer, que l'origine de ces ornements est l'imitation
de la technique de l'or. Inversement, c'est à une influence
étrangère qu'il faut attribuer les décorations végétales découvertes en Grèce, comme le relief du grand tombeau d'Orcho-
mène publié par M. Schliemann[1], relief qui a dû être imité d'un
modèle oriental, sans doute par l'entremise d'une tapisserie.
Les vases ornés de spirales que portent les Phéniciens dans
les peintures égyptiennes[2] sont évidemment de fabrique
étrangère et rappellent, comme on l'a déjà remarqué, les vases
d'or et d'argent trouvés par M. Schliemann.

C'est en Asie-Mineure qu'il faut chercher des analogies
à cette ornementation *abstraite*; M. Milchhœfer compare,
très heureusement à notre sens, la décoration du tombeau
de Midas, à Doganlu, avec celle d'une plaque en or de
Mycènes (n° 383), dont le motif central se retrouve aussi sur
le revers de quelques monnaies lydiennes. La Phrygie,
qui était très riche en or, peut fort bien avoir été le berceau de l'art dont les trouvailles de Mycènes sont des
spécimens développés. Les Dactyles phrygiens n'étaient-ils
pas, suivant la légende, les premiers ouvriers en métaux?
D'autre part, les Arméniens, proches parents des Phrygiens, sont la plus ancienne population aryenne de l'Asie.
C'est du Phrygien Pélops que Thucydide[3] fait dériver la
richesse en or de l'antique Mycènes. Ces considérations
autorisent M. Milchhœfer à désigner sous le nom de *phrygien*
le style particulier dont il vient d'être question. Ce style se
retrouve dans des objets provenant des six tombes royales,

<hr>

1. *Orchomenos*, pl. I.
2. Wilkinson, *Manners and customs*, I, pl. II.
3. Thucydide, I, 9.

tandis que le style oriental n'apparaît que dans la première et la troisième.

Une autre classe d'objets n'appartient en propre à aucun de ces deux styles : ce sont les poulpes (Mycènes, nᵒˢ 240, 270, 271, 424), les papillons (243, 275, 301, 302), les oiseaux à longue encolure (279) et quelques formes de feuilles indigènes en Grèce (247, 262). Presque tous ces motifs sont empruntés au règne de la mer. Produits d'abord par l'imitation de la nature, ils ont pris quelque chose de conventionnel et de rigoureusement symétrique sous l'influence du style ornemental. L'origine de ce style intermédiaire entre les deux autres doit être cherchée dans les îles du sud de l'Archipel.

Le quatrième groupe des objets d'or trouvés à Mycènes est le moins nombreux, mais peut-être le plus remarquable. Ce sont les intailles représentant diverses scènes, des figures humaines et des animaux (Mycènes, 253-255, 334-335, 530). Au premier abord, on pourrait croire que ce groupe est isolé dans l'art grec archaïque : il n'en est rien. L'analogie est frappante, en effet, entre ces œuvres et les scènes figurées grossièrement, mais dans un style analogue, sur les pierres calcaires trouvées au-dessus des tombeaux (*Mycènes*, 141); leur ressemblance n'est pas moindre avec les quinze pierres gravées de même provenance, les six autres découvertes dans le tombeau de Ménidi, et en général avec toute la classe des anciennes intailles de l'Archipel[1]. C'est à l'étude de ces derniers monuments que M. Milchhœfer consacre son second chapitre.

Grâce à la coopération de M. Furtwængler, M. Milchhœfer a pu faire porter ses recherches sur environ deux cent trente pièces de cette série. Presque toutes sont percées d'un trou et ont servi d'amulettes. Il faut remarquer d'abord que ces gemmes ne se sont pas trouvées sur la côte d'Asie, mais en

----

1. M. Newton a signalé le premier l'analogie des intailles de l'Archipel avec celles de Mycènes. (*Essays on art and archaeology*, p. 279.)

très grand nombre dans les îles, surtout en Crète, à Chypre, à Rhodes, à Mélos, puis dans le Péloponnèse, l'Attique et la Grèce du nord. M. Milchhœfer pense qu'elles doivent être considérées comme l'œuvre d'une seule race, qui les a fabriquées successivement dans les différents pays où elle s'est établie. Une observation qui s'impose, c'est que tous les caractères du style connu sous le nom de *décoration géométrique* se rencontrent dans cette nombreuse classe d'intailles, bien que le style géométrique s'y soit enrichi et développé par l'addition d'éléments dus à l'imitation de la nature. Mais le style métallique de Mycènes est tout à fait absent. L'influence de l'Orient sémitique est également très restreinte. On trouve, il est vrai, la représentation d'animaux qui ne sont pas indigènes en Europe, comme le lion, la panthère, le griffon et le sphinx. Mais le lion, sur ces intailles, ressemble souvent au chien ou au renard, la panthère au chat sauvage ; le griffon et le sphinx ne paraissent que sur des pièces plus récentes. D'ailleurs, la grande majorité des gemmes n'offrent que des animaux indigènes, des taureaux, des chevaux, des chèvres, des cerfs, des porcs, des chiens, des oiseaux de proie. La représentation du cheval fournit à M. Milchhœfer le sujet d'une digression assez longue, mais du plus grand intérêt.

Cinq gemmes provenant d'endroits différents offrent l'image d'un monstre à tête de cheval et se terminant en oiseau avec des pattes d'oiseau ou de lion. Sur une pierre de Crète, ce monstre porte deux lions qu'il a tués ; ailleurs il emporte un cerf mort. Une seule fois, sur une gemme de Phigalie, on voit un homme nu domptant deux monstres semblables. M. Milchhœfer refuse d'établir un lien de parenté entre ces intailles et les nombreux cylindres assyriens à sujets analogues, parce que les monstres à tête de cheval sont complètement inconnus à la symbolique de l'Assyrie, et qu'en général le cheval ne joue aucun rôle dans la mythologie des Sémites et des Égyptiens[1].

---

1. Cette assertion est inexacte : le type du cheval ailé se rencontre sur les reliefs assyriens. Voir le second volume de l'*Histoire de l'art* de MM. Perrot et Chipiez (fig. 162 et 279).

C'est que les Assyriens n'ont reçu le cheval que des Iraniens, à une époque où le développement de leur mythologie et de leur symbolique était déjà définitivement arrêté. Il s'agit donc d'expliquer par les légendes grecques ces êtres fantastiques dont l'Orient n'offre pas d'exemples. Le cheval est, dans Homère, le seul animal qui possède, suivant l'expression de M. Milchhœfer, une *personnalité mythique*. De Borée et des cavales d'Erichthonios naissent douze cavales; les coursiers d'Achille sont fils de Zéphyre et de la Harpye Podarge. (*Iliade*, XVI, 150.) Ce dernier passage est très important, parce que Podarge y est représentée comme paissant, βοσκομένη λειμῶνι, c'est-à-dire, suivant M. Milchhœfer, sous une forme chevaline. Dans la tradition grecque, les Harpyes sont figurées comme des êtres moitié hommes, moitié oiseaux. A moins donc de vouloir distinguer deux types primitifs de la Harpye, l'un semblable au cheval, l'autre à l'oiseau, on est obligé d'admettre comme représentations primitives de ces monstres des oiseaux à tête de cheval, c'est-à-dire les figures mêmes qu'offrent les gemmes mentionnées précédemment.

D'autres arguments peuvent être cités à l'appui de cette vue. Jusqu'à l'époque de Pausanias, il existait à Thelpusa et à Phigalie (d'où provient une des intailles en question) un culte très ancien de Déméter à tête de cheval [1], appelée Erinnys à Thelpusa et Melaina à Phigalie. C'est pourquoi Apollodore [2] a pu dire que le coursier Arion était né de Poseidon et de Déméter εἰκασθεῖσα Ἐριννύι. Onatas avait encore exécuté une statue de Déméter à tête chevaline [3]. Or, d'après une autre tradition, Poseidon est le père de Pégase et de Chrysaor, nés de Méduse ἐν μαλακῷ λειμῶνι [4], c'est-à-dire, elle aussi, représentée comme paissant. Méduse paraît donc être identique à l'origine avec les Harpyes et les Erinnyes. Sur une coupe de Nola [5],

1. Pausanias, VIII, 25, 5.
2. Apollodore, *Biblioth.*, III, 6, 8.
3. Pausanias, VIII, 42, 7.
4. Hésiode, *Théogonie*, v. 279.
5. Müller-Wieseler, *Denkmæler*, II, n° 897.

Méduse paraît effectivement avec une tête de cheval. Maintenant, l'identité d'Erinnys avec la *Saranyû* védique est un fait mis hors de doute par les travaux de Kuhn [1]. Or, le Rig-Vèda rapporte que Vivasvat et Saranyû sous forme chevaline ont eu pour fils les deux Açvins, qui sont l'équivalent védique des Dioscures, originairement considérés comme des hommes-chevaux et non comme des cavaliers. L'union des Harpyes avec Poseidon ou d'autres dieux de l'air représente le mariage des nuées d'orage avec les vents; Homère lui-même se sert alternativement, et dans le même sens, des mots Ούελλαι et "Αρπυιαι [2]. Reste à expliquer l'élément *oiseau* dans le type primitif des Harpyes telles que les figurent les monuments. M. Milchhœfer y reconnaît l'image des sauterelles, dont les Aryens, dans leurs migrations, avaient dû apprendre à redouter les ravages et qui sont portées par les vents assimilés à des coursiers célestes. En effet, M. Milchhœfer a vu à Argos un vase à décoration géométrique où est figurée une sauterelle posée sur le cou d'un cheval. Unie, en quelque sorte, au nuage, la sauterelle forme la plus terrible de toutes les nuées, la *nuée de sauterelles*; ainsi s'explique le caractère redoutable attribué aux monstres moitié sauterelles et moitié chevaux. Enfin, une intaille de Crète et une autre de Chypre portent l'image d'un de ces monstres représenté dans une attitude pacifique et religieuse, avec un vase à la main comme les démons à tête d'aigle de l'art assyrien. Cette représentation s'explique par un passage d'Hésiode [3], qui attribue à la sœur des Harpyes la fonction spéciale d'apporter aux dieux l'eau du Styx dans un vase d'or, ἐν χρυσίη προχόῳ. Peut-être faut-il y reconnaître le prototype d'Iris, qui est restée la *porteuse de vases* dans l'art grec développé. A l'appui de cette vue, M. Milchhœfer rappelle le passage d'Homère [4] qui présente une image si sombre du vol d'Iris, mise en relation, d'ailleurs, par

1. Kuhn, *Zeitschrift*, t. I, p. 439.
2. *Odyssée*, XX, v. 66 et 77.
3. Hésiode, *Théogonie*, v. 784.
4. *Iliade*, XV, v. 170.

d'autres légendes, avec Zéphyre et avec les Harpyes elles-mêmes [1].

De Déméter-Érinnys, Harpye et Gorgo naissent des *coursiers ailés*, notamment Arion et Pégase, dont les images se trouvent sur les intailles de l'Archipel, et que l'art sémitique ne connaît pas, tandis qu'elles sont fréquentes dans l'art aryen de la Perse. Les Centaures et les Satyres ont dû être aussi à l'origine des êtres à tête de cheval, dont « l'esprit d'euphémisme » de l'art grec, comme dit M. Heuzey, a plus tard réduit au *minimum* la nature animale primitive. Si les Centaures ne sont pas figurés sur les intailles, ils paraissent du moins sur des fragments de vases rouges de Camiros [2], qui appartiennent au style géométrique et rappellent d'une manière frappante, par leur ornementation, les stèles en pierre calcaire de Mycènes. L'Étrurie même a fourni un fragment de vase tout à fait semblable, où l'on voit un Centaure au-dessous d'ornements en spirale. Le Minotaure crétois paraît quelquefois avec une crinière de cheval, et appartient à la même catégorie de monstres mythiques dérivant plus ou moins immédiatement du cheval.

L'explication du type de la Chimère n'est pas moins ingénieuse. Ce type est inconnu à l'art oriental, mais se rencontre plusieurs fois sur les intailles grecques. Une stéatite du Musée britannique représente un lion qui se retourne pour saisir une gazelle qui s'élance derrière lui. D'autres gemmes de la même classe offrent des images en apparence très compliquées et monstrueuses, parce que des animaux différents, figurés les uns devant les autres, ne semblent former qu'un seul animal. L'erreur que nous pouvons commettre aujourd'hui à la vue de ces intailles a dû être commise également à une époque très ancienne : il aura suffi qu'un lion et une chèvre fussent maladroitement réunis sur une gemme pour que le type de la Chimère prît naissance dans l'imagination populaire. M. Milchhœ-

1. Apollonius, *Argonautiques*, II, v. 188.
2. Salzmann, *Camiros*, pl. XXV-XXVII.

fer reconnaît que cette explication a déjà été indiquée par M. Clermont-Ganneau [1], dont il admet complètement la manière de voir en ce qui touche l'influence des images sur la naissance des mythes. Le fait que le nom grec de la chèvre désigne également la tempête a dû contribuer à la formation légendaire du monstre moitié chèvre et moitié lion.

Une gemme publiée dans la *Revue Archéologique* [2] représente Hercule combattant l'ἅλιος γέρων à queue de poisson, dont le type se retrouve dans l'art babylonien et assyrien, sans qu'on puisse affirmer qu'il soit sémitique. D'autres gemmes offrent l'image de l'Artémis persique, mais sans ailes, type dont l'origine, selon M. Milchhœfer, serait non pas sémitique, mais iranienne et arménienne. La seule divinité véritablement étrangère au Panthéon grec, Astarté Aphrodite, ne se rencontre sur aucune intaille archaïque. En résumé, le peuple qui a produit ces intailles n'a pu être qu'un peuple aryen, ayant une mythologie purement aryenne qui ressemble à celle de l'Inde, mais non à celle de l'Orient sémitique. Erinnys, les Dioscures, les Centaures, répondent à Saranyù, aux Açvins, aux Gandharvas de la religion védique. Enfin, deux gemmes de Crète montrent Prométhée déchiré par le vautour : et Prométhée, comme l'a prouvé Kuhn, est le héros d'un mythe du feu purement aryen. Si donc ces gemmes sont l'œuvre d'un peuple aryen, la question qui se pose désormais est de savoir à quel peuple aryen il convient de les attribuer.

Nous n'avons pas voulu interrompre cette analyse par des réflexions critiques ; elles auraient risqué de faire perdre au lecteur le fil d'une exposition aussi méthodique que savante. Est-il besoin de dire que nous n'approuvons pas sans réserve les idées que nous résumons ? M. Milchhœfer nous paraît réduire à l'excès la part, considérable selon nous, de l'Orient sémitique dans l'origine de la civilisation et de l'art en Grèce ; il écarte avec un soin jaloux, non sans faire quelque violence

---

1. Clermont-Ganneau, *Mythologie iconique*, p. XXIII.
2. *Revue archéologique*, 1874, t. II, pl. XII, 1.

aux faits, tout ce qui pourrait témoigner de cette influence aux yeux d'une critique moins systématique que la sienne. Il est *antisémite* avec une sorte de passion, et l'on croit entendre, en lisant ses pages, comme un écho lointain de ces querelles de race qui tiennent une place si grande dans l'histoire contemporaine de son pays. N'est-il pas difficile de méconnaître, dans la conception grecque de la Harpye, l'influence de l'épervier à tête humaine qui représente le souffle de la vie dans le rituel égyptien ? M. Milchhœfer est-il satisfait lui-même de l'explication peu naturelle et que n'autorise aucun texte ancien, par laquelle il met la sauterelle en rapport intime avec la nuée d'orage ? Mais nous ne pouvons entrer dans le détail d'une discussion sur les nombreuses difficultés que ce second chapitre soulève. Qu'il nous suffise de le dire une fois pour toutes : on pourra combattre, on pourra réfuter même quelques-unes des idées exposées par M. Milchhœfer, mais il sera désormais impossible d'écrire sur les mêmes sujets sans en tenir compte.

Le troisième livre nous réserve de nouvelles surprises. Les guerriers d'Homère se montrent avec des vêtements et des armures qui n'ont aucune analogie avec le costume tout à fait primitif, on pourrait dire l'absence de costume, des personnages représentés sur les intailles archaïques. Les armes de ces derniers sont celles qu'on a trouvées à Mycènes ; leur unique vêtement est une sorte de caleçon très court. Parmi les peuples qui paraissent dans les monuments égyptiens, les Shardanes seuls rappellent, quoique imparfaitement, les guerriers figurés sur les gemmes de l'Archipel. Sur la grande bague en or de Mycènes (n° 530), le costume des femmes est tout à fait particulier : elles sont nues jusqu'à la ceinture, et leurs jupes sont divisées par des lignes horizontales, au lieu de tomber en plis verticaux comme dans les monuments assyriens et égyptiens. Un savant qui a soutenu, après M. Stephani, la théorie de l'origine tardive des objets de Mycènes, M. E. Schulze[1],

<hr>

[1]. *Russische Revue*, t. XVI, 1880. Le travail de M. Stephani se trouve dans le

a déjà rapproché ce costume de celui que porte une femme sur un vase d'argent trouvé dans le gouvernement de Perm ; il a conclu que la bague comme le vase étaient de fabrique sassanide. M. Milchhœfer va plus loin encore, sans descendre chronologiquement aussi bas : il affirme que ce costume n'a d'analogues que dans les monuments de l'art indien. Bien que nous ne connaissions les monuments de l'Inde qu'à une époque relativement récente, ce que nous savons de l'immobilité de la civilisation indoue doit nous permettre de rapporter à une haute antiquité les prototypes des représentations qui nous en restent. Or, sur un relief de Buddha-Gaya, on voit une femme à tête de cheval (Harpye selon M. Milchhœfer), motif qui n'a pu être emprunté par l'Inde ni à l'Orient sémitique, qui l'ignorait, ni à la Grèce alexandrine, qui l'avait oublié depuis long-temps.

Les femmes, dans les bas-reliefs indous, sont aussi nues jusqu'à la ceinture et leurs jupes présentent les mêmes divisions horizontales. De ces faits, M. Milchhœfer conclut que la bague de Mycènes, l'objet le plus important de toute la série, est le produit d'un art purement aryen, qui s'est rapidement développé sur le sol grec, mais est resté presque stationnaire dans l'Inde même.

Voilà, assurément, des vues originales, mais qui ne trouveront que peu d'adeptes. Admettre qu'avant l'époque de la séparation des Aryens le costume féminin fût déjà fixé dans ses détails, que les changements de climats dans le cours de longues migrations ne l'aient modifié en aucune manière, c'est commettre un vrai paralogisme et abuser de la permission d'être hardi. L'art indou n'a jamais été original ; il a subi tour à tour l'influence de la Grèce et celle de la Perse. C'est par un simple hasard, qui n'a rien d'extraordinaire, que les femmes de la bague de Mycènes sont à peu près vêtues

Compte rendu de la Commission imp. archéol. pour 1877. Il a été réfuté par M. Percy Gardner, dans le premier volume du *Journal of Hellenic Studies.*

comme celles des bas-reliefs indous et des coupes sassanides. Ce sont là des analogies qui ne prouvent rien.

Les personnages des intailles archaïques, continue M. Milchhœfer, ne sont ni des Achéens, ni des Ioniens : ils sont antérieurs à l'avènement de ces deux races. Ce sont des Pélasges, et les Pélasges sont aryens. Le Péloponnèse s'est autrefois appelé Pelasgia ; la Crète, comme toutes les îles de l'Archipel, avait gardé le souvenir d'une ancienne population pélasgique. Minyens, Lélèges et Cariens sont aryens également et appartiennent à la race des Pélasges. Les Pélasges n'ont qu'une divinité, le Zeus dodonéen adoré sans images ; leurs dieux *sans noms* dont parle Hérodote [1] sont des démons d'ordre inférieur. La religion pélasgique, comme toutes les religions primitives, n'est ni un monothéisme, ni un polythéisme, mais un *polydémonisme* couronné par une abstraction monothéiste, la conception du Dieu suprême. C'est à cet état religieux que répondent les plus anciennes productions de l'art en Grèce. Zeus a pour symbole la double hache, attribut du Zeus carien à Labranda et fréquente à Mycènes. On a trouvé à Olympie, dans des couches très profondes, de petites haches doubles votives. Dans le Rig-Véda (V, 32, 10), l'éclair est appelé *la hache du ciel ;* le marteau de Thor dans la mythologie scandinave n'est pas autre chose. C'est donc un symbole aryen. Telles sont, brièvement résumées, les conclusions de M. Milchhœfer, qui croit avoir trouvé dans les anciens textes relatifs aux Pélasges des indications suffisantes pour affirmer qu'ils sont aryens et que les objets découverts à Mycènes et ailleurs doivent être considérés comme des monuments de leur art. Étant donné le caractère du *polydémonisme* pélasgique, rien ne s'opposerait à ce que l'on admît l'hypothèse de M. Schliemann, qui explique l'épithète d'Héra, βοῶπις, comme désignant à l'origine une divinité à tête de vache. Quant à la question souvent débattue que soulève l'épithète d'Athéné, γλαυχῶπις, M. Milchhœfer la mentionne sans la discuter, parce qu'Athéné

____

1. Hérodote, II, 52.

n'appartient certainement pas au pandémonium de la Grèce primitive.

« Les tombes de Mycènes nous ont appris, poursuit M. Milchhœfer, que la plus ancienne civilisation aryenne de la Grèce, que nous appelons pélasgique, se développa au point de vue technique et matériel par le contact avec les Aryens de l'Asie-Mineure, notamment avec les Phrygiens, et aussi par le contact avec l'Orient sémitique. » Les Perséides et les Pélopides sont les représentants mythiques de ce développement attesté par l'art. Mais on ne peut considérer les trésors de Mycènes comme un amas d'objets importés ; il faut qu'ils aient été fabriqués dans un centre de population où les diverses influences énumérées plus haut ont convergé. M. Milchhœfer essaye de démontrer que ce centre ne peut être que la Crète, dont la richesse et la haute civilisation sont célèbres à l'époque héroïque. « La période la plus brillante de la Crète, disait Hœck, finit au moment même où le reste de l'Hellade commença à fleurir. » Sa puissance est représentée, dans l'histoire mythique, par le nom de Minos. La situation de cette île en faisait le centre de l'Archipel ; ses rapports avec la Phrygie sont attestés par le nom de l'Ida, commun aux deux pays, le culte de Rhéa, les légendes des Dactyles, des Curètes et des Corybantes. Phrygiens, Pélasges et Phéniciens s'y sont trouvés en contact dans une antiquité très reculée ; M. Milchhœfer, suivant son système, réduit presque à néant l'influence phénicienne.

C'est en Crète qu'il faut chercher l'origine de l'art de Mycènes, où les traditions de l'art phrygien se sont maintenues longtemps, comme le prouve cette Porte des Lions dont M. Ramsay a découvert en Phrygie une répétition exacte, qui en est peut-être le prototype. Plusieurs légendes témoignent des rapports du Péloponnèse avec la Crète. Le symbole de l'union qui se serait opérée en Crète entre les Pélasges et les Aryens d'Asie, entre le Zeus pélasgique et la grande Déesse de l'Ida, entre le style angulaire, dur et sec de l'art pélasgique et la technique souple et fantastique du métal originaire

de Phrygie, — ce symbole, suivant M. Milchhœfer, serait la
bague en or de Mycènes (n° 530), dont il a déjà été question
plus d'une fois. Le sujet de la scène encore inexpliquée que
présente cette intaille paraît être le suivant : Dans une sphère
céleste, sous l'image du soleil et de la lune, Rhéa est assise au
pied d'un pin ; des nymphes s'avancent vers elle en lui portant
des fleurs. Dans le champ, la hache double de Jupiter, un
guerrier armé et six têtes de lions, l'animal de Rhéa-Cybèle,
dont le pin est l'arbre sacré ; la hache double symbolise Zeus,
fils de Rhéa, et l'homme armé représente un de ces Curètes
ou Corybantes dont les danses armées en l'honneur de la
Grande Déesse sont bien connues dans les cultes asiatiques.
Si cette interprétation ne lève pas tous les doutes, elle est du
moins la plus conséquente et la plus complète qui ait été
proposée jusqu'à présent.

De même que le nom de Minos représente, à l'époque la
plus ancienne, l'importance politique de la Crète, celui de
Dédale symbolise son rôle dans l'histoire de l'art. Le nom
même de Dédale (δαιδάλεος) prouve que l'activité de son école
n'a pas eu pour objet la sculpture proprement dite, mais bien
la ciselure, la gravure, l'incrustation, le repoussé et la damas-
quinure. Le bouclier homérique et les poignards récemment
découverts à Mycènes[1] sont des spécimens de l'art des Déda-
lides. Ces derniers objets permettent de réfuter une opinion
généralement admise, d'après laquelle le bouclier d'Achille
aurait été travaillé au repoussé ou gravé. Homère dit expressément, en parlant du troupeau qui y figure[2], que les bœufs
étaient alternativement d'or et d'étain. D'autres détails du
même genre prouvent qu'il s'agit là d'une œuvre où les figures

---

1. *Mittheilungen des deutschen Instituts in Athen*, t. VII, p. 241. Ces poignards
ont été trouvés par M. Schliemann avec les autres objets, mais ils étaient
restés jusqu'en 1881 couverts d'une épaisse oxydation. M. Athanase Koumanoudis, en faisant disparaître cette oxydation, a mis au jour les merveilleux
dessins gravés dans l'Ἀθήναιον et dans le VII° volume des *Mittheilungen*.
D'admirables reproductions en couleurs de ces armes ont été publiées dans
le X° volume du *Bulletin de Correspondance hellénique*.

2 *Iliade*, XVIII, v. 573.

sont incrustées en métal, comme dans les admirables lames de poignard découvertes à Mycènes. Grâce à la qualité de l'alliage, l'or incrusté a pu recevoir différentes teintes, depuis le jaune jusqu'au noir, ce qui justifie d'une manière étonnante la description d'Homère (*Iliade*, XVIII, 548) :

Ἣ δὲ μελαίνετ' ὄπισθεν, ἀρηρομένη δὲ ἐῴκει,
Χρυσείη περ ἐοῦσα· τὸ δὴ πέρι θαῦμα τέτυκτο.

L'analogie du bouclier homérique avec les coupes phéniciennes peut désormais être négligée, puisque l'on a trouvé sur le sol même de la Grèce un spécimen de la technique dont le bouclier d'Achille est le produit. M. Milchhœfer est heureux de pouvoir affranchir l'art d'Homère de toute dépendance à l'égard de l'art phénicien. Les poignards de Mycènes sont travaillés dans le même style que les intailles de même provenance et celles de l'Archipel ; ce sont des œuvres helléniques et aryennes.

Entre la civilisation que les gemmes font entrevoir et celle des poèmes d'Homère, il y a un abîme : c'est que les Ioniens et les Doriens ont, dans l'intervalle, paru sur la scène, apportant avec eux Athéné, Apollon, Héra, des dieux individuels et typiques, des armures et des costumes différents. D'autre part, si les Grecs ont dit qu'Homère avait créé leurs dieux, c'est là une parole qui renferme une grande part de vérité. A côté de l'influence des races, celle de l'épopée naissante est indéniable. Sans être didactique comme le poème d'Hésiode, la poésie homérique est *tendencieuse* : elle s'affranchit des anciennes métaphores naturalistes et fait succéder au règne des démons le règne des dieux. Quelques expressions révèlent encore un souvenir des conceptions primitives : Thétis s'élève de la mer *comme le brouillard*[1], Iris fend les airs *comme la nuée de neige et de grêle*[2]. Mais les Harpyes, la Chimère et le Sphinx sont à peine nommés ; Pégase ne l'est

1. *Iliade*, I, v. 359.
2. *Ibid.*, XVI, v. 171.

pas une seule fois. Homère paraît ignorer la mort de Méduse
et les exploits d'Hercule vainqueur des démons. Les Centaures ne sont plus que φῆρες ὀρέσκῳοι, λαχνήεντες [1]. Et qui pourrait croire que ces grotesques représentations, moitié animales
et moitié humaines, soient plus récentes que l'épopée homérique ? Beaucoup d'allégories et de personnifications, comme
Enyo, Eris, Deimos, Phobos, n'ont rien de commun avec les
croyances populaires et sont des créations du poète. Les
puissances chthoniennes, qui occupent la première place dans
la vie religieuse des anciens, s'effacent dans Homère devant
les divinités de l'Olympe. Toute la civilisation pélasgique est
intentionnellement reléguée au second plan. Ainsi s'explique,
suivant M. Milchhœfer, le peu d'influence de l'épopée sur
l'art hellénique d'époque reculée, qui préférait s'inspirer des
véritables traditions populaires. La tendance d'Hésiode est la
même que celle d'Homère; comme lui, il n'est pas moins
prêtre que poète et s'efforce de purifier les croyances en
remplaçant les images horribles nées de la peur par des créations plus douces et plus humaines.

M. Lœschcke a mis en lumière [2] le rapport étroit qui existe
entre le *bouclier d'Hercule* d'Hésiode et les vases rouges à
reliefs de l'Italie, dont le centre de fabrication paraît avoir été
la Sicile. Ces mêmes vases présentent des ressemblances frappantes avec les plus anciens monuments de l'art hellénique,
ressemblances qui pourraient s'expliquer par une imitation
simultanée des mêmes modèles en métal. Parmi les productions des artistes de l'école de Dédale, on peut ranger des
plaques métalliques très minces offrant la silhouette de différentes figures et destinées à être fixées sur des surfaces de bois
ou d'argile. Une applique de ce genre, représentant une scène de
chasse, a été récemment trouvée en Crète [3]. Cet exemple d'un
mode de décoration qui est celui du coffret de Cypsèle, paraît

1. *Iliade*, I, v. 268 ; II, v. 743.
2. *Archaelogische Zeitung*, 1881, p. 44.
3. *Annali dell' Institut.*, 1880, p. 213, tav. T. Cet objet a été acquis depuis
par le musée du Louvre.

à M. Milchhœfer d'une grande importance. Il y reconnaît le prototype des figures noires que la céramique archaïque peignait sur un fond d'argile rouge ou jaune. Ainsi, ce n'est pas au métal orné de gravures en creux, comme la cuirasse d'Olympie publiée par M. Stillmann dans le *Bulletin de correspondance hellénique* de 1882, mais à l'argile ou au bois décorés d'appliques en métal que la plus ancienne catégorie des vases peints à figures noires devrait son origine. L'imitation par les céramistes de modèles très anciens et à demi métalliques peut expliquer l'archaïsme factice dont la peinture sur vases ne s'affranchit que lentement. Le costume des personnages dans l'applique de Crète rappelle beaucoup celui que l'on voit sur certains vases de Cyrénaïque récemment étudiés par M. Puchstein[1]. Malgré les difficultés épigraphiques que son opinion soulève, M. Milchhœfer croit pouvoir localiser en Crète la fabrication de ces vases, que leur style et leur alphabet ont fait attribuer par MM. Klein et Lœschcke à Sicyone ou à Sparte. Les représentations des vases d'ancien style trouvés en Cyrénaïque sont fort analogues à celles des pierres gravées que M. Milchhœfer attribue aux artistes crétois; elles ressemblent aussi aux plus anciens monuments de Sparte, dont les rapports suivis avec la Crète sont bien connus. L'art archaïque d'Argos et d'Olympie offre des analogies non moins remarquables avec les intailles crétoises. C'est ainsi qu'une gemme représentant Prométhée accroupi peut être rapprochée d'un fragment de relief en bronze trouvé à Olympie où la même scène était probablement reproduite, bien que la partie inférieure seule en soit conservée. Un autre relief d'Olympie montre la lutte d'Hercule contre l'ἅλιος γέρων, figurée presque exactement comme sur une intaille crétoise. Enfin M. Milchhœfer remarque que l'*Odyssée* est le seul poème homérique où l'on trouve assez fréquemment la description de scènes reproduites par l'art grec primitif; or, l'*Odyssée* était particulièrement en honneur à Sparte, où Lycurgue l'au-

---

1. *Archaeologische Zeitung*, 1881, p. 215, pl. XXIII.

rait fait venir de Crète, et cette île elle-même joue dans l'*Odys-sée* un rôle très considérable. La Crète apparaît à cette époque comme le centre commercial et intellectuel du monde grec, le centre aussi des légendes et des idées religieuses dont l'art primitif de la Grèce est l'expression.

L'influence de la Crète continua d'être dominante dans les siècles qui suivirent l'époque achéenne. Le culte de Zeus associé à Kronos et Rhéa partit de là pour s'établir à Olympie, où il devint le culte national des Grecs. La Déméter éleusinienne est également d'origine crétoise [1]. Épiménide, le purificateur d'Athènes, est un prêtre crétois. Les mystères, qui devaient perpétuer dans la Grèce classique la tradition des anciens cultes chthoniens, ne sont autres qu'une transformation dogmatique et raffinée par le symbolisme des mythes pélasgiques dont la Crète était le centre. A côté de la Crète, la Thrace phrygienne joue un rôle important dans le développement religieux de la Grèce, et les cultes de ces deux pays offrent une analogie incontestable. D'après la légende delphique, Apollon choisit parmi des Crétois les prêtres du sanctuaire pythien. La pierre que l'on montrait à Delphes comme celle qu'aurait avalée Kronos témoigne de l'adoption de la légende crétoise de Zeus dans le centre religieux de la Grèce du Nord. Enfin, avec la religion, la musique et les danses de la Crète se répandirent dans toute la Grèce. Nous ne pouvons qu'approuver, pour notre part, l'opinion exprimée par M. Milchhœfer « que, sur le sol de cette île, il y a plus de problèmes réunis qu'on ne le croit ordinairement ». Malheureusement, la Crète est la seule grande île de l'Archipel où des fouilles un peu considérables n'ont jamais pu être entreprises. Nous en sommes réduits à bien peu de chose quand nous voulons nous faire une idée de l'ancien art crétois. Tout récemment encore, l'expédition américaine qui vient d'explorer Assos a sollicité du gouverneur de la Crète, Photiadis-Pacha, la permission de commencer des fouilles à Gnosse. Son représentant a été

____

1. *Hymne homérique à Cérès*, v. 123.

éconduit, comme d'autres l'avaient été auparavant[1]. Tant que ce personnage demeurera à la Canée, l'archéologie crétoise ne fera pas de progrès, parce que des fouilles régulières, entreprises dans le seul intérêt de la science, resteront interdites aux savants européens[2].

Le dernier chapitre du livre de M. Milchhœfer est consacré à quelques considérations sur l'art archaïque en Italie. Non seulement les vases rouges à reliefs, mais les vases noirs étrusques offrent un cycle d'images analogues à celles des gemmes insulaires de l'ancien style. L'élément sémitique y est également étranger. Quel chemin ont suivi ces types pour pénétrer en Italie ? M. Lœschcke a pensé[3] que les Étrusques les tenaient des Chalcidiens. Mais aucun fragment de poterie semblable n'a été trouvé à Chalcis. Les cistes de bronze découvertes à Capoue et à Cumes[4] présentent une décoration qui oblige, suivant M. Milchhœfer, d'en rapporter l'origine au Péloponnèse et au sud de l'Archipel.

Les fouilles d'Olympie ont fourni des anses de bronze analogues à celles qu'on a trouvées à Capoue. Plusieurs traditions mentionnent des relations anciennes entre le Péloponèse et la Crète d'une part, la Grande-Grèce et la Sicile de l'autre. Le Crétois Aristoklès exécuta une offrande pour Évagoras de Zancle[5].

Dédale, selon la légende, est venu à Cumes, d'où sa réputation s'est étendue sur une grande partie de l'Italie; les

---

1. Voy. le *Second annual report of the executive Committee, archaeological Institute of America* ; Cambridge, 1881. Le rapport de M. Stillmann sur son voyage en Crète se trouve à la page 41 et contient des détails très intéressants sur les ruines de Gnosse.

2. Depuis que ces lignes ont été écrites, le gouvernement de la Crète a passé en d'autres mains et M. Schliemann se dispose à commencer des fouilles dans l'île. MM. Halbherr et Fabricius ont découvert, en 1884, la plus importante inscription archaïque connue, le Code de Gortyne, révélation suivie de beaucoup d'autres que le *Museo Italiano di antichità classica* a enregistrées. — 1887.

3. Loeschcke, *Programme de Dorpat*, 1879.

4. *Annali dell' Instituto*, 1870, p. 119 ; 1880, p. 223.

5. Pausanias, V, 25, 11.

villes siciliennes de Minoa et d'Engyon passaient pour avoir
été fondées par les Crétois. Athénée et Strabon vont jusqu'à
dire que tout le peuple des Japyges est originaire de Crète.
Les Crétois, en arrivant en Italie, auront trouvé dans la
péninsule une population aryenne antérieure, dont l'existence
explique les traditions relatives aux Pélasges de l'Italie,
et à laquelle il faut peut-être attribuer les poteries rouges à
reliefs conçues dans le même style que les œuvres des Pélasges
de l'Archipel.

L'influence de la Phénicie sur l'art étrusque a été fort exagérée; bien des types que l'on croyait sémitiques doivent être
considérés comme aryens. M. Milchœfer essaye de démontrer
que non seulement la civilisation des Étrusques est la continuation directe, bien qu'isolée, de la civilisation hellénique la
plus ancienne, telle qu'elle est représentée dans les tombes de
Mycènes, mais que ce peuple lui-même a été formé par la
réunion d'éléments pélasgiques et aryo-asiatiques que nous
avons déjà vus se mêler en Grèce. Les constructions funéraires
et les *tumuli* de l'Étrurie sont certainement pélasgiques, et,
en particulier, asiatiques (phrygiens). Les vases noirs à reliefs,
dits vases de *bucchero*, présentent une série de décorations
dont plusieurs, comme les scènes de banquets funèbres, sont
exactement semblables à des bas-reliefs archaïques de Sparte.
M. Milchhœfer rapproche la plaque de calcaire découverte à
Mycènes, représentant un char, d'un relief trouvé par Zannoni
dans la nécropole de Bologne. La présence du cheval dans les
reliefs grecs funéraires se constate dans les œuvres étrusques
de la même famille; en Étrurie plus clairement encore qu'en
Grèce, le cheval paraît en rapport avec le monde des enfers.
Hadès est conducteur de coursiers sur les vases étrusques [1],
comme le Charon des légendes grecques modernes est un
cavalier. Charon nocher serait, suivant M. Milchhœfer, une
conception poétique qui a été préférée à d'autres, mais non
pas l'idée unique que les Grecs se sont faite de Charon.

---

1. *Monumenti dell' Instituto*, t. XI, tav. IV, V.

L'Étrurie seule possède en commun avec la Grèce des créations fantastiques et démoniaques qui participent du cheval. L'aptitude des Étrusques à la glyptique et au travail de l'or est un nouveau trait de ressemblance entre eux et les Pélasges helléniques, dont l'art présente le même goût du fantastique sans véritable imagination créatrice; seulement, les Hellènes ne firent que traverser cette phase où l'art inférieur de l'Étrurie s'est arrêté.

Si le sémitisme n'a eu aucune influence sur l'art étrusque, M. Milchhœfer concède du moins que l'élément asiatique, lycien et phrygien, y a joué un rôle prépondérant. Il cite comme exemple les chaussures *à poulaine*, que les femmes étrusques portent presque toujours, et que l'on retrouve dans l'Asie-Mineure depuis la Lycie jusqu'en Cappadoce. M. Milchhœfer semble ignorer que ce mode de chaussure, qui caractérise le *Pseudo-Sésostris* de Nymphi, a été considéré comme un signe distinctif des sculptures hittites et des œuvres qui ont subi leur influence. Les Hittites étaient-ils aussi Aryens? M. Milchhœfer n'a pas jugé à propos de nous le dire; il n'a même prononcé qu'une fois, et en passant, le nom de ce peuple dont le rôle semble avoir été si grand dans l'histoire des origines de l'art en Anatolie. En général, lorsque l'on parle d'art *asiatique*, on entend par là un art sinon sémitique, du moins fortement influencé par l'art assyro-babylonien : M. Milchhœfer distingue les Aryens d'Europe et les Aryens d'Asie, mais il paraîtrait, à l'en croire, que leur individualité a été assez forte, leur originalité assez puissante dès l'abord, pour que leurs voisins non aryens n'aient pu exercer sur eux qu'une part d'action tout à fait négligeable. On a parlé d'un *pansémitisme intransigeant* : M. Milchhœfer n'est-il pas un intransigeant du *panaryanisme?*

Après avoir touché à tant de questions difficiles, M. Milchhœfer aborde la plus difficile de toutes : l'ethnographie des Étrusques. Les Étrusques sont des Pélasges tyrrhéniens; la civilisation étrusque, telle que nous la connaissons, est représentée tout entière par cette population tyrrhénienne, et s'il

y a eu une population aborigène, elle n'a laissé aucune trace
appréciable dans l'art toscan. Si, d'autre part, la race étrusque
avait été essentiellement différente de celle des Romains et
des Grecs, les rapports faciles entre ces peuples et les nombreux emprunts qu'ils se sont faits resteraient inexplicables.
Il n'est pas possible de déterminer exactement quand et comment les deux éléments de la race étrusque, l'élément pélasgique et l'élément tyrrhénien (aryo-asiatique) se sont réunis
et mêlés ; mais le fait même du mélange paraît attesté par
tout ce que nous savons. C'est à la linguistique de compléter
ces données en trouvant le mot d'une énigme qu'elle est
encore impuissante à résoudre : M. Milchhœfer croit certain
que l'étrusque est un mélange de deux langues, une langue
pélasgique et une langue asiatique qui est peut-être aux dialectes de l'Anatolie ce que le pélasgique est au grec. Cette
hypothèse qui fait de l'étrusque une langue mixte semble
encore autorisée par la corruption de ses flexions, analogue à
celle d'autres langues de même nature comme l'anglais.
Quant à la théorie qui considère les Étrusques comme un
peuple venu du Nord, en les identifiant aux Rasénas, l'auteur pense qu'elle n'a pas pour elle le moindre degré de
vraisemblance.

M. Milchhœfer demande, dans sa préface, que les diverses
opinions exposées dans ses *Études* ne soient pas jugées isolé-
ment, mais dans leur ensemble. Nous croyons avoir déféré,
dans la mesure de nos forces, au désir qu'il exprime, en pré-
sentant une analyse aussi complète que possible de son livre.
Il n'est pas en effet de ceux que l'on puisse apprécier sur
quelques chapitres seulement : c'est un travail systématique
dont toutes les parties sont étroitement enchaînées et inspirées
par le même esprit. Comme toutes les réactions, cette réac-
tion en faveur de l'originalité de l'art grec se laisse emporter à des excès que le remarquable talent de l'auteur ne
réussit pas à dissimuler ; mais les défauts mêmes de son livre
auront des effets salutaires et ne sont pas moins *suggestifs* que
ses qualités. Si nous avons inspiré à quelques-uns de nos lec-

teurs la curiosité de prendre connaissance de ce volume, nous devons ajouter, pour les y engager davantage, qu'aucun livre d'archéologie, publié dans ces dernières années en Allemagne, n'est écrit avec plus de clarté, d'un style plus simple et plus attrayant que celui-là.

XI

STATUES ARCHAIQUES DE L'ACROPOLE D'ATHÈNES [1]

Le sol d'Athènes est véritablement inépuisable, et les trésors déjà réunis à sa surface ne sont rien à côté de ceux qu'il récèle encore. Les journaux ont tous annoncé, au milieu du mois de février dernier, la découverte de plusieurs statues de la plus grande valeur tout auprès du temple d'Érechthée. Nous avons aujourd'hui sous les yeux des photographies de ces précieux monuments, qui nous permettent d'en apprécier tout l'intérêt et la haute importance pour l'histoire de l'ancien art attique.

Et d'abord, quelques mots sur les circonstances de la découverte :

En 1879, l'École française d'Athènes avait obtenu la permission de pratiquer des sondages sur l'Acropole, auprès de l'Érechtheion. Tout marcha bien au début, et l'on recueillit quelques inscriptions intéressantes. Mais que faire des terres que l'on déblayait et qu'il était nécessaire de faire disparaître pour poursuivre les fouilles ? On commença par les déverser sur la pente ouest de l'Acropole ; les unes s'arrêtèrent en chemin, les autres roulèrent en avalanche jusqu'en bas. Des plaintes s'élevèrent : un enfant avait été atteint par un caillou, une vitre avait été fêlée par un tesson. Le directeur des antiquités en Grèce était, à cette époque, M. Eustratiadis, qui n'a jamais beaucoup favorisé les fouilles des étrangers sur le sol grec : il s'opposa à la continuation des travaux, sous prétexte qu'on manquait de moyens pour enlever les terres. Les der-

---

1. *République Française* du 19 mars 1886. Ces statues ont été publiées depuis dans *Les Musées d'Athènes* de M. Cavvadias, 1re livraison, et dans la *Gazette des Beaux-Arts*, 1886, 1, p. 417-421.

niers coups de pioche donnés par l'École française s'étaient
arrêtés à peu de distance du point où viennent d'être recueillies sept admirables statues, objet d'envie pour les musées
de l'Europe, objet d'orgueil pour les musées athéniens où
elles vont désormais figurer.

Mais revenons à notre historique. M. Eustratiadis se retira
en 1882 et fut remplacé à la direction des antiquités par un
jeune savant plein d'ardeur, M. Stamatakis. Celui-ci commença immédiatement des fouilles sur l'Acropole, au nord et
à l'est du Parthénon ; il découvrit quelques sculptures archaïques du plus grand prix, antérieures à la prise d'Athènes par
les Perses, et il se disposait à donner une vive impulsion aux
travaux, lorsque la mort le frappa en 1885. Son successeur,
M. Cavvadias, l'heureux explorateur du sanctuaire d'Esculape
à Épidaure, a compris que le déblaiement complet de l'Acropole d'Athènes, déjà commencé par les Français et les Allemands, était le devoir le plus pressant des archéologues hellènes. Son zèle vient d'être récompensé. Le 5 février, au
moment où le roi visitait l'Acropole et les fouilles entreprises
auprès de l'Érechthéion, un ouvrier découvrit la première
statue ; le lendemain, les trouvailles se multiplièrent, et sans
doute ce coin de l'Acropole n'a pas encore dit son dernier mot.
Outre les sept grandes statues en marbre dont nous avons reçu
les photographies, on a recueilli des inscriptions, des colonnes,
des ornements et des fragments divers, qui vont être étudiés
avec soin et reconstitués dans la mesure du possible.

Les sept nouvelles statues sont des répliques variées d'un
même type, qui n'est connu que depuis quelques années, grâce
surtout aux fouilles de l'École française d'Athènes à Délos.
M. Homolle a découvert dans cette île, non loin du temple
d'Artémis, un véritable nid de statues féminines empilées les
unes sur les autres, datant du VIe et du Ve siècle avant notre
ère. A tous égards, il y a beaucoup d'analogie entre la découverte de Délos et celle de l'Acropole. Dans les deux cas, il
s'agit d'un dépôt de statues mutilées, ensevelies dans une
fosse commune comme des cadavres après une bataille ; dans

les deux cas, ce sont des statues votives reproduisant avec
quelques différences un même type très ancien, fixé par une
tradition religieuse et que les sculpteurs grecs ont répété,
alors même qu'ils étaient devenus capables de l'embellir en le
transformant. A Athènes comme à Délos, ces statues de
femmes — Artémis à Délos, Pallas-Athéné sur l'Acropole —
sont brisées au-dessous des genoux; il est évident qu'elles
ont été violemment renversées de leurs piédestaux, puis enfouies en hâte lorsqu'on a voulu nettoyer le sol. La première
pensée qui se présente, c'est d'attribuer au christianisme victo-
rieux ces actes de vandalisme ; mais il est probable que c'est
là une erreur et que les coupables sont bien antérieurs à l'ère
chrétienne. A Délos, cela est tout à fait certain, car cette île,
si florissante avant notre ère, fut complètement dévastée par un
général de Mithridate et n'était plus qu'un rocher abandonné à
l'époque des empereurs romains. C'est aux soldats asiatiques
de Mithridate qu'il faut attribuer la destruction ou du moins
le renversement des antiques idoles d'Artémis qui se pressaient
dans le sanctuaire de Délos ; c'est aux Asiatiques conduits par
Xerxès que nous rapporterons aussi la mutilation des statues
d'Athéné sur l'Acropole d'Athènes. On sait que Xerxès détruisit l'ancien Parthénon, antérieur à celui que construisit Ictinus, et qu'il exerça sa fureur sur tous les édifices qui
couvraient à cette époque l'Acropole. Quand les Athéniens
redevinrent les maîtres de la citadelle, ils ne songèrent pas à
restaurer leurs édifices, mais ils construisirent des monuments
nouveaux sur les fondations des anciens temples dévastés.
C'est ainsi que l'on aperçoit encore aujourd'hui, sur le flanc
occidental de l'Acropole, quelques tambours de colonnes, au-
dessous du niveau du Parthénon actuel, qui ont appartenu à
l'ancien sanctuaire détruit par les Perses [1]. Tout fait présumer
que le plateau de l'Acropole fut nivelé à la hâte pour servir de

---

1. Le Parthénon de Périclès n'est pas construit sur l'emplacement même
de l'ancien temple, mais à côté. C'est ce qu'ont établi les fouilles pratiquées
sur l'Acropole en 1885.

base aux constructions nouvelles et que les statues mutilées, jugées sans valeur par les contemporains de Périclès, furent enfouies près de l'endroit où elles étaient tombées de leurs piédestaux. Ceci explique que l'on ait souvent rencontré sur l'Acropole des fragments de sculptures archaïques mêlés à des débris de l'ancien Parthénon remplacé par le chef-d'œuvre d'Ictinus.

Le type des nouvelles statues d'Athéné, qui doivent toutes avoir été sculptées entre 510 et 480 avant notre ère, peut s'indiquer brièvement comme il suit : Un corps de formes élancées emprisonné dans une tunique très étroite et sans manches, au-dessus de laquelle est jetée une grande pièce d'étoffe à plis réguliers attachée aux épaules par des agrafes ; l'un des bras s'abaisse pour relever la tunique, l'autre s'écarte du corps et porte la main en avant. La tête, généralement surmontée d'un diadème au-dessous duquel apparaissent les enroulements symétriques de la chevelure, est encadrée de part et d'autre par trois ou quatre tresses qui descendent jusqu'au niveau des seins. Entre le vêtement de dessus et la naissance du cou, on aperçoit de nouveau la tunique ou chemise, qui forme à cet endroit une multitude de plis ondulés, d'aspect analogue aux tresses de cheveux voisines. Faut-il supposer qu'à la partie supérieure la tunique était recouverte d'une sorte de guimpe d'étoffe plus délicate, qui constituerait la troisième partie du costume ? C'est une question qui s'est déjà posée au sujet des Artémis de Délos et qui semble maintenant résolue par l'affirmative. Ces problèmes du costume et de la coiffure antiques sont extrêmement difficiles et compliqués ; pour les étudier avec compétence, les mains des archéologues sont peut-être trop lourdes. C'est à des femmes qu'il appartiendrait de les aborder : elles y apporteraient ce sentiment inné des choses de la parure dont nulle érudition, si vaste qu'on la suppose, ne peut tenir lieu.

Un des caractères les plus curieux de nos statues, c'est qu'elles sont peintes de couleurs vives qui ont résisté en partie aux effets destructeurs d'un ensevelissement de vingt-quatre siècles. Même sur les photographies, on aperçoit une rangée de méandres peints sur le bord extérieur de la tunique que relève la main gauche. Des restes de coloration analogues avaient déjà été signalés l'an dernier, lors de la découverte d'autres statues archaïques sur l'Acropole ; espérons que l'on ne tardera pas à en publier des reproductions chromolithographiques qui perpétueront le souvenir d'une ornementation délicate destinée à s'évanouir bientôt au contact de l'air.

Les têtes présentent, avec des variétés que les photographies seules peuvent faire saisir, ce type que l'on est convenu d'appeler *éginétique* parce qu'on l'a constaté pour la première fois dans les sculptures des frontons du temple d'Égine, qui sont certainement postérieures de quinze ou vingt ans aux statues exhumées sur l'Acropole. Il est caractérisé par les pommettes saillantes, le menton osseux et fort, la bouche très rapprochée du nez, aux coins retroussés par un sourire presque niais, enfin par la disposition singulière des yeux, qui sont relevés vers les tempes. Ces détails donnent à la physionomie je ne sais quoi de railleur et d'ironique, quelque chose comme un mélange de bienveillance hautaine et de dédain. Placés en présence d'une statue de style éginétique, les gens du monde trouvent généralement que « ça ressemble à de l'égyptien ». Il y a dans cette impression naïve un fond de vérité, mais aussi une forte erreur qui a été combattue en dernier lieu par **M. Heuzey**, dans son admirable catalogue des figurines de terre cuite du musée du Louvre. Ce qui rappelle l'Égypte dans ces statues, c'est la raideur hiératique de la pose et la régularité un peu enfantine des draperies ; mais le *sourire éginétique* est une invention essentiellement grecque dont il n'y a pas de traces dans l'art égyptien de l'ancienne époque. « C'est, dit M. Heuzey, une pure affectation, une de ces modes conventionnelles par lesquelles les artistes croient ajouter à la beauté humaine. J'y vois surtout une tentative d'expression se rattachant au grand effort original des anciennes écoles grecques pour animer la physionomie. L'artiste, après avoir retroussé les coins de la bouche par un sourire accentué, observe que l'équilibre des

traits est rompu, et, obéissant à une loi naïve de parallélisme, transporte aux yeux le même principe d'obliquité, s'efforçant de les faire sourire avec les lèvres. L'étiquette orientale imposait aux images des rois et à celles des dieux un
visage impassible : dans la vie libre des cités grecques, les
chefs du peuple et les dieux eux-mêmes veulent paraître
aimables et cherchent la popularité. Telle est l'explication de
cette prétendue tradition asiatique. »

Nous pourrions nous arrêter après avoir cité cette page
exquise ; mais il est une remarque complémentaire que nous
voulons ajouter à l'appui des réflexions de M. Heuzey. La
Renaissance allemande a produit un grand peintre, Lucas Cranach, qui ne doit presque rien qu'à lui-même et dont le style à
la fois naïf, maniéré et bizarre est l'un des plus originaux que
l'on connaisse. Eh bien, Lucas Cranach, qui n'avait jamais vu
ni une statue égyptienne ni une statue grecque archaïque, a
été amené, par la même voie que les vieux artistes grecs, à
donner à ses figures quelque chose du sourire éginétique. On
a remarqué depuis longtemps que ses Vierges avaient le type
chinois, les yeux retroussés vers les tempes, avec cette expression particulière de la physionomie des Célestes qui reparaît
jusque dans leur architecture. Or, ce type *chinois* mitigé est
bien le type éginétique que l'on a voulu même expliquer autrefois par la présence, sur le sol de l'ancienne Grèce, d'une
population apparentée à la race jaune. Ce sont là les rêveries
d'une ethnographie aventureuse ; mais le fait que l'idéal de
Lucas Cranach se rencontre avec celui des contemporains de
Miltiade n'est-il pas de nature à prouver que l'esprit humain,
à travers les siècles, peut arriver d'une manière indépendante
à une même conception étroite de la beauté ? Que l'on
regarde, au Louvre, la petite Ève de Lucas Cranach qui se
promène dans les jardins du Paradis sans autre vêtement
qu'un chapeau de velours rouge : à ne considérer que sa tête
et son sourire, on la dirait parente des vieilles Athénés de
l'Acropole.

Une dernière observation pour terminer. Le fait que le type

des Artémis de Délos est identique à celui des Aphrodites de Chypre et des Athénés de l'Acropole semble prouver que l'art grec, à l'origine, n'a disposé que d'un très petit nombre de conceptions plastiques qui représentaient, suivant les pays et les cultes locaux, des divinités fort différentes. Avec le temps et les progrès de la sculpture, il s'est produit ce que l'on appelle une *spécialisation*; chaque divinité reçut une forme particulière, se conforma au type créé par le génie de quelque artiste et ne se confondit plus avec sa voisine. C'est ainsi que Phidias a fixé les types de Zeus et d'Athéné; Lysippe, celui d'Héraklès; Praxitèle, ceux d'Hermès et d'Aphrodite. Ici comme ailleurs, il est vrai de dire qu'au commencement « tout était *tohu-bohu* ». C'est au génie des grands créateurs qu'il appartient d'avoir introduit peu à peu dans le monde des formes les distinctions entrevues et réalisées par l'esprit[1].

1. Nous avons laissé de côté la question difficile qui s'est posée de nouveau à propos des statues de l'Acropole : faut-il y voir des Athénés, ou simplement des images votives représentant les prêtresses de la déesse Poliade? La seconde opinion est généralement acceptée aujourd'hui; mais nous avouons, tout considéré, préférer nous en tenir à la première.

XII

LES FOUILLES DE DÉLOS EN 1880[1].

Cet article, écrit en 1880 à Myrina et publié dans la *Nouvelle Revue* sous un pseudonyme, ne donne qu'une idée bien imparfaite des découvertes faites à Délos, que les fouilles ultérieures ont accrues dans des proportions inespérées. Nous le reproduisons pourtant comme un tableau sommaire des résultats obtenus au cours des premières campagnes. MM. Homolle et Nénot publieront prochainement la relation complète que nous annoncions il y a sept ans ; c'est là seulement que l'on trouvera, dans son ensemble et dans ses détails, l'histoire de l'exploration de Délos par l'École française d'Athènes.

Depuis quelques années, d'importantes découvertes archéologiques ont occupé l'attention du monde savant et jeté des lumières nouvelles sur l'histoire de l'art grec et ses lointaines origines. Un dilettante passionné pour Homère, M. Schliemann, a fait reparaître, au prix de sacrifices personnels, ce qu'il croit être le palais de Priam et les tombeaux des Atrides. D'autres archéologues allemands, investis par leur gouvernement d'une mission à Olympie, ont repris les fouilles commencées, il y a cinquante ans, par les membres de l'expédition française de Morée ; des frontons de Péonios et d'Alcamène, des bronzes admirables, l'*Hermès et Dionysos* de Praxitèle, l'un des chefs-d'œuvre de l'art grec, tels sont les résultats de cette campagne archéologique qui n'est pas encore entièrement terminée. Ainsi, d'une part, l'art gréco-phénicien, l'art antérieur à Dédale ; de l'autre, l'art des émules et des successeurs de Phidias, à peine connus par des fragments dispersés et par les maigres témoignages des auteurs anciens, ont rendu à notre curiosité quelques-unes de leurs plus belles productions, objets de contro-

---

1. *La Nouvelle Revue*, 15 septembre 1880.

verses fécondes d'où les annales de l'art sortiront refaites et
complétées.

La France n'est pas restée étrangère à ce grand travail d'exploration qui initie peu à peu notre civilisation moderne à
une connaissance meilleure des civilisations d'où elle dérive.
Mais les recherches exécutées en son nom, bien que très re-
marquées en Allemagne, n'ont pas obtenu, de la part du
public français, l'attention qu'elles méritent à tous égards.
Nous avons prêté une oreille complaisante au récit souvent
fantastique des merveilles de Troie et de Mycènes ; le
Journal officiel a informé régulièrement ses lecteurs des
découvertes de la mission allemande à Olympie ; mais, excepté
le monde de l'Institut et quelques archéologues de profession, nul n'a parlé, peu ont entendu parler, des fouilles d'un
membre de notre École d'Athènes, qui a fait pour Délos ce
que l'Allemagne a fait pour Olympie et dont le nom reste
indissolublement attaché aux ruines de l'île sacrée d'Apollon,
comme celui de M. Schliemann aux débris des palais chantés
par Homère.

Peut-être pensera-t-on, comme nous, qu'après avoir admiré
M. Schliemann, il est permis de s'enquérir brièvement de ce
que l'archéologie doit à M. Homolle. Il ne s'agit pas ici de
rendre justice à un compatriote, qui trouve dans l'avancement
de la science la vraie récompense de ses efforts ; il s'agit
encore moins d'exalter des découvertes françaises en rabais-
sant celles dont les Allemands ont eu l'honneur ; ce qui im-
porterait, c'est que notre public se persuadât que la science du
passé, celle qui le retrouve et qui l'interprète, n'est pas négligée
par les Français hors de la France ; c'est aussi que les heureux du monde, ceux qui ne craignent point d'employer leur
superflu au profit de leur pays ou de leur nom, apprissent une
fois de plus que le sous-sol de la Grèce est bien loin d'être
épuisé, et qu'il suffit aujourd'hui de vingt mille francs confiés
à des mains habiles pour assurer au donateur et à son man-
dataire une place honorable dans l'histoire de la science. En
effet, les fouilles de Délos ne sont pas moins remarquables

par l'importance de leurs résultats que par l'exiguïté des frais qu'elles ont causés : tandis que l'Allemagne a dépensé un million à Olympie, M. Homolle, en quatre campagnes, n'a pu disposer que de quinze mille francs. Ce sont là des chiffres qu'il convient de ne pas oublier en lisant ce qui va suivre ; on croit trop souvent que pour découvrir des marbres il est indispensable de prodiguer l'or et l'argent. La France entretient en Grèce une mission permanente, l'École d'Athènes, dont bien des membres, avant M. Homolle, ont occupé le monde savant de leurs découvertes ; eh bien ! sait-on à quel chiffre s'élève le budget de *fouilles et voyages* de cette École ? Il n'a guère dépassé jusqu'ici *trois mille francs* par an.

Le hasard de circonstances heureuses m'a conduit à Délos au mois de juillet dernier ; j'ai pu passer quinze jours pleins de charme au milieu de ces fouilles françaises, témoin ému et ravi des surprises de la quatrième campagne. C'est un nouveau plaisir pour moi de raconter ce que j'ai vu et appris pendant cette visite trop courte, et de raviver ainsi des souvenirs qui conserveront toujours une place privilégiée parmi mes impressions d'antiquaire et de voyageur.

I

Aucune île, dans la Grèce ancienne, n'a été plus célébrée que Délos ; aucune n'a tant souffert des ravages du temps et de la barbarie des hommes. D'anciennes légendes, conservées par les poètes, nous représentent Délos, la dernière née des Cyclades, flottant encore au gré des vents, comme une barque sans pilote, alors que depuis longtemps ses grandes aînées, Naxos, Ténos et vingt autres, étaient fixées solidement au sein de la mer qui les a vomies. A cette époque mythique, Délos s'appelait Astéria ou Ortygie. « Souvent, allant de Trézène, ville caressée par la mer, à Éphyra [1], au milieu du golfe Saro-

1. L'ancien nom de Corinthe.

nique les nautonniers t'apercevaient ; puis, à leur retour
d'Éphyra, ils ne te retrouvaient plus ; car tu avais fui vers le
détroit rapide où l'Euripe resserré coule avec fracas ; et, le
même jour, dédaignant à son tour le flot de la mer de Chalcis,
tu nageais jusqu'au promontoire athénien de Sunium, ou
jusqu'à Chios, ou jusqu'à l'île qui sort comme une mamelle du
flot qui la baigne, Parthénia (car on ne l'appelait pas encore
Samos)... Les marins te donnèrent, pour t'honorer, le nom de
Délos, le jour où tu cessas de te dérober à leurs yeux, et
qu'au milieu des vagues de la mer Égée tu fixas les racines
errantes [1]. »

Délos cessa d'être une île flottante le jour où Apollon et
Artémis y naquirent. On connaît assez cette poétique histoire.
Latone, portant dans son sein le fruit de ses amours avec
Jupiter et poursuivie par la haine de Junon, errait misérable-
ment des rives du Pénée aux vallons de l'Arcadie. Aucune
ville ne voulait l'accueillir ; Délos, enfin, vagabonde comme
elle, lui offrit un asile. C'est là qu'appuyée sur le Cynthe, embrassant un palmier de ses mains, Latone délia sa ceinture et
enfanta Apollon et Artémis sur les rives de l'Inopus. Alors
les cygnes du Pactole, chantres de Phébus, nagèrent sept fois
autour de l'île flottante, en faisant retentir les airs de leurs
voix mélodieuses, tandis que les nymphes de Délos enton-
naient l'hymne sacré de Lucine. Jupiter fixa Délos sur des
colonnes d'or, avec des chaînes d'un métal indestructible, et
les deux divinités jumelles, suivant la promesse de Latone,
choisirent Délos pour leur séjour favori.

Ces belles légendes ont vécu à travers les âges dans l'imagination des Grecs insulaires. Au temps de Cicéron, l'on montrait encore à Délos le palmier de Latone. Aujourd'hui l'on
raconte à Myconos que l'amante d'un noble chevalier, en butte
à la colère de son père, se réfugia jadis à Délos où elle donna
le jour à deux héros.

---

1. *Délos* en grec signifie clair, lumineux, visible. — Callimaque, *Hymne à
Délos*, v. 41-54.

Sanctuaire préféré d'Apollon et d'Artémis, placée sur la grande route de la Grèce et de l'Italie vers l'Asie, Délos devint naturellement un des centres religieux, politiques et commerciaux les plus importants du monde grec. De toutes parts, les pèlerins y affluaient, de Grèce, de Phénicie, même du monde barbare. C'est que les cultes de Délos, au dire des prêtres, avaient été introduits non par des Grecs, mais par de mystérieux étrangers : le prophète Olen, venu du pays des Hyperboréens, les trois vierges saintes Hécaergé, Oupis et Loxo, dont on montrait les tombeaux à Délos, et à qui les vierges déliennes faisaient, au moment de leur mariage, l'offrande de leur chevelure. Les peuples du Nord, Scythes et Arimaspes, envoyaient aux fêtes du dieu cynthien des présents enveloppés dans de la paille de froment, pour rappeler le lien religieux qui les rattachait au sanctuaire de l'Ionie [1]. Ces traditions cachent des vérités historiques : Apollon, le dieu des Doriens, a eu ses premiers autels dans le Nord de la Grèce et Artémis est probablement une divinité d'origine scythique.

Dans l'antiquité, le centre religieux devient presque toujours centre politique. Une confédération ionienne, à laquelle appartenaient toutes les Cyclades, siégeait très anciennement à Délos. Après les guerres médiques, Athènes prit la tête de cette confédération et en modifia le caractère sacré pour en faire, à son profit, une ligue offensive et défensive contre les Perses. Périclès finit par transporter au Parthénon le trésor des alliés, conservé jusqu'alors à Délos. Mais Athènes, au moment où elle détruisait l'importance politique de Délos, accrut la sainteté de l'île en la purifiant : au commencement de la guerre du Péloponèse, tous les morts ensevelis à Délos furent exhumés et il fut défendu désormais d'y naître et d'y mourir. Les femmes en couches et les agonisants étaient transportés dans l'île voisine de Rhénée.

Quand les Romains eurent détruit Corinthe, Délos hérita

---

1. On retrouve, dans les inscriptions de Délos, la mention d'offrandes venues de la Chersonèse taurique (Crimée).

de la prospérité commerciale de cette ville. Ses fêtes devinrent comme des foires, où tout le négoce méditerranéen se donnait rendez-vous. Le commerce y était si florissant qu'au dire d'un géographe du temps d'Auguste, Strabon, dix mille esclaves y changeaient de maîtres tous les ans. Le bronze et les vases de Délos étaient recherchés au poids de l'or. Mais une affreuse catastrophe vint brusquement mettre fin à cette prospérité. Ménophane, général de Mithridate, débarqua à Délos, saccagea et détruisit la ville, le temple et le sanctuaire, et ne laissa partout que des ruines. Délos ne se releva pas de ce coup. Deux siècles après, le géographe grec Pausanias nomme en passant comme une solitude l'île qu'on appelait autrefois « le marché commun de la Grèce ».

Mais cette solitude était encore peuplée de statues, ce désert était couvert de temples en ruines dont le barbare Asiatique n'avait pu faire écrouler les murs. S'il n'en subsiste guère aujourd'hui que les fondements, c'est surtout aux tremblements de terre qu'il faut attribuer la destruction de ce que la guerre avait épargné. Pindare appelait Délos « le prodige immuable de la terre », parce que, fixée dans la mer par Jupiter, elle passait pour exempte des secousses volcaniques qui ébranlent si souvent les autres Cyclades. Toutefois, avant l'invasion des Perses et au moment de la guerre du Péloponèse, deux tremblements de terre ressentis à Délos avaient épouvanté la Grèce[1] ; il est probable qu'il s'en produisit plus d'un, pendant les longs siècles du moyen âge, où les textes ne nous éclairent plus sur la destinée du sanctuaire d'Apollon.

Une fois couchés sur le sol, les marbres de Délos étaient exposés de nouveau à l'impitoyable barbarie des hommes. Ce fut d'abord Venise, qui envoya ses galères chercher des plaques de marbre et des statues pour orner ses palais ; un voyageur du xve siècle vit un véritable marché de statues installé dans l'île voisine de Myconos. Puis, tous les habi-

<hr>

1. Hérodote, VI, 98 ; Thucydide, II, 8.

tants des Cyclades, de Myconos et de Ténos surtout, exploi-
tèrent Délos comme une carrière. Encore si l'on avait enlevé
les marbres sans les détruire! Mais ces barbares avaient
besoin de ciment. Ils jetèrent dans des fours à chaux les
colonnes des temples, les frises, les statues surtout, plus
légères et plus faciles à briser. Aujourd'hui encore, dans
l'enceinte même du temple d'Apollon, les traces de ces fours
maudits frappent les regards du voyageur attristé. C'est du
xive au xvie siècle que la grande œuvre de destruction dut
s'accomplir; car au xve siècle, un voyageur italien, Bondelmonte, rapporte qu'il a vu à Délos *plus d'un millier* d'idoles de
marbre, gisant à terre çà et là. Un millier de statues grecques !
Il est vrai que Bondelmonte est sujet à caution et que les
termes dont il se sert sont assez vagues; mais admettons qu'il
n'y en ait eu que cent, ne serions-nous pas heureux de les
posséder ?

En 1826 encore, d'immenses cargaisons de marbres furent
enlevées de Délos pour construire la grande église de Ténos,
qui possède les magnifiques linteaux en marbre blanc des
portes du temple d'Apollon. « Les Turcs, dit un voyageur
allemand de ce temps-là, venaient prendre des marbres à
Délos pour y tailler les stèles surmontées d'un turban qu'ils
placent sur leurs tombeaux. » Non seulement les monuments
étaient détruits pierre par pierre, mais les soubassements
mêmes n'ont pas toujours été épargnés. Quand Délos redevint
une île grecque, on arrêta enfin la dévastation; mais des nombreuses statues vues par Bondelmonte, il n'en restait plus que
trois ou quatre, enfouies au pied du Cynthe, qui ont été
transportées à Athènes. Délos était alors ce qu'elle est encore
aujourd'hui : une île sans un arbre, sans une cabane, sans un
habitant, où les mois s'écoulent sans qu'il aborde un seul
caïque dans le port que remplissaient autrefois les flottes
commerçantes de l'ancien monde.

II

Depuis le xviiᵉ siècle, les rares voyageurs qui ont débarqué à Délos n'y avaient vu que des ruines confuses. Spon, Tournefort, Blouet, Ross, enfin deux membres de l'École française d'Athènes, MM. Benoist et Terrier, n'ont pu décrire que ce qu'ils voyaient à fleur de terre, c'est-à-dire presque rien. Il est trop tard, disait M. Benoist en 1851, il n'y a plus rien à sauver. C'était désespérer trop vite, comme MM. Lebègue et Homolle allaient le prouver.

En 1874, le directeur de l'École française, M. Burnouf, envoya à Délos un des membres de l'École, M. Lebègue. Laissant la plaine de Délos qui avoisine la mer, où l'on supposait qu'avait dû se trouver le temple, ce jeune archéologue porta son attention sur le Cynthe, la célèbre montagne dominant Délos, d'où la vue s'étend sur vingt-deux Cyclades, qui semblent, suivant l'expression de Callimaque, former un chœur autour d'elle. M. Lebègue eut l'heureuse idée de déblayer, sur les flancs du Cynthe, un temple extrêmement ancien, sanctuaire creusé dans le roc au-dessus d'une flaque d'eau profonde. Ce temple n'est pas une œuvre d'art, car il est antérieur à la naissance de l'art en Grèce : c'est un monument contemporain, un aîné peut-être, des fameux caveaux de Mycènes. Au sommet du Cynthe, M. Lebègue découvrit les temples de Jupiter cynthien et de Minerve cynthienne. La Délos préhistorique avait trouvé son explorateur : la Délos historique réclamait le sien.

Vers cette époque, M. Burnouf, qui avait déblayé l'escalier de Pan au sud de l'Acropole d'Athènes, projetait des fouilles plus considérables au même endroit. La Société des architectes envoya à cet effet quinze cents francs à l'École française. Mais, au mois de juillet 1875, M. Burnouf, dont le mandat avait été prorogé plusieurs fois, fut rappelé par M. Wallon, alors ministre de l'Instruction Publique, et

remplacé par M. Albert Dumont [1]. On parlait déjà de
rendre aux architectes la somme qu'ils avaient avancée ;
grâce à l'entremise opportune de M. Georges Perrot et de
M. Dumont, elle resta à l'École pour être appliquée à un autre
travail. Le nouveau directeur pensait à faire reprendre
l'exploration de Délos ; dans l'été de 1876, il y envoya M. Homolle, alors membre de l'École, et, sur le rapport favorable
de celui-ci, on décida de fouiller le littoral de l'île, pour
retrouver le temple d'Apollon au milieu du champ de décombres qui le cachaient.

Explorer en plein été une île où il n'y a pas une masure,
était une tâche assez rebutante pour décourager plus d'un
archéologue. Du reste, les géographes étaient unanimes à
dire que les ruines mêmes du temple délien avaient péri, de
sorte qu'un explorateur, après mille fatigues, courait grand
risque d'aboutir à une déception. M. Homolle n'hésita pas à
se faire pendant trois, quatre étés de suite l'ermite de cette
terre abandonnée. Une cabane délaissée, dans l'île de Rhénée,
en face de Délos, lui servait d'abri pendant la nuit. Comme
Rhénée est une ancienne nécropole, d'où les vivants ont fui
depuis des siècles, M. Homolle ne pouvait correspondre
avec la France que par l'intermédiaire de rares caïques qui,
sur leur route de Naxos à Syra, passaient à Rhénée pour
saluer « le Français ». J'ai entrevu cette vie pendant dix
jours seulement, par une chaleur clémente et dans la société
la plus agréable ; j'ai compris qu'il fallait quelque courage
pour la supporter quand on est seul.

Lors de mon passage à Délos, l'été dernier, M. Homolle y
achevait sa quatrième campagne. Un architecte de talent,
M. Nénot, pensionnaire de la Villa Médicis, était venu depuis
peu pour lever le plan de toutes les ruines déblayées. Il
doit publier, avec M. Homolle, un grand ouvrage à planches,
qui sera une description complète de Délos, des découvertes
et des travaux qu'on y a faits. Quand ce livre aura paru, la

---

1. M. Albert Dumont est mort en 1884.

tâche de la vulgarisation deviendra si ngulièrement facile ; pour le moment, je ne peux que donner une idée rapide, nécessairement incomplète sur beaucoup de points, des monuments de Délos dégagés par M. Homolle, du contenu des inscriptions qu'il y a déterrées, enfin des importantes œuvres d'art qu'il a fait sortir du sol depuis quatre ans.

III

Il serait inutile d'énumérer, sans donner une carte en regard, les monuments supposés anéantis ou très mal connus avant M. Homolle, qui a fait reparaître les soubassements de vingt édifices là où ses prédécesseurs ne signalaient qu'une plaine de débris. Le plus fameux est le temple d'Apollon, tout entier en marbre de Paros, situé près de la mer, et auquel on arrive en traversant un magnifique vestibule, les *Propylées* de Délos. Le stylobate et les bases des colonnes étant en place, on se fait facilement une idée de l'aspect de l'édifice, qui devait être magnifique. Ce n'est pas que ce temple soit grand : une colonne de la Madeleine couchée tiendrait à peine dans le rectangle intérieur qui a vingt mètres sur sept et demi ; mais les Grecs aimaient à donner l'impression de la grandeur par la justesse des proportions plutôt que par la masse, qui, dans les monuments romains et les nôtres, fait moins ressortir l'art que la difficulté vaincue. Autour du temple d'Apollon, à des distances inégales, on voit les restes de six petits temples, dont l'un est celui d'Artémis ; de trois constructions ayant servi de trésors, où l'on conservait l'argent des alliés ; de quatre grands portiques, de terrasses, d'exèdres, dont on trouvera le plan et sans doute aussi la restauration dans la monographie, actuellement en préparation, de MM. Homolle et Nénot. Une de ces exèdres est un banc circulaire en marbre, adossé à un mur cintré d'une construction très élégante, où les Déliens pouvaient s'asseoir pour saluer de loin les pèlerins, débarquant et s'avançant en chœur vers le sanctuaire. Il est d'une conservation si parfaite et si heureusement située près des plus belles ruines, que lorsqu'on y rêve, le soir, au milieu de ce dédale de temples que la pensée reconstruit involontairement, on s'attend à voir déboucher soudain le flot des théores, au son des péans sacrés, environnés d'un nuage d'encens.

Les Portiques, tout en marbre, sont très spacieux et d'une belle construction. Le plus beau, dit de Philippe III, consacré à Apollon par ce roi de Macédoine, s'étend le long du rivage ; un second portique, plus petit, court parallèlement un peu plus loin, et, en arrière, au-dessus du temple, le portique dit *des Taureaux* se développe sur une longueur de soixante mètres. Son nom lui vient de taureaux agenouillés par paires, que ses piliers extrêmes portaient en guise de chapiteaux, et des têtes de taureaux plantées au milieu de ses triglyphes. Toutes les villes importantes dans l'antiquité ont eu de ces promenades commodes et luxueuses, espèces de salons en plein air où la société se donnait rendez-vous, où les philosophes retrouvaient leurs disciples, les étrangers leurs anciens hôtes, les amis leurs amis. Cela valait bien ces couloirs vitrés que nous appelons *passages* dans nos grandes villes, où l'air est vicié et où il est rare de rencontrer des philosophes.

A gauche du temple et de ses annexes s'étend un vaste rectangle, l'*agora*, quartier général de la Délos marchande, dont les maisons, bâties avec soin, s'étagent sur la colline qui domine le marché. A côté de l'agora est le *Lac Sacré*, petite pièce d'eau circulaire dont l'eau est aujourd'hui saumâtre, et dont les bords sont couverts de débris de constructions. Le ruisseau de l'*Inopus*, célébré par les anciens, sur les bords duquel naquirent Apollon et Artémis, n'est plus qu'un ravin qui descend du Cynthe pour aboutir au lac circulaire. L'Inopus, disait-on, était en communication avec le Nil, et aujourd'hui les sources de Délos passent pour être alimentées par l'eau du Jourdain. Les légendes restent, il n'y a que les noms qui changent, et la crédulité des hommes est infatigable.

En dehors des constructions que nous venons d'indiquer, et tout près du Cynthe, dont la cime rocheuse dépasse la plaine de cent cinquante mètres, s'élèvent deux immenses ruines, le Gymnase et le Théâtre, ce dernier assez bien conservé et l'un des plus grands qui soient en Grèce. M. Homolle ne les a point explorées, et elles réservent sans doute de belles surprises à ceux qui viendront, espérons-le, prolonger après lui les sillons qu'il a creusés.

Sur le Cynthe même, les temples des divinités étrangères, Isis, Anubis, l'Aphrodite syrienne, ont été visités plutôt qu'étudiés par un savant grec, M. Stamatakis, et devraient être l'objet d'un campagne spéciale de fouilles [1]. Il faudrait encore, pour achever l'exploration de Délos, une somme de vingt à trente mille francs; c'est à l'École d'Athènes qu'il appartient de poursuivre le travail qu'elle a si bien et si fructueusement commencé.

IV

De toutes les fouilles exécutées jusqu'à présent en dehors d'Athènes, celles de l'Allemagne à Olympie ont été les plus fécondes en objets d'art : celles de M. Homolle à Délos ont donné le plus grand nombre d'inscriptions. M. Homolle a trouvé plus de quinze cents textes épigraphiques, une véritable bibliothèque gravée sur le marbre. On peut donc dire sans exagération que les fouilles de l'École française à Délos prennent rang parmi les deux ou trois explorations les plus heureuses de notre siècle. Et ces fouilles, il ne faut pas l'oublier, ont coûté soixante fois moins que celles des archéologues allemands à Olympie.

Indiquons maintenant en quelques lignes ce que les inscriptions de Délos nous ont appris de nouveau.

---

1. Ces temples ont été explorés depuis par M. Hauvette-Besnault ; nous avons déblayé une partie du théâtre, et le gymnase a été l'objet des recherches de MM. Durrbach et Fougères. — 1887.

Un savant épigraphiste disait qu'il sentait les Grecs et les
Romains se rapprocher de lui toutes les fois qu'il s'approchait
des inscriptions qu'ils nous ont laissées. Cette impression est
parfaitement juste. La plupart de ces petits détails intimes
dont la connaissance nous fait respirer un moment de la vie
des anciens, c'est à l'épigraphie que nous les devons. Les
inscriptions, — on ne saurait trop le répéter à ceux qui
affectent, aujourd'hui encore, de n'en faire aucun cas, — les
inscriptions sont, dans l'antiquité, l'équivalent du journal dans
les temps modernes. Et il ne s'agit pas, bien entendu, du
journal qui reproduit les faits divers, les bruits du jour, les
échos de la veille, mais du journal officiel, celui qui donne
le texte des décrets, annonce les distinctions honorifiques,
enregistre les dons faits à l'État, reproduit les comptes des
grandes administrations. Les mots que nous venons d'écrire,
qui sont vrais de notre *Journal Officiel*, résument aussi le
contenu des centaines d'inscriptions trouvées par M. Homolle
à Délos.

Les décrets découverts sont presque tous ce que l'on
appelle des décrets de proxénie. Un particulier, grec ou
étranger, avait-il rendu service au temple ou à la ville de
Délos, le sénat et le peuple de l'île votaient une résolution qui
lui conférait, en récompense, le titre de *proxène et bienfai-*
teur de Délos. Le titre de proxène donnait, à celui qui l'obte-
nait, une position à peu près analogue à celle de nos consuls
à l'étranger, avec des devoirs et des droits correspondants. Si
le bienfaiteur voulait venir à Délos, le décret lui assurait le
droit de posséder et d'habiter le sol (l'étranger, dans l'antiquité, ne peut pas être propriétaire foncier), l'exemption totale
ou partielle des redevances, une place d'honneur au théâtre,
ou d'autres privilèges du même genre. Les proxènes qui
avaient rendu des services éminents étaient en outre couronnés en plein théâtre, et leur nom proclamé par le héraut
sacré dans une des grandes fêtes de l'île. Souvent l'on envoyait
à Délos une copie des décrets de proxénie votés dans d'autres
villes de la Grèce. Une de ces copies, retrouvée tout récem-

ment, est particulièrement curieuse pour l'histoire littéraire. Il s'agit d'un certain Myrinus, élève d'un poète nommé Dioscoride de Tarse, que son maître avait envoyé en Crète, à Gnosse, pour faire une conférence en l'honneur de cette ville et de son passé. Myrinus y donna lecture d'une composition de Dioscoride, où celui-ci avait mis en œuvre tous les textes d'Homère relatifs à la ville de Gnosse. Or, le seul passage considérable où il soit fait mention de Gnosse par Homère, se trouve dans la seconde partie de l'hymne à Apollon Pythien, dont la première partie est déjà attribuée à Homère par Thucydide, mais dont la seconde, au dire de la critique moderne, n'aurait été mise sous le nom du poète que bien plus tard. Le texte épigraphique retrouvé par M. Homolle prouve que la critique s'est trompée, et que dès le ιv⁰ siècle, date probable du décret en question, Homère était considéré comme l'auteur de l'hymne qui célèbre les exploits d'Apollon et la fondation de l'oracle de Delphes.

Beaucoup d'inscriptions honorifiques figuraient sur les piédestaux de statues qui ont été détruites. L'une de ces inscriptions est écrite en phénicien et en grec, et a été commentée par M. Renan. D'autres mentionnent des personnages célèbres dans l'histoire, comme Massinissa, Lucullus, les Ptolémées, Julie fille d'Auguste, ou des rois asiatiques comme Antiochus Épiphane et Hérode. C'était, on le comprend, un grand honneur pour des rois ou des particuliers d'avoir une place assurée à leurs noms et à leurs traits dans un sanctuaire aussi vénéré que Délos.

Naturellement, un pareil sanctuaire devait recevoir, et en très grand nombre, des dons pieux de toutes les parties du monde grec. Ces dons étaient de deux sortes : tantôt des objets d'art, des bibelots de prix, que l'on conservait soigneusement dans le temple, tantôt des sommes d'argent ou des biens-fonds que les prêtres faisaient valoir pour subvenir aux dépenses du culte. Le temple ancien est à la fois un musée, où s'entassent les *ex-voto* précieux ; un trésor, où l'on garde le numéraire ; un dépôt d'archives, où les tréso-

riers successifs déposent les comptes de leur gestion ; enfin
une maison de banque, qui fait fructifier ses capitaux, prête à
intérêt, loue des terrains et des constructions. Quoi de plus
intéressant que de connaître en détail les rouages d'une
administration aussi complexe ? Les auteurs anciens ne disent
rien à ce sujet, mais les inscriptions, surtout celles de Délos,
nous en instruisent admirablement. C'est là, on peut le dire,
la plus belle découverte de M. Homolle. Nous connaissions
déjà des fragments des comptes du Parthénon et d'autres
temples d'Athènes ; mais ces fragments sont insignifiants à
côté de la longue série de pièces retrouvées à Délos, qui
constituent pour nous les archives presque complètes, l'ensemble de la comptabilité du temple d'Apollon. Comme les
trésoriers de Délos faisaient inscrire leurs comptes sur marbre
et non sur parchemin, nous les retrouvons, après vingt
siècles, dans un état de conservation très satisfaisant. Tout un
chapitre de l'économie politique ancienne est à refaire avec
ces textes nouveaux : M. Homolle a commencé une étude
approfondie sur ce sujet, et nous attendons avec impatience
l'ouvrage où il en fera connaître les résultats [1].

Voici à peu près la substance d'un de ces comptes des
trésoriers du temple : je ne traduis pas une pièce particulière,
mais j'en résume plusieurs en les arrangeant un peu, pour
donner une idée de l'ensemble. « Nous, trésoriers du temple
d'Apollon depuis telle date jusqu'à telle date, nous déclarons
avoir reçu, par devant le Conseil et le greffier de la ville, des
mains des trésoriers nos prédécesseurs, les objets suivants,
dont voici l'inventaire : Une petite coupe d'or sans anse,
offerte par les Naxiens ; elle se trouve à droite, en entrant
dans le vestibule ; une couronne d'or de cinquante feuilles, y
compris celles qui se sont détachées ; elle se trouve dans un
coffret près de la statue du dieu ; une statue d'Artémis en or,
à laquelle manque la main gauche ; une trirème d'argent, don

____

1. Voir le récent livre de M. Homolle, *Les archives de l'intendance sacrée à
Délos*, Paris, Thorin, 1886. On y trouvera aussi un plan, dressé par M. Nénot,
des fouilles exécutées dans l'île jusqu'en 1880. — 1887.

de la reine Stratonice ; une cassolette pour l'encens ; trente phiales d'argent ; deux lampes, trois candélabres ; un trépied de bronze ; trois tissus de lin pour l'habillement des prêtresses ; un anneau orné d'une émeraude ; un cadran solaire ; une mosaïque ; deux peintures sur bois ; un portrait peint ; deux gouvernails, suspendus au mur de l'opisthodome, sur la droite ; un arc avec carquois ; deux casques ; vingt vases sacrés frustes et hors d'usage ; dix fragments de bronze et d'or provenant d'objets mutilés, etc. »

On voit combien ces inventaires sont minutieux, et l'on devine quelles lumières ils nous donnent sur l'art et les industries si variées du monde ancien. Malgré leur monotonie, ils abondent en détails piquants et inédits. Malheureusement, de tous les trésors dont nous suivons ainsi la trace pendant des siècles, il ne reste aujourd'hui presque rien. En dehors du temple, on voit le torse d'un Apollon colossal en marbre, offert, il y a deux mille deux cents ans, par les Naxiens, et sans cesse défiguré, depuis des siècles, par les signatures de touristes [1]. Un allemand, Ulrichs, a trouvé à Délos, il y a quarante ans, un petit carquois de plomb avec la légende : *Ce sont elles* (les flèches) *qui nous ont sauvé de la faim.* Rien de plus curieux et de plus touchant que cet *ex-voto*, offert par des matelots longtemps ballottés par la tempête, qui n'avaient pu se nourrir qu'en abattant des oiseaux de mer à coup de flèches, et qui remercient Apollon, dieu de l'arc, en lui offrant le simulacre d'un carquois. Cet *ex-voto* est le seul qui reste parmi ceux qui remplissaient le temple : combien d'autres plus précieux ont disparu pour toujours ! Dans un inventaire, je lis la mention d'un coffret triangulaire, contenant les œuvres du poète Alcée, que les anciens proclamaient sublimes, et que le temps nous a ravies. Que de vers

1. La tête se voyait encore au xvie siècle. Un provéditeur de Ténos voulut l'enlever et, la trouvant trop lourde, scia le visage pour en garder du moins un souvenir ! — La statue originale, dont il ne subsiste que le torse, fut renversée dans l'antiquité par la chute d'un palmier d'airain consacré à côté d'elle par Nicias. M. Homolle publiera la photographie de ce qui en reste.

et de prose l'on donnerait de bon cœur en échange de ce petit
coffret disparu !

Outre les bilans successifs de la caisse sacrée, les inscriptions font connaître les domaines des temples, les pâturages,
terres de culture, boutiques, ateliers, caves, bains, etc.; ils
renseignent sur les baux que les prêtres concluaient avec les
particuliers, sur les droits de pâturage et autres qu'ils tou-
chaient. Enfin, comme les sommes perçues annuellement par
le temple suffisaient largement aux dépenses, l'argent de
reste et l'argent du trésor étaient prêtés à intérêt ; le temple
de Délos prêtait à la ville de Délos, aux îles de la mer Égée,
à des particuliers en grand nombre. Le prêt est consenti pour
cinq ans, et les propriétés de l'emprunteur lui servent de
garantie. Les prêtres ne prenaient qu'un intérêt de dix pour
cent, tandis que les banquiers ordinaires en exigeaient vingt,
trente et au delà. Par suite, leur clientèle était immense, et
les services qu'ils rendaient au commerce vraiment inappré-
ciables.

Supposez réunis, dans une même enceinte, le musée de
Cluny, le Garde-Meuble, la Cour des Comptes, la Banque de
France, le Crédit foncier et la Madeleine ; vous aurez une
idée assez exacte de ce qu'était un temple important dans le
monde grec.

V

Parmi les nombreuses œuvres d'art découvertes par M. Homolle et conservées aujourd'hui au musée de Myconos (une
affreuse grange sombre et humide, choisie par un commis-
saire grec ignorant)[1], deux séries de statues méritent une
attention particulière : les fragments des frontons et la collection, absolument unique en son genre, des vieilles images
d'Artémis.

Quelle scène mythologique était représentée sur les fron-

1. Les marbres les plus importants ont été transportés depuis au musée
central d'Athènes. — 1887.

tons du temple d'Apollon ? Il est difficile de le dire, malgré le nombre des figures conservées. La meilleure peut-être, trouvée au pied du fronton oriental, est une femme emportée sur l'épaule d'un homme barbu. Le torse de la femme est admirable, et, bien que d'excellents juges soient d'un autre avis, je ne puis me résoudre à blâmer les jambes. Le parallélisme qu'on leur a reproché n'a rien de désagréable, et fait bien comprendre l'abandon de ce beau corps flottant. Au fronton ouest, il faut signaler un torse de femme, drapé d'une tunique légère, serrée autour de la taille par une ceinture. La grâce du mouvement et la finesse du travail rappellent l'école attique de la fin du ve siècle, intermédiaire entre Phidias et Praxitèle. Cette figure représente une jeune fille courant ; à côté était une autre figure semblable, mais moins parfaite d'exécution. Le fronton ouest a encore donné un torse de femme courant qui porte un enfant sur l'épaule gauche, un torse de jeune fille le bras gauche levé, la partie inférieure d'une statue de femme qui court, un chien courant et divers fragments. Il appartient à M. Homolle d'interpréter ces représentations mythologiques, scènes d'enlèvement sans doute, mais dont la signification précise nous échappe encore.

J'en viens à la série des sept Artémis archaïques.

La première, qui diffère des six autres, est une Artémis ailée, une Victoire ou une Gorgone. Qu'on se figure une femme aux lèvres pincées, aux yeux en amandes, posés obliquement à fleur de tête, souriant de ce mystérieux sourire à la fois sensuel, dur et railleur, commun à presque toutes les têtes archaïques de l'art grec : au-dessus de sa chevelure, qui retombe des deux côtés en tresses symétriques, un bandeau percé de trous où s'ajustaient des ornements métalliques ; puis, un torse trop maigre, une ceinture veule ; enfin, au-dessous, deux jambes écartées que dessine une tunique trop étroite, et qui, chose singulière, paraissent de profil lorsque l'on regarde de face la tête et le torse. Il faut se reporter à la planche donnée dans le *Bulletin de Correspondance hellénique* (tome III) pour bien comprendre toute l'étrangeté de cette pose, par laquelle l'art primitif croyait donner l'idée du mouvement rapide. Il existe, parmi les monuments grecs, toute une classe de figures agenouillées étudiées par M. Curtius[1], qui sont en vérité des figures en mouvement ou même des figures volantes. Pour revenir à la statue de Délos, j'avoue que l'habileté remarquable avec laquelle est traitée la tête, rapprochée de l'extrême naïveté du dessin général, me fait penser que cette œuvre archaïque est l'imitation d'un modèle plus ancien encore. On sait que, dans la représentation des divinités, l'art grec, comme l'art du moyen âge, se conforme volontiers à certains types traditionnels, nés de la pieuse mais inhabile fantaisie des premiers sculpteurs en bois. Ainsi, les Grecs n'ont jamais cessé de représenter des figures dans des gaines, notamment des Hermès, parce que les vieux artistes, ne sachant pas écarter les jambes de leurs statues, ne sculptaient que des figures engainées. L'Artémis de Délos, œuvre d'un artiste de mérite, est peut-être de la fin du vi° siècle ; mais elle reproduit sans doute, du moins pour la pose, un original en bois remontant au siècle précédent.

Une observation analogue s'applique à cinq des six autres Artémis, toutes de grandeur naturelle et de forme presque semblable, dont la première en date est la plus ancienne statue grecque avec inscription que l'on ait encore découverte. Malheureusement, le nom de l'auteur manque ; mais nous connaissons le nom du donateur, ou plutôt de la donatrice, Nicandré fille de Dinodicès de Naxos. L'antique école de Naxos n'était encore représentée dans les collections par aucune œuvre authentique. L'Artémis de Naxos, dit très bien M. Homolle, « ressemble à une stèle arrondie sur les bords qui serait divisée en trois parties figurant les jambes, le torse et la tête, et flanquée de deux montants ronds, allongés et raides, pour tenir lieu de bras. »

Assurément, cette œuvre informe, d'aspect presque égyp-

1. E. Curtius, *Die knienden Figuren der altgriechischen Kunst*, 1869.

tien, naïve comme les peintures d'Italie attribuées à saint
Luc, touchante pour nous comme le premier bégaiement
d'un art dont la maturité devait étonner les siècles, répond
bien à l'idée que nous nous faisions, d'après les auteurs, des
premières statues en marbre, reproduisant tant bien que mal
quelque antique *xoanon* formé d'un tronc d'arbre grossièrement taillé en figure humaine. Les cinq statues suivantes,
bien qu'analogues à la précédente dans leurs traits généraux,
et dérivant évidemment du même type en bois, témoignent
d'un art beaucoup plus avancé. Les jambes ne sont plus collées
contre le corps, les draperies ne sont plus rassemblées en
gaine. Ces statues-là, bien qu'archaïques, sont en même
temps *archaïsantes*, si l'on peut appliquer cette épithète à
toute œuvre où, par la volonté de l'artiste, l'exécution est
moins enfantine que la conception. Toutefois, cette série
permet de suivre d'une manière frappante les progrès de
l'art, qui, sans rompre tout d'un coup avec le type primitif,
revendique dans l'exécution d'abord, puis dans la conception,
cette part de liberté sans laquelle le progrès est impossible.
La série des Artémis découvertes par M. Homolle est une
esquisse saisissante de l'histoire des débuts de la sculpture
grecque en six tableaux.

VI

En dehors de ces œuvres capitales, qui ont été reproduites
par l'héliogravure, et dont nous espérons que le nouveau
musée du Trocadéro ne tardera pas à se procurer de bons
moulages [1], il faudrait signaler bien d'autres excellentes
pièces : une tête de Latone, de grandeur naturelle, traitée

---

1. Est-il besoin de rappeler qu'aucune œuvre d'art antique ne peut aujour-
d'hui sortir de Grèce, et que le produit des fouilles de M. Homolle n'appartient
ni à l'École française, ni au Louvre ? De même, la *Victoire* de Péonios et le
Mercure de Praxitèle n'iront pas au musée de Berlin, mais demeureront à
Olympie où on les a trouvés.

dans le style de la *Niobé*, et aussi, par conséquent, de notre *Vénus de Milo* ; une tête d'Apollon souriant, un peu archaïque, mais d'un travail admirable ; une figure de femme drapée, parfaitement conservée sauf la tête, dont la partie supérieure témoigne d'un art presque achevé... Mais nous devons nous arrêter ici, en nous consolant d'avoir donné une si faible idée de si belles découvertes, par l'espoir que ces pages rapides ne seront pas sans intéresser quelques personnes à des recherches qu'il n'est plus permis d'ignorer. Ajoutons que le jeune savant qui en est l'auteur mérite, autant que ses travaux, d'être connu et estimé du public. A côté de ceux qui discréditent l'archéologie par la réclame, il y a ceux qui l'honorent par la simplicité de leur dévouement. M. Homolle est de ces derniers. Il compte parmi les ouvriers sérieux et modestes dont la science française a le droit d'être fière ; son exemple ne sera pas perdu pour la jeune et vaillante École qui est heureuse de l'avoir compté parmi ses membres.

XIII

LES FOUILLES D'OLYMPIE EN 1880 [1]

Cet article, comme le précédent, a été publié sous un pseudonyme. Pour ne pas réimprimer des erreurs, nous avons dû le modifier sur quelques points ; mais il aurait fallu en doubler l'étendue pour le mettre au courant. Tel qu'il est, il peut donner une idée générale de belles découvertes qui sont encore *imparfaitement connues du grand public*; les gens du métier se dispenseront de le lire.

« Allez à Olympie, s'écriait Épictète, pour contempler le chef-d'œuvre de Phidias ; et que chacun de vous s'estime malheureux, s'il meurt sans l'avoir regardé. » Lorsque Épictète s'exprimait ainsi [2], Olympie n'était déjà plus ce qu'elle avait été jadis, au temps de la Grèce indépendance, alors qu'à l'époque des grandes fêtes périodiques elle devenait comme la capitale intellectuelle de la Grèce un instant pacifiée. Toutefois, sous la domination tutélaire de Rome, elle avait conservé ses temples, ses jeux, ses cérémonies solennelles ; un peuple de statues de toutes les époques, merveilles des Phidias et des Praxitèle, mille souvenirs du passé le plus glorieux la recommandaient, comme un lieu de pèlerinage, à l'admiration des maîtres du monde. Paul-Émile, encore tout fumant de ses victoires, n'avait-il pas sacrifié au dieu d'Olympie avec autant de pompe qu'au Jupiter du Capitole [3] ? Plus tard, ce fut l'ambition de tous les empereurs d'avoir leur statue dans l'enceinte sacrée. Caligula, pris d'un accès de folie, voulut même faire décapiter le Jupiter de Phidias, pour substituer sa tête à celle du dieu. Déjà les échafaudages étaient

---

1. *La Nouvelle Revue*, 1er janvier 1881.
2. Arrien, *Entretiens d'Épictète*, I, vi, 23.
3. Tite-Live, *Histoire romaine*, XLV, 28.

dressés, les ouvriers étaient à leur tâche, quand soudain, raconte la légende [1], le dieu fit entendre un immense éclat de rire et les sacrilèges s'enfuirent épouvantés. Ainsi restait attachée au plus beau produit de la statuaire grecque la protection toute-puissante de Jupiter, telle qu'elle s'était manifestée autrefois lorsque sous les yeux de Phidias en prière le Père des Dieux lança sa foudre aux pieds de sa statue achevée, pour témoigner son contentement de l'auguste image où la majesté souveraine s'était reconnue.

Que les temps ont changé depuis Épictète ! Le voyageur qui visitait ces lieux, il y a un siècle, cherchait en vain un vestige de tant de splendeurs ensevelies. Dans la plaine d'Olympie, naguère si bruyante, régnait le silence de la tombe. Voici l'Alphée, voilà le mont Kronios, voilà le Bois Sacré de l'Altis ; mais les grandes voix qui parlaient là se sont tues. Sur le mont Pholoé, dont les cimes boisées encadrent la plaine, ont campé, au iv° siècle, les hordes sauvages d'Alaric ; l'Alphée, sortant de son lit, a couvert le sol d'une couche épaissse de gravier ; les tremblements de terre ont accompli leur œuvre destructrice, et la barbarie des hommes a fait le reste.

Aujourd'hui, Olympie est rendue à la lumière. Il y a là une œuvre grande et belle, comme partout où l'homme retrouve, en luttant contre le temps et l'oubli, le patrimoine de l'humanité. La France a révélé au monde que les ruines d'Olympie n'avaient pas péri : l'Allemagne lui a fait connaître que ses chefs-d'œuvre n'étaient pas qu'un souvenir, qu'il pouvait les voir et les admirer encore. Il viendra les admirer et s'en réjouir, tant que l'instinct du beau n'aura pas disparu de nos âmes ! Et tant que cet instinct vivra, tant que les restes du temple de Jupiter braveront les siècles, les noms d'Abel Blouet et d'Ernest Curtius ne périront pas. L'architecte français et l'archéologue allemand ont su réveiller les morts : qu'ils aient l'immortalité pour récompense !

1. Suétone, *Vie de Caligula*, XLVII.

I

A l'ouest du Péloponnèse, là où l'Alphée, sorti des montagnes d'Arcadie, reçoit le Kladeos, entre ces deux torrents et le versant méridional du mont Kronios, s'étend une plaine basse et marécageuse, l'Altis ou Terrain Sacré d'Olympie[1]. Ces lieux nous apparaissent tout d'abord comme le théâtre d'une lutte religieuse entre le culte pélasgique de Saturne et le culte aryen de Jupiter. Kronos ou Saturne, disaient les guides éléens, fut d'abord honoré à Olympie, sur la colline qui reçut son nom ; puis ce fut là que les cinq frères, les Dactyles de Crète, veillèrent sur Jupiter enfant, menacé par les terreurs de son père. Devenu grand, Jupiter lutta contre Saturne, le vainquit, et institua après sa victoire des jeux où Apollon battit Hermès à la course et Arès au pugilat. Ainsi l'origine des jeux d'Olympie, comme l'oracle qui fit de bonne heure sa renommée, était attribuée à l'inspiration de Jupiter.

Ces récits ont une couleur toute mythique ; mais, à une époque plus récente, la solennité des jeux d'Olympie apparaît avec un caractère politique très remarquable. Iphitos, roi d'Élis, contemporain du Spartiate Lycurgue, voyait le Péloponnèse déchiré par des guerres et ravagé par des pestes. Il consulta l'oracle de Delphes, et les prêtres conseillèrent de renouveler les fêtes olympiques, dont mille luttes intestines avaient interrompu la célébration. La Grèce devait oublier ses querelles pour vaquer à ses devoirs religieux. Iphitos s'unit à Lycurgue pour proclamer la trêve sacrée, *Ekechiria*, idée bien extraordinaire dans le cerveau d'hommes d'il y a vingt-huit siècles, et que la piété chrétienne a retrouvée au moyen âge. Tous les cinq ans, peu de temps avant la fête, des messagers

---

1. L'Altis était autrefois plantée d'arbres, et c'est de là que lui vient son nom, car *altis* est une forme dialectale de *alsos*, qui signifie *bois sacré*.

devaient parcourir la Grèce, et proclamer pendant un mois
l'apaisement de toutes les discordes. Deux fois seulement,
dans l'histoire grecque, la trêve sacrée fut violée, et deux fois
les violateurs, Philippe de Macédoine et les Spartiates, expiè-
rent volontairement leur faute. Les noms d'Iphitus et de
Lycurgue devraient être inscrits en lettres d'or parmi les précurseurs de notre *Ligue de la paix*.

Bientôt les jeux d'Olympie effacèrent par leur éclat l'importance du vieil oracle et devinrent le rendez-vous de toute
la Grèce. « Chez les Grecs, dit Cicéron, une victoire olympique passe pour plus glorieuse que le triomphe à Rome. » Les
vainqueurs avaient le droit de faire placer leur statue dans
l'Altis, et ne manquaient jamais d'offrir aux dieux protecteurs
de riches présents et des œuvres d'art. De là, cette prodigieuse accumulation d'ex-voto, qui, au ii° siècle après notre
ère, faisaient l'admiration du voyageur Pausanias. Dans
l'Altis seule, on comptait trois mille statues, dont quarante-
cinq images de Jupiter. C'est à Olympie que les rois et les
chefs de peuples venaient chercher les victoires les plus aimées
et cueillir ces couronnes d'olivier qu'aucun sang ne devait ter-
nir. C'est à Olympie que les plus grands écrivains, Hérodote,
Gorgias, Isocrate, offraient à la Grèce assemblée les prémices
de leurs chefs-d'œuvre. Thucydide, presque enfant, y écoutait
Hérodote et sentait son âme d'historien transportée par
une sublime émulation. Isocrate y récitait le panégyrique
d'Athènes et Flamininus y annonçait à la Grèce trop crédule
que Rome lui faisait présent de la liberté.

Il faut lire dans le *Jeune Anacharsis* de Barthélemy —
un chef-d'œuvre que nous oublions trop — la description de
ces luttes de chars, de ces courses de jeunes gens et de jeunes
filles, du *pentathle*, espèce de tournoi où le vainqueur définitif
devait avoir vaincu dans les cinq épreuves du saut, de la
course, de la lutte, du jet du disque et du javelot. Il faut se
représenter par l'imagination ce grand concours de peuples et
de rois, briguant, dans des luttes pacifiques, une immortalité
que le temps a respectée. On sait dans quel magnifique lan-

gage Pindare célèbre la victoire du roi Hiéron de Sicile, vainqueur à la course du cheval : « O mon âme, ne poursuis plus de tes regards, parmi les cieux déserts, quelque étoile splendide plus chaude que le soleil, et ne cherche pas pour sujet de tes chants un combat plus glorieux que celui d'Olympie... Un dieu, Hiéron, un dieu veille sur toi, il se fait un soin de protéger tes travaux. Et, s'il ne te délaisse pas trop tôt, je pourrai, je l'espère, dans la vallée du haut Kronios, trouvant à mes paroles une route nouvelle, célébrer le succès, plus doux encore, de ton quadrige rapide, et de mes chants aider à ta renommée [1]. » D'autre part, on a signalé avec raison [2] le rôle civilisateur de ces réunions, qui mettaient en contact les peuples plus policés avec d'autres moins avancés dans le culte des arts et des belles-lettres. La célébration des jeux olympiques était un si grand événement pour toute la Grèce, qu'elle adopta de bonne heure comme ère une des premières célébrations de ces jeux, en 776 avant J.-C. Les écrivains romains eux-mêmes choisissent plus souvent l'ère olympique que celle de la fondation de Rome, postérieure seulement à celle-ci de vingt-trois ans.

Onze siècles après l'institution des jeux d'Olympie, une révolution profonde transformait la société antique. Le paganisme mourait, le culte de Jupiter ne trouvait plus de fidèles. En même temps, les Barbares entraient dans l'Empire et inondaient le Péloponnèse. Alors commença la longue ruine d'Olympie. On cessa d'entretenir les digues, les terrassements, les levées destinés à contenir, pendant l'hiver, le cours impétueux de l'Alphée ; le gravier du fleuve roula sur l'Altis abandonnée, dont Théodose avait proscrit les jeux en 394. La statue de Jupiter fut transportée à Byzance, où un incendie la consuma. Le temple lui-même devint la proie des flammes en 426 et de grands tremblements de terre, au vi⁰ siècle, jonchèrent le sol de ses débris mutilés.

---

1. Pindare, *Olympiques*, p. 1 et 10 de la traduction Egger-Boissonnade, 1867.
2. Beulé, *Le Péloponnèse*, p. 243.

II

Pendant les quinze siècles qui suivirent, l'histoire d'Olympie est une page blanche. Le voyageur anglais Chandler, qui visita le Péloponnèse en 1726, n'y trouva qu'un désert, où tout semblait avoir péri. C'est en vain que notre grand Montfaucon, par un pressentiment de génie, exhorta l'évêque de Corfou, Quirini, à rechercher les monuments dont la terre d'Élide, disait-il, *devait être farcie*[1]. C'est en vain que Winckelmann, l'illustre créateur de l'histoire de l'art, parla, dès 1767, d'obtenir un firman pour fouiller le Stade : « Cela me tient au cœur, écrivait-il, autant que mon histoire de l'art. » Mais cette idée, encouragée par les découvertes de quelques paysans, était chimérique alors et devait rester lettre morte. D'ailleurs, Winckelmann n'aurait rien trouvé au Stade, qui n'a donné aucun objet important. — Après Chandler, les Français Fauvel et Pouqueville, les Anglais Dodwell, Gell et Leake passèrent à Druva[2] et rapportèrent des descriptions du pays. A cette époque, les Albanais de Lala creusaient dans le sable de l'Altis et cherchaient des moellons qu'ils employaient à leurs constructions grossières. En 1812, une discussion s'éleva à l'Institut de France pour savoir si Olympie avait été une ville ou seulement un sanctuaire : cette discussion provoqua le voyage de l'Anglais Stanhope et de l'architecte Allason, qui donnèrent un excellent plan de la plaine[3]. Mais c'était à la France qu'il était réservé de découvrir le temple de Jupiter[4]

---

1. 14 juin 1723 (*Corresp.*, t. III, p. 213).

2. Druva et Lala sont deux misérables villages modernes, sur les collines qui dominent l'Altis. Par crainte des fièvres de la plaine, les étrangers s'installent toujours à Druva.

3. J'emprunte ce détail et quelques autres à un savant article de M. Hirschfeld, l'un des directeurs des fouilles allemandes, dans la *Deutsche Rundschau* de novembre 1877.

4. Les ruines du temple, aperçues en 1787 par Fauvel, avaient disparu depuis sous le sable et la végétation.

et d'y commencer un travail vraiment scientifique, point de
départ des grands travaux qui durent encore. Si Olympie est
aujourd'hui autre chose qu'une plaine humide plantée de
vignobles, l'honneur incontestable, sinon incontesté, en
revient pour une large part à Blouet et à l'expédition de Morée.

C'est une carrière bien digne d'admiration que celle de
Guillaume-Abel Blouet. Fils d'artisan, artisan lui-même, il
commence à étudier l'architecture vers dix-huit ans, et à vingt-
six ans il remporte le prix de Rome. À Rome, il prépara sa
restauration des Thermes de Caracalla, une des plus belles
monographies dont s'honore l'architecture française [1]. Plus
tard, il devait diriger l'achèvement du monument le plus grandiose de Paris, l'Arc de Triomphe de l'Étoile. En 1829, il fut
chargé d'accompagner l'expédition de Morée, à titre de directeur de la partie artistique. Malheureusement, on lui adjoignit
comme collègue un archéologue médiocre, Dubois, de l'ancienne école des antiquaires collectionneurs, qui s'obstinait
à ne chercher que des objets de musée là où Blouet se serait
attaché de préférence à faire revivre l'antiquité elle-même, dont
il comprenait si bien les formes et l'esprit [2].

L'expédition de Morée, plus heureuse que l'expédition
d'Égypte, a cela de commun avec elle que la science et la
gloire des armes y marchent de pair. L'architecte et l'archéologue suivaient partout les pas du général ; celui-ci rendait la
liberté à la Grèce nouvelle, ceux-là rendaient la Grèce
ancienne au monde savant. Blouet passa six semaines à
Olympie, et pendant ce court espace de temps, il trouva
moyen de relever des plans très exacts, de prendre plusieurs
vues de détail et de déblayer une partie du temple de Ju-

1. *Restauration des Thermes d'Antonin Caracalla*, in-fol. Paris, 1828-30.
2. Trop de personnes s'imaginent encore que l'archéologie se propose avant
tout de rassembler des bibelots. Depuis le voyage à Athènes de Stuart (1750),
on a compris que le point important était de faire revivre des ensembles, dont
l'intelligence, d'ailleurs, peut seule conduire à l'explication des objets isolés.
Trouver des chefs-d'œuvre en marbre ou en bronze est sans doute une bonne
fortune d'archéologue ; mais l'art n'est qu'une face de la vie antique, et la résurrection de la vie antique tout entière est le but suprême de l'archéologie.

piter. On soupçonnait vaguement, au milieu de la plaine,
l'existence des ruines d'un temple ; mais, avant Dubois et
Blouet, ces ruines n'avaient pas reparu à la lumière. Pendant que Dubois faisait un grand trou du côté de la face, Blouet
réunissait les éléments d'une restauration qui, aujourd'hui
encore, est utile à consulter [1]. Il est fâcheux que Blouet n'ait
pas étendu ses fouilles au delà du périmètre du temple :
encore quelques efforts, et les pioches françaises eussent rencontré la *Victoire* de Péonios, qui figurerait, avec les autres
découvertes de la mission, au musée du Louvre [2]. Ces découvertes sont d'une extrême importance et forment, sans contredit, la plus belle partie des métopes du temple, dont on vient
de retrouver d'autres restes. On peut voir au Louvre ces chefs-
d'œuvre de force et de science, qui s'appellent le *Lion de
Némée vaincu par Hercule, Minerve protectrice d'Hercule
assise sur un rocher, Hercule domptant le taureau crétois.*
La correction de l'art classique s'allie, dans ces métopes, à un
reste de sévérité et de rudesse archaïques. Toutefois, répétons·
le, ce qui constitue le vrai mérite de Blouet, ce sont les planches qu'il a fait graver dans la grande relation de l'expédition
de Morée. La comparaison entre ses dessins et ceux que l'architecte Adler a donnés dans la publication allemande —
provisoire, nous le croyons volontiers — fait bien ressortir la
valeur du travail français ; il va sans dire que dans celui-ci
l'exécution matérielle est admirable, tandis que le dessin et
la gravure des planches allemandes paraissent, à côté, d'une
faiblesse presque enfantine.

Si nous insistons ainsi sur les services de l'architecte français, c'est qu'on ne lui a pas toujours rendu justice. N'est-il
pas déplorable qu'un savant éminent comme M. Curtius ne se
soit pas souvenu du nom de Blouet, en écrivant sa préface

---

1. *Expédition de Morée*, t. I, p. 65 et suiv. (Paris, Firmin-Didot, 4 vol. gr.
in-fol., 1831.)

2. M. Hirschfeld prétend que les fouilles de Blouet furent suspendues sur
les réclamations de Capo d'Istria ; mais il ne donne point de preuve d'une
allégation aussi grave, reposant sur les vagues souvenirs d'un paysan grec.

triomphante au premier volume des *Fouilles d'Olympie*? Espérons que dans l'ouvrage définitif qu'il prépare, il saura rendre
un légitime tribut d'hommages à l'homme modeste et savant
qui l'a précédé, et qui se réjouirait sans doute aujourd'hui
d'avoir trouvé un pareil continuateur.

III

Après l'expédition de Morée, un dilettante extravagant, le
prince de Pückler-Muskau, essaya en vain d'obtenir du gouvernement grec le droit de déblayer la plaine d'Olympie. Puis
Ludwig Ross, conservateur des antiquités à Athènes, ouvrit
dans le même dessein une souscription qui échoua. Bientôt le
terrain sacré fut planté de vignes, les sables et les éboulements
remplirent de nouveau les tranchées françaises. En 1842,
M. Ernest Curtius arriva devant Olympie avec son illustre
maître, Otfried Müller, le plus grand esprit qui ait jamais mis
son activité au service de la science archéologique. Après une
longue promenade, Otfried Muller dit à M. Curtius : « Mon
ami, quels chefs-d'œuvre à rendre à la lumière pour ceux qui
viendront après nous ! » Il ne se doutait pas que son com-
pagnon de voyage fût destiné à accomplir sa prophétie. Depuis
ce jour, M. Curtius, au milieu des succès de sa carrière d'archéologue, n'a eu qu'un désir, une idée fixe : fouiller Olympie.
Après trente ans d'attente, de supplications vaines, il a obtenu
tout ce qu'il demandait ; il a mené à bonne fin les plus étonnantes fouilles de ce siècle ; avouons que si Otfried Müller est
le plus grand des archéologues, M. Curtius est le plus heureux.
Seulement, M. Curtius doit se dire quelquefois comme nous :
« Ah ! si Otfried Müller était encore là pour voir cela ! »

En même temps que M. Curtius, Beulé, qui avait si bril-
lamment débuté sur l'Acropole d'Athènes, réclamait avec
persistance que la France reprît les fouilles de Blouet. M. Curtius écrivait en 1852 : « De nouveau l'Alphée roule son
gravier et sa fange sur le terrain sacré de l'art, et nous deman-

dons, avec une angoisse croissante, quand l'on rouvrira
enfin le sein de cette terre féconde, pour rendre au jour les
chefs-d'œuvre des anciens ! Car ce qui repose là dans les
profondeurs obscures de la terre, c'est la vie même de notre
vie ! » Et Beulé écrivait en 1855 [1] : « Ce n'est qu'en remuant
le sol et en cherchant les pierres enfouies sous douze pieds
de limon qu'on pourra reconstruire l'Altis avec certitude.
Il est presque sûr que des fouilles étendues et dispendieuses
découvriraient les fondements et les premières assises de la
plupart des monuments d'Olympie, comme il est arrivé pour
le grand temple de Jupiter. » Mais Napoléon III avait d'autres
préoccupations que l'archéologie grecque et ne tenta aucune
démarche pour faire continuer l'œuvre de Blouet.

Enfin, en 1874, les vœux de M. Curtius furent entendus.
Un traité entre l'empire allemand et la Grèce, ratifié à Athènes
en 1875 malgré l'opposition de quelques Hellènes mal inspirés,
donnait tous les droits à l'Allemagne pour faire des fouilles à
Olympie, en réservant expressément à la Grèce la propriété
des objets à découvrir. C'est donc pour la science seule et
pour la gloire archéologique la plus désintéressée, que
l'Allemagne, depuis cinq ans, a dépensé plus de 1,100,000
francs [2]. Voilà peut-être la seule partie de nos cinq milliards
qui n'ait pas été employée à l'encontre de la civilisation.

Ainsi soutenue par son gouvernement, qui lui ouvrait du
premier coup un crédit de près de 100,000 francs, l'expédition
allemande n'eut pas, il faut l'avouer, de bien grandes difficultés à vaincre. Les ennuis du tâtonnement lui étaient
d'ailleurs épargnés, et cela grâce aux tranchées françaises,
qui permettaient de commencer les fouilles au cœur même du
temple de Jupiter. C'est là un fait qu'il serait injuste de

1. *Le Péloponnèse*, p. 259.
2. Les fouilles de M. Wood à Éphèse ont coûté 600,000 francs ; celles de
M. Schliemann à Troie, 100,000 ; celles de M. Koumanoudis à l'Asclépiéion (sud
de l'Acropole d'Athènes), 150,000 ; celles de M. Karapanos à Dodone, 100,000 ;
celles de M. Rayet à Milet, 75,000 ; celles de M. Homolle à Délos 15,000 (jusqu'en 1880) ; celles de M. Humann à Pergame, 250,000. On voit que le chiffre
dépensé à Olympie n'avait jamais été atteint.

méconnaître et sur lequel certains narrateurs glissent trop volontiers. « Le commencement, disait Aristote, est la moitié de toute chose. » Un texte de Pausanias témoigne que l'autel du temple de Jupiter occupe le milieu même de l'Altis ; les pioches allemandes n'ont donc eu qu'à rayonner autour de l'espace déblayé par l'architecte français. Mais l'histoire, nous en avons la certitude, saura rendre à chacun ce qui lui est dû. Disons tout de suite que les fouilles, dirigées par un comité où ont figuré MM. Curtius, Busch, Hirschfeld, Adler et Bœtticher, ont été conduites admirablement. On ne s'est pas contenté, comme presque partout ailleurs, de faire des tranchées : six cents ouvriers, disposant de bêtes de somme et de chariots, ont transporté au loin toute la terre qui ensevelissait l'Altis à une profondeur de six à huit mètres. Aujourd'hui, le coup d'œil est vraiment extraordinaire. Cet ensemble de temples et de monuments s'offre à la vue sans solution de continuité, comme encadré par le rempart naturel formé du sol actuel demeuré intact. M. Curtius n'a pas résidé tout le temps dans la petite maison que l'expédition allemande s'est fait construire sur les hauteurs de Druva. Des jeunes gens en assez grand nombre sont venus pour activer l'entreprise et compléter leur instruction à cette école d'archéologie militante. Il faudrait plus qu'une mention pour tous ces auxiliaires dévoués, dont le zèle scientifique n'a été égalé que par leur hospitalité toujours en éveil à l'égard des visiteurs étrangers. Après le départ de M. Curtius, les travaux ont été dirigés sur place par un savant aussi exact qu'ingénieux, M. Treu, auquel on doit la restauration des groupes des frontons, tels qu'on les voit en plâtre au musée de Berlin et tels qu'on les verra bientôt, nous l'espérons, au musée des moulages du Trocadéro.

Mais nous avons assez parlé du mérite des hommes : insistons maintenant sur la valeur des choses, qui n'appartiennent en propre à aucun peuple, mais sont le bien reconquis de l'humanité.

IV

Plaçons-nous sur le mont Kronios, cette colline boisée chantée par Pindare, qui domine au nord, comme une sorte d'observatoire, l'emplacement des travaux. Une vallée d'environ cinq cents mètres de large sur deux cent cinquante de profondeur s'étend devant nous. C'est là qu'est l'Altis, l'enceinte sacrée d'Olympie, fermée de toutes parts par des murs qu'Hercule, fils d'Alcmène, avait tracés. La plaine d'Olympie est ouverte du côté de la mer vers l'ouest, mais entourée dans toutes les autres directions par une ceinture de collines peu élevées, très abruptes en certains endroits et couvertes d'une abondante végétation d'ilex, de sapins et d'autres arbres toujours verts [1].

A l'ouest, la vallée est bornée par le Kladéos, qui serpente du nord au sud le long du terrain sacré et va plus loin tomber dans l'Alphée. L'Alphée, qui coule le long du sud de la plaine, change continuellement de cours : rempli d'îles sablonneuses pendant l'été, il s'enfle aux premières pluies de l'hiver et vient inonder les plaines voisines. Le centre de l'Altis est occupé par l'autel de Jupiter, le sud-ouest par son temple, grand périptère dorique construit d'une sorte de pierre calcaire particulière au pays et qui porte encore distinctement les traces d'un revêtement de stuc. La toiture seule, œuvre de Byzès de Naxos, était en marbre de Paros; sauf dans les œuvres d'art, le marbre est rare à Olympie. Les dimensions du temple sont de soixante-trois mètres sur vingt-sept, avec six colonnes en largeur sur treize en longueur. Il n'est donc que très peu plus petit que le Parthénon d'Athènes. Monument des victoires des Éléens sur les Pisates, qui cherchaient vainement à s'affranchir, ce

---

1. Voir la description qu'en a donné le colonel Mure, *Tour in Greece*, vol. II, p. 281.

temple, commencé vers 576 par l'architecte Libon, dut être
achevé vers le milieu du v° siècle. Le toit de la cella était
ouvert au milieu, et la statue du dieu par Phidias, placée
dans une sorte de chapelle spéciale, était adossée au mur qui
séparait la cella de l'opisthodome.

L'autel de Jupiter, formé de la cendre des os des victimes
mêlée à l'eau de l'Alphée, était le point central de l'Altis ; les
Éléens et beaucoup de particuliers y faisaient journellement
des sacrifices. Chaque année, à l'équinoxe du printemps, on y
ajoutait une nouvelle couche de cendres, et la hauteur de
l'autel augmentait ainsi régulièrement. Elle était déjà de sept
mètres au temps de Pausanias.

En déblayant le temple de Jupiter, où la base en marbre
noir de la statue de Phidias se reconnaît immédiatement, les
archéologues allemands ont vainement cherché quelque menu
fragment d'or ou d'ivoire détaché de la statue au moment de
son transfert à Byzance. Malheureusement pour nous, les ingé-
nieurs byzantins travaillaient à merveille, et le chef-d'œuvre
de l'art grec, célébré par tant d'éloquence et de poésie, a péri
irrévocablement tout entier. On n'est même pas parvenu,
jusqu'à présent, à en donner, d'après quelques monnaies
d'Élis, une restauration satisfaisante ; par contre, on a dû
abandonner l'ancienne opinion, soutenue par Quatremère
de Quincy, qui voyait dans le *Jupiter Verospi*, du Vatican,
une copie romaine du *Jupiter* de Phidias.

Parallèlement au temple de Jupiter et au pied même du
Kronion, s'étend le temple de Junon ou Héraion, d'un tiers
plus petit que le temple de Jupiter. Il est remarquable que les
colonnes doriques de ce vieux temple diffèrent toutes entre
elles, particularité qu'on explique en disant qu'elles ont été
mises en place à diverses époques, à mesure que les anciennes
colonnes de bois tombaient de vétusté. La tête archaïque de
la Junon du sanctuaire a été retrouvée. Un heureux malheur
a voulu qu'un éboulement du Kronion ait enseveli le temple
à une époque relativement ancienne ; aussi l'*Hermès* de Praxitèle, qu'on y a découvert, là même où Pausanias le signa-

lait, est d'une conservation supérieure à celle des autres statues d'Olympie.

Entre le temple de Jupiter et celui de Junon se trouve le Pélopéion, temple très ancien et de forme singulière, autrefois planté d'arbres entre lesquels s'élevaient des statues. Une longue galerie, nommée *Portique de l'écho*, longeait le côté oriental de l'Altis. A l'issue nord-ouest de cette enceinte, vers le Gymnase, on voit les restes du Prytanéion, où brûlait un feu éternel sur un autel de cendres et où l'on célébrait avec pompe le repas solennel des vainqueurs aux jeux.

A l'est de l'Altis s'étend le stade, qui n'a encore été déblayé qu'en petite partie. Au pied du Kronion, on trouve successivement, en allant de l'est à l'ouest, une série de douze petits temples ou trésors remplis d'offrandes par les différents peuples de la Grèce ; les offrandes ont disparu, mais beaucoup d'inscriptions précieuses sont restées. Tout auprès, nous voyons le Métroon, ou temple de la Mère des dieux ; l'Exèdre d'Hérode Atticus, ce rhéteur millionnaire qui a laissé partout des traces de sa magnificence ; l'Héraion enfin, et, plus à gauche, un petit temple circulaire commencé par Philippe de Macédoine après la bataille de Chéronée, et nommé, d'après lui, Philippéion. Si nous franchissons maintenant le mur occidental de l'Altis, nous entrons dans la Palestre, entre le Philippéion et le Kladéos. Si, d'autre part, nous descendons vers le sud, nous remarquons une église byzantine d'un style curieux, déjà déblayée par l'expédition française. Une très grande construction quadrangulaire s'étend au delà de l'angle sud-ouest de l'Altis[1]. — La description qui précède, toute brève qu'elle est, peut servir à compléter les cartes des ruines d'Olympie données dans les ouvrages plus anciens[2].

---

1. On y a reconnu en 1886 le *Léonidaion*. — 1887.

2. Par exemple l'*Itinéraire en Orient* du Dr Isambert (1873). Une carte générale a été publiée par la commission allemande, planches 29 et 30 du troisième volume des *Ausgrabungen*, à l'échelle d'un centimètre pour dix mètres. Elle a été souvent reproduite ou réduite depuis.

V

Les deux premières campagnes des fouilles d'Olympie ont produit 587 objets en marbre et 200 inscriptions. Les années suivantes ont été encore plus fructueuses. Il y a aujourd'hui, dans les trois granges qui servent de musée local, 1,000 inscriptions et près de 3,000 objets d'art, en bronze, en marbre et en terre cuite. Il faudrait, pour décrire ces richesses, plusieurs volumes et d'innombrables planches; nous ne pouvons même pas signaler toutes les pièces de premier ordre. Mais nous voulons d'abord exprimer un regret, c'est que ces trésors de l'art, si dignes d'être connus, soient si mal préservés et si peu accessibles. Nous souhaiterions tout au moins que la *Victoire*, que l'*Hermès*, que les bronzes les plus précieux, fussent transportés au musée d'Athènes, où le monde entier pourrait venir les admirer. On va bientôt, dit-on, construire un musée à Olympie; rien de mieux; on y placera les frontons, dont l'intérêt est augmenté par le voisinage du temple qu'ils ornaient. Mais pourquoi garder là des œuvres d'art venues d'ailleurs, qui n'ont aucune signification locale ? Laissez les fresques dans les palais déserts, mais transportez les tableaux de chevalet dans les grands centres. Actuellement, il faut un vrai courage pour s'aventurer jusqu'à Olympie, à travers un pays pauvre, malsain, presque sans routes, où l'on est trop heureux encore de rencontrer un mauvais gîte et de n'être pas obligé de passer la nuit à la belle étoile[1]. Et quel triste spectacle, en arrivant à Olympie, de voir, sous des bâtisses en bois qui semblent appeler l'incendie, la *Victoire* et l'*Hermès* couchés sur la terre humide, exposés aux intempéries des saisons ! Il est une passion plus forte encore chez les Grecs que le patriotisme hellénique, c'est le patriotisme local. Pyrgos, la bourgade la plus voisine d'Olympie, refuse de

---

1. Ces conditions se sont bien améliorées depuis 1880. — 1887.

laisser partir pour Athènes les œuvres trouvées sur son territoire. Il faut, toutefois, que les Pyrgiens finissent par comprendre leurs intérêts : aujourd'hui, il n'y a que des archéologues de profession qui puissent affronter le voyage
d'Olympie, et quand même l'*Hermès* et la *Victoire* seraient à
Athènes, les archéologues feraient ce pénible trajet en tout
aussi grand nombre, pour étudier les temples, les frontons,
les inscriptions, restes aussi intéressants pour eux que ces
deux chefs-d'œuvre. Pyrgos ne perdrait pas un seul visiteur et
Athènes en gagnerait tous les ans quelques centaines, attirés
de l'Italie, de la France et de l'Allemagne par la réputation
de ces merveilles de l'art. Qui sait si plusieurs de ces nouveaux venus ne se décideraient pas au pèlerinage d'Olympie ?
Ce sont là des raisons d'ordre tout pratique et presque
commercial ; nous croyons pourtant devoir les faire valoir ici,
espérant que les Péloponnésiens ne tarderont pas à s'y rendre,
dans leur intérêt comme dans celui du monde savant.

Nous ne connaissions encore, avec quelque exactitude, que
les frontons de deux temples grecs, ceux du Parthénon,
aujourd'hui à Londres, et du temple de Minerve à Égine,
qu'on voit à Munich. Les fouilles du temple de Jupiter nous
en ont révélé deux nouveaux, connus seulement jusqu'ici par
la description assez exacte de Pausanias : le fronton est,
représentant les préparatifs de la lutte entre Pélops et Œno-
maüs, œuvre de Péonios de Mendé, suivant Pausanias ; le
fronton ouest, figurant le combat des Lapithes et des Centaures, par Alcamène de Lemnos.

Des douze métopes qui représentaient les exploits d'Hercule, les plus remarquables, sauf une, sont au musée du
Louvre depuis 1831. Celle qui nous manque, retrouvée dès
1875, est un des chefs-d'œuvre de l'art archaïque. Elle
représente Hercule portant sur sa tête le ciel, dont un coussin
amortit le poids. Atlas, debout devant Hercule, tient les
pommes d'or dans sa main droite ; à gauche est placée une
Atlantide, vêtue du péplos dorique, qui retombe en plis
verticaux comme dans la fameuse Vesta Giustiniani. La grâce

sévère de l'Atlantide, l'expression sereine de l'effort sur la
tête et le torse de l'Hercule donnent à cette sculpture de style
sévère une majesté difficile à décrire. On y voit l'auteur
des métopes du Louvre dans l'inspiration de sa meilleure
heure. Mais passons à des œuvres où le génie grec se révèle à
nous sous un autre jour, avec des inégalités et des rudesses
que l'on était loin de pressentir.

Quelque remarquables qu'aient été les résultats des fouilles
d'Olympie, on peut dire dans un sens qu'il y a eu déception
pour les chercheurs. On croyait savoir que, vers 430, Phidias
et son école s'étaient transportés à Olympie, pour terminer
la décoration sculpturale du temple de Jupiter, et l'on s'attendait à y rencontrer des œuvres d'art de l'école attique, des
merveilles d'élégance et de majesté calme, inspirées par le
génie de Phidias. Quel ne fut pas l'étonnement des archéologues lorsqu'au lieu de trouver ce que l'on attendait, on se
heurta — c'est le vrai mot — à des œuvres grandioses,
brutales, violentes, plus semblables à du Michel-Ange qu'à
du Phidias, exécutées avec une énergie et parfois une incor-
rection qu'on n'aurait jamais soupçonnées chez les premiers
maîtres de l'art grec ! C'est, a-t-on dit spirituellement, l'histoire du chasseur qui va tirer des chevreuils et qui se trouve
tout à coup face à face avec un sanglier [1].

On s'aperçut du premier coup que l'histoire de l'art au
v° siècle était à refaire. De ces deux génies brutaux, l'un,
Péonios, passait pour « un élève assagi de Phidias » ; l'autre,
Alcamène, auteur d'une Vénus célèbre jadis à Athènes, était
si bien catalogué parmi les artistes aimables qu'on le rappro-
chait généralement de Praxitèle. Un grand critique allemand,
M. Brunn, soutint alors, avec beaucoup d'érudition, que
Péonios n'était pas, comme on le croyait, un élève de Phi-

1. M. Olivier Rayet, dans la *Gazette des Beaux-Arts* de 1877. Au moment où
personne encore n'avait osé formuler un jugement d'ensemble sur des trouvailles si déconcertantes, M. Rayet a écrit un article plein de science et d'idées
pour remettre Péonios à sa vraie place. C'est un coup de feu tiré avant le
signal, et qui a porté juste.

dias, mais qu'il appartenait à une école locale encore mal
connue, l'école de Thrace, dont les monnaies de Thasos et le
beau bas-relief rapporté de Pharsale par M. Heuzey seraient,
entre autres, des monuments. On a dépensé beaucoup d'encre
et d'érudition pour réfuter cette hypothèse, et il est probable,
à moins de découvertes nouvelles et décisives, qu'on en dépen-
sera encore plus pour la défendre. Remarquons seulement que
Raoul-Rochette avait déjà signalé, en 1831, dans les œuvres
présumées de Péonios, non seulement une brutalité étrange,
mais un certain *caractère provincial*. C'est une preuve nouvelle
de la sagacité de ce savant que l'on oublie trop aujourd'hui,
et dont les écrits, d'ailleurs lourds et sans grâce, ont toujours
été moins lus en France qu'en Allemagne.

Les deux frontons d'Olympie présentent plusieurs traits de
ressemblance. D'abord, le caractère décoratif des figures,
dont certaines parties, qui ne pouvaient être vues d'en bas,
ne sont pas même indiquées. Le spectateur, il faut toujours
s'en souvenir, était placé dix-sept mètres plus bas que les
frontons du temple. En second lieu, les nus sont d'une exécution supérieure, bien que parfois triviale, et le sentiment
de la vie s'y trouve à un degré saisissant ; en revanche, les
draperies laissent beaucoup à désirer, tantôt dures et pauvres,
tantôt capricieusement flottantes. On sait que l'agencement
des draperies était le triomphe de l'école attique [1], tandis que
les artistes du Péloponnèse excellaient dans le rendement du
nu. Pour ce qui est de la composition, il faut reconnaître
que celle de l'est est un peu froide et naïve, tandis que celle
de l'ouest, à tous égards la meilleure, prête à la critique par
la brutalité des mouvements.

Il est inutile de reprendre ici l'histoire d'Œnomaos, ce
père terrible de la belle Hippodamie, qui, ayant appris qu'il
serait tué par son gendre, défiait à la course et tuait lui-
même tous les prétendants de sa fille. Pélops, petit-fils de

---

1. Voyez par exemple la *Victoire attachant sa sandale*, au Musée de l'Acropole, ou les prétendues *Parques* du Parthenon, au British Museum.

Jupiter, corrompit le cocher d'Œnomaos, vainquit le redoutable jouteur et réalisa la prédiction de l'oracle. Péonios ne pouvait, sur un fronton, représenter les péripéties de la lutte : il n'en a montré que les apprêts. Jupiter est au centre, Œnomaos à sa droite, Pélops à sa gauche ; de part et d'autre, Stérope, Hippodamie, des serviteurs, des attelages, et, aux angles, les deux fleuves d'Olympie, figurés comme des personnages couchés familièrement, l'Alphée et le Kladéos. Partout la rigoureuse symétrie qui caractérise les frontons d'Égine, et dont l'art doit savoir se dégager pour suivre cette liberté de l'inspiration sans laquelle il n'est pas plus de beauté que de vertu. Les statues des fleuves dont l'une, l'*Alphée*, rappelle l'*Ilissus* du Parthénon, sont, avec le torse de Jupiter placé au centre, les chefs-d'œuvre du fronton de Péonios. C'est un art réaliste, qui ne recule devant aucune brutalité, mais qui parle franchement, frappe fort, et ne se donne pas la peine d'être délicat. En style d'atelier, on dirait que c'est « sculpté à la diable ». Cheveux, barbes, accessoires, tous les détails sont à peine indiqués. Il est vrai que la couleur, dont il reste encore quelques vestiges, suppléait à l'insuffisance du modelé. Le parti pris de réalisme est surtout sensible dans une figure de vieillard assis, à l'air énergique et rogue, aux lèvres gonflées et dures, création puissante sans analogue dans l'art antique. Il y a là des airs de tête qui surprennent tellement qu'on se demande si l'on est vraiment en présence d'œuvres grecques sculptées du temps de Phidias.

Alcamène n'est pas moins énergique que Péonios. Il avait à représenter une scène violente, la lutte des Lapithes contre les Centaures, que le brave Thésée vient rappeler à la raison. Il a placé au centre un Apollon, à la mine sévère mais calme[1], qui étend le bras droit vers un Centaure ravisseur. A droite et à gauche du dieu, on voit des scènes d'enlèvement sauvages. A gauche, un Centaure lascif enlace Déi-

---

1. Pausanias se trompe en voyant dans cette figure Pirithoüs.

Héliog.Dujardin.　　　　　　　　　　Imp.Eudes.

HERMÈS ET DIONYSOS.
GROUPE DE PRAXITÈLE.
(Musée d'Olympie.)

damie, dont la tête, admirablement conservée, est d'une beauté sévère qui exclut la grâce. Thésée accourt, combattant avec fureur, au milieu de la mêlée inégale. Le calme de la grande figure d'Apollon contraste merveilleusement avec l'agitation des autres groupes et semble promettre la victoire à la bonne cause qu'elle protège. Mais que de rudesses encore dans ce chef-d'œuvre ! Que de négligences dans le détail ! Et combien la tête si originale de la Déidamie même ressemble peu à l'idée que nous nous faisons d'une belle tête grecque !

On n'a pas trouvé, à Olympie, d'autre travail d'Alcamène ; mais on a déterré, dès le mois de décembre 1875, une œuvre bien authentique de Péonios, la fameuse *Victoire*, érigée par les colons messéniens de Naupacte devant la façade du temple. Le haut piédestal était en place, quoique brisé ; l'inscription dédicatoire se lisait encore : « Les Messéniens et les Naupactiens ont consacré cette statue à Zeus d'Olympie, comme dîme du butin pris aux ennemis. Péonios de Mendé l'a faite, et, pour les acrotères placés sur le temple, il a remporté le prix. » Bien que très mutilée — il manque la tête, les bras et les ailes — cette statue est d'une allure superbe. On la voit s'avancer sur le spectateur, le corps fortement penché en avant, une tunique transparente serrant de près les formes du sein et accusant avec énergie les lignes du ventre et des cuisses. Par derrière, la draperie plus libre se gonfle en longs plis flottants, et l'on a quelque raison de croire qu'elle s'élevait à une grande hauteur. Comme style, cette Victoire rappelle un peu la *Victoire de Samothrace*, qui est au Louvre depuis 1863. Sa découverte a déjà fait naître bien des controverses, dont nos arrières-neveux ne verront peut-être pas la fin. C'est une œuvre vigoureuse, il est vrai, mais il y a loin de cette vigueur à la violence du fronton attribué par Pausanias au même Péonios. Comment laisser à un seul artiste le mérite de productions aussi différentes ? On répond que la *Victoire* devait être vue de près, tandis que les frontons étaient à vingt mètres du sol ; mais nous avons dit que la *Victoire* elle-même était placée sur un piédestal très élevé. Si l'on accepte le renseignement de Pausanias, nous ne connaissons qu'une seule manière de résoudre des difficultés si graves. Le fronton dit de Péonios aura été exécuté sous sa direction, par des artistes du Péloponnèse, ses élèves, et cela à une époque où Péonios n'avait pas encore subi l'influence de Phidias. Phidias arrive à Olympie, révèle à Péonios l'art attique, et Péonios exécute la *Victoire*. Ces changements de style ne sont pas sans exemple dans l'histoire de l'art, mais ils n'en restent pas moins difficiles à expliquer. Que savons-nous, en vérité, des relations de Phidias avec Péonios? Pourquoi l'inscription de la *Victoire*, qui mentionne les acrotères du temple, est-elle muette sur le fronton oriental? En l'absence de textes formels, il vaut mieux se résigner au doute. L'hypothèse sert à tout, mais elle ne suffit à rien.

VI

Arrêtons-nous maintenant devant la merveille du musée d'Olympie, devant cet *Hermès* de Praxitèle, portant sur son bras gauche l'enfant Bacchus, groupe que l'éboulement du Kronion a conservé presque intact dans le temple d'Héra, où Pausanias l'avait signalé il y a dix-sept siècles. Ceux qui virent sortir cette statue du sein des décombres paraissent n'avoir pu en croire leurs yeux. M. Hirschfeld écrivit timidement que ce n'était pas un original, mais une copie d'époque postérieure. Une erreur aussi étrange ne s'explique que par la confusion du premier moment, où le chercheur le plus savant doute de son bonheur, comme pour détourner une déception possible. Si Praxitèle n'a pas fait l'*Hermès*, celui qui l'a fait est l'égal de Praxitèle. Mais l'hésitation n'est plus permise aujourd'hui, depuis surtout qu'on a signalé l'analogie du groupe d'Olympie avec celui de *la Paix et la Richesse*, œuvre du père de Praxitèle, Céphisodote, dont une belle copie antique se voit à la Glyptothèque de Munich.

Il ne manque, dans le groupe d'*Hermès et Bacchus,* que le bras droit de l'Hermès et la partie de ses jambes comprise entre le genou et le pied. Pour tout le reste, c'est peut-être la statue grecque la mieux conservée que nous possédions. La tête et le torse n'ont pas perdu le plus petit éclat de marbre. Les pieds, qu'on a retrouvés récemment — le bas des jambes, qui a servi à faire de la chaux, est malheureusement perdu pour toujours — sont chaussés de sandales attachées par des bandelettes, sur lesquelles brille encore la couleur rouge qui servait de base à la dorure.

Le dieu est debout, appuyé sur la jambe droite, soulevant sur son avant-bras gauche un petit Bacchus souriant, tandis que le bras droit levé tenait vraisemblablement une grappe de raisin, vers laquelle l'enfant paraît vouloir s'élancer. La tête, les cheveux, la poitrine, le bas du torse surtout, sont d'une perfection de travail bien faite pour désespérer les sculpteurs. A ce point de vue technique, l'*Hermès* est peut-être supérieur à la *Vénus de Milo*, qui l'emporte au total par l'incomparable majesté de son attitude. Mais en présence de tels chefs-d'œuvre, il faut admirer et non pas donner des rangs. Dans la tête de l'Hermès se retrouvent au plus haut degré les particularités de l'art attique du IV siècle, tel qu'il nous était déjà connu par quelques œuvres anonymes : les yeux enfoncés, l'arcade frontale accusée, un *sinus* profond entre l'arcade frontale et le haut du front. Les cheveux, légèrement bouclés, sont traités avec une grâce spirituelle ; la main et les pieds sont des chefs-d'œuvre où l'artiste a semblé vouloir se surpasser lui-même. Seule, la partie inférieure de Bacchus est d'un dessin pauvre et vulgaire, d'un modelé mou et indécis, où l'on hésite à reconnaître l'auteur de la figure d'Hermès. Faut-il admettre qu'à la suite d'un accident quelconque, survenu à l'époque romaine, un artiste médiocre aurait, tant bien que mal, rajusté une tête et un torse sur ce qui restait du Bacchus de Praxitèle ? Nous ne le pensons pas ; l'art antique avait ses côtés faibles et presque partout il s'est montré inférieur à lui-même dans la représentation des jeunes enfants [1].

L'Hermès est un vrai Olympien, un immortel toujours beau et toujours jeune. Il n'a rien de ces grâces convenues ni de ces rondeurs banales qui déparent les plus jolies statues gréco-romaines. Il est aussi fort qu'il est beau, en un mot il est dieu. Il a le charme des choses célestes qui ne vieillissent pas. Et, comme si la matière elle-même devait rester en harmonie à travers les âges avec la pensée sereine qu'elle exprime, ce marbre taillé il y a vingt-deux siècles conserve encore une fraîcheur d'épiderme, une perfection de transparence et d'éclat, que l'on n'admirerait, au même degré, dans aucun autre monument de l'art grec. Michel-Ange aveugle aurait choisi ce corps, plutôt que l'*Hercule* du Vatican, pour le caresser de ses mains tremblantes, éprises, jusqu'à la mort, de l'infini dans la beauté.

Voilà donc la pure lumière de l'art attique, de cet art noble, délicat, discret, dont le temple de la Victoire Aptère, en architecture, est comme le symbole et l'image la plus parfaite. Mais cet art, quelque élevé qu'il soit, n'est encore qu'une face du génie grec. A côté de l'école des raffinés attiques travaillait la forte race des artistes du Péloponnèse, sévères, réalistes, parfois brutaux dans l'expression de la force. La perfection, ici comme toujours, a été la synthèse des contraires. Phidias, qui a travaillé au Parthénon, mais qui appartient au Péloponnèse par son maître Agéladas, a concilié l'art spartiate et l'art attique, comme Raphaël devait unir, dans une suite de chefs-d'œuvre, à l'art antique qui épure la forme, l'art chrétien qui épure l'esprit. Phidias a été l'image complète, la plus haute manifestation du génie grec, qui n'est ni spartiate, ni attique, ni corinthien, mais qui est humain. Aussi l'antiquité, tout en admirant Praxitèle, a-t-elle gardé

1. Ajoutons que l'Hermès est une œuvre de la jeunesse de Praxitèle, dont nous plaçons l'exécution vers 364, quinze ans au moins avant la Vénus de Cnide. — 1887.

pour Phidias son meilleur encens. Pausanias, après avoir longuement décrit le *Jupiter*, mentionne en passant l'*Hermès*, sans même lui accorder un mot d'éloge. Si nous pouvions encore, comme Pausanias, voir le *Jupiter* de Phidias, *Jovem præsentem*, qui sait si nous ne suivrions pas son exemple, en réservant notre admiration pour le maître des dieux ?

VII

Le musée d'Olympie est d'une richesse exceptionnelle en bronzes. Si les marbres anciens, au moyen âge, ont servi à faire de la chaux, le bronze a servi à faire de la monnaie, et l'on comprend qu'il ait été plus exposé encore que le marbre à une destruction prompte et irréparable. De là l'extrême importance que l'on attache, dans les musées de l'Europe, aux bronzes grecs, même d'un travail médiocre. Outre des casques, des armes, des inscriptions très anciennes — dont l'une a presque révélé la structure d'un des plus curieux dialectes de la Grèce, l'éléen — Olympie possède une tête d'athlète barbu, découverte l'an dernier, portrait admirable et d'un réalisme saisissant. Citons encore un relief archaïque, représentant Hercule agenouillé tirant de l'arc, et une suite de figurines trouvées au-dessous du temple de Jupiter, qui appartiennent à la période la plus lointaine de l'histoire de l'art. Rappelons aussi une énorme pierre de forme ovale, pesant plus de 300 kilogrammes, sur laquelle on lit cette inscription curieuse : « Je suis la pierre de l'athlète Bybon, qui m'a soulevée de terre d'une seule main, et m'a jetée par-dessus sa tête. » Mais il y a là des trésors de tout genre dont l'étude directe peut seule donner une idée. Cela est surtout vrai de la collection tout à fait unique d'antéfixes et d'acrotères, d'ornements coloriés en terre cuite, dont les teintes sont encore aussi fraîches que si elles étaient sorties hier des mains d'un disciple de Zeuxis.

VIII

Quand nous avons passé à Olympie, au mois d'octobre 1880, trois jours dont nous ne perdrons jamais le souvenir, la dernière campagne des fouilles venait de commencer. Elle ne devait durer que trois mois, vu l'épuisement des crédits votés jusqu'alors. Bientôt donc la plaine d'Olympie sera rendue à la solitude et au silence ; bientôt les chercheurs, qui ont voué leur énergie à cette lourde tâche du déblaiement, retrouveront, la plume à la main, le calme de la vie scientifique. Rencontreront-ils, ailleurs que dans leur conscience, la récompense de leur mérite et de leurs fatigues ? Il est permis malheureusement d'en douter. Malgré le retentissement de ses découvertes, l'expédition d'Olympie n'est pas populaire en Allemagne. Le Parlement, d'abord si généreux, a fini par marchander les subsides. Les militaires se sont inquiétés de voir de si grosses sommes dépensées pour une bonne cause. Le bourgeois s'est lassé de payer les frais de trouvailles dont il ne lui était donné de jouir que par la pensée. Puis, un événement heureux est venu détourner l'attention d'une entreprise dont le bénéfice matériel n'est pas pour l'Allemagne. M. Humann, ingénieur prussien à Smyrne, a rapporté au Musée de Berlin, en 1879, d'admirables hauts-reliefs de l'autel de Pergame, chefs-d'œuvre de l'école de sculpture à laquelle appartient le *Laocoon*. Pour découvrir et mettre en sûreté ces nouvelles richesses, on n'a dépensé que 120,000 francs. Sur le terrain sacré d'Olympie, la victoire de l'Allemagne est tout idéale : on s'est habitué, dans ce pays, à des succès qui se prouvent par le butin.

N'importe ! si la science allemande revient d'Olympie les mains nettes, si les trophées de ces cinq campagnes glorieuses ne doivent jamais prendre la route de Berlin, la victoire n'en est pas moins belle, et la gloire en est certainement plus pure. Heureuse Allemagne, si elle n'eût jamais remporté que de telles victoires ! Heureuse France, si elle eût toujours, comme dans la résurrection d'Olympie, collaboré avec l'Allemagne aux grandes œuvres de la science et de la paix ! Je voudrais qu'on frappât une médaille commémorative des fouilles d'Olympie. Sur la face on verrait la *Victoire* de Péonios, avec ces simples mots : *Germania Olympioneikès.* Sur le revers, on graverait l'*Hermès* de Praxitèle, et l'on choisirait pour devise ce vers de Lucain, qui était vrai de César et qui est plus vrai encore de l'Allemagne :

Perdidit ô qualem, vincendo plura, triumphum [1] *!*

---

[1] Quel triomphe elle perd, pour avoir trop vaincu !

XIV

DEUX RIVALES[1]

Le musée du Louvre a le bonheur de posséder les deux
plus belles statues de femmes que nous ait léguées l'antiquité : la *Vénus de Milo* et la *Victoire de Samothrace*. L'une
et l'autre proviennent de cet Archipel qui a été pendant de
longs siècles la patrie de prédilection de l'esprit humain.
L'une et l'autre sont arrivées à Paris, à travers mille difficultés et mille périls, grâce au dévouement de deux agents
consulaires français, MM. Brest et Champoiseau. Ces statues
ont chacune une histoire, tant avant qu'après leur entrée au
Louvre, et le nombre d'écrits contradictoires qu'elles ont
provoqués formerait déjà une bibliothèque volumineuse.
L'état de mutilation où elles nous sont parvenues a été et
sera longtemps encore un stimulant pour l'imagination des
archéologues et des artistes. Il est fort heureux que ces deux
chefs-d'œuvre n'aient pas été découverts à l'époque de la
Renaissance : ils auraient été sur-le-champ restaurés d'une
façon quelconque, comme l'ont été l'*Apollon du Belvédère* et
le groupe de Dircé, pour ne citer que ces exemples entre
mille, et ces restaurations hâtives les eussent défigurés sans
retour par l'adaptation forcée des parties antiques aux caprices
d'un artiste chargé de les compléter. Tel a été, en effet, le sort
ordinaire des statues restaurées au xvi° siècle; et lors même
que l'on a reconnu plus tard combien les restaurations étaient
mauvaises, on n'a pas osé supprimer des détails qui avaient
pour eux l'autorité du temps et comme le bénéfice de la pres-
cription.

1. *République Française* du 11 août 1884.

La *Vénus de Milo* l'a échappé belle. En février 1821, quand elle arriva à Paris, on la déposa dans les ateliers du Louvre, où l'on se mit en devoir de lui refaire des bras. Comme les sculpteurs préposés à cette besogne ne pouvaient s'entendre sur la position à leur donner, on finit par porter le différend devant le roi Louis XVIII, qui, en homme d'esprit qu'il était, ordonna d'exposer la *Vénus* dans l'état où on l'avait rapportée. Le public put croire, en effet, pendant près d'un demi-siècle, qu'il avait sous les yeux la *Vénus* telle qu'elle était apparue en 1820, aux yeux du paysan Yorgos. Il fallut le siège, la Commune et l'odyssée de la *Vénus* dans une cave de la préfecture de police pour qu'on découvrît la vérité à cet égard. C'est en 1871, quand on voulut la replacer au Louvre, que M. Ravaisson, conservateur du département des Antiques, reconnut la réparation arbitraire et fausse dont la *Vénus* avait été victime en 1821. La statue se compose de deux parties principales : le torse nu avec la tête d'une part, le bas du corps avec sa draperie de l'autre. Ces deux tronçons avaient été ajustés dans l'antiquité au moyen de tenons en fer qui, en s'oxydant, avaient fait éclater des morceaux de marbre sur l'une et l'autre hanche de la statue. Le fragment le plus considérable, faisant partie de la hanche gauche, avait été soudé, en 1821, à quelques centimètres au-dessus de sa place véritable. Cette erreur, loin d'être reconnue et corrigée, en entraîna nécessairement une autre. Comme le tronçon inférieur se trouvait surhaussé à gauche, il fallut rejeter le torse vers la droite, et, à cet effet, on inséra deux cales de bois dont l'existence était naturellement ignorée des archéologues. Ainsi rejetée sur la droite d'une manière assez sensible, la *Vénus* était toujours un chef-d'œuvre, mais un chef-d'œuvre inexplicable. Elle paraissait, quoique victorieuse, reculer devant quelque objet placé à sa gauche. De là l'hypothèse bizarre que la *Vénus* se rejetait en arrière..... pour se ·soustraire aux familiarités amoureuses d'un séducteur !

Dès 1871, M. Ravaisson publiait dans la *Revue des Deux-Mondes* un travail où il expliquait l'erreur que les restaura-

teurs de 1821 avaient commise ; il fit même exposer au
Louvre, pendant quelques mois, des moulages en plâtre représentant la *Vénus* telle que la Restauration l'avait faite et telle
qu'elle avait dû être dans l'antiquité. Le public resta indifférent, et l'administration fut d'avis de rétablir la *Vénus* dans
le *statu quo ante bellum*, pour ne pas déranger de vieilles
habitudes consacrées par d'innombrables reproductions.

Cependant, depuis dix ans, les questions relatives à la
Vénus continuaient à passionner les archéologues : des
savants considérables, tels que MM. Preuner, Kékulé, Goeler
de Ravensburg, Salomon, avaient tour à tour abordé les
problèmes que soulève cet incomparable chef-d'œuvre en pro-
posant chacun des solutions différentes. Il devenait urgent
de mettre à la disposition des archéologues les éléments
d'une discussion complète et tout d'abord la statue elle-même,
moins les erreurs où ses premiers restaurateurs étaient tombés. L'occasion s'en offrit en 1883, lorsqu'il parut nécessaire
de procéder à certains travaux dans les salles du musée
des Antiques et de les fermer provisoirement au public. La
Vénus fut de nouveau démontée et soumise à l'examen le
plus attentif. Cette fois, la restauration consista à supprimer
les restaurations antérieures, et l'on peut dire aujourd'hui
seulement que l'ordre donné par Louis XVIII a été fidèle-
ment exécuté. Nous pensons qu'on a eu raison de laisser subsister le bout du nez, anciennement restauré en plâtre, parce
que cette restauration est d'une certitude mathématique et
aide à l'intelligence de l'œuvre. Mais le pied gauche, également en plâtre, a disparu, ce que personne ne songera à
regretter. Certains plis de la draperie, qui avaient été effrités
en 1820 lors de l'embarquement de la statue, ont été délivrés
d'additions parasites dont l'effet était assez disgracieux. On
a procédé de même pour la poitrine, qui apparaît aujourd'hui
avec ses éraflures primitives, ainsi que pour l'avant-bras droit,
où les restaurateurs avaient malheureusement bouché deux
trous circulaires témoignant de l'existence d'un bracelet. En
effet, la *Vénus de Milo*, comme bien d'autres statues grecques,

a dû porter des ornements en métal. Ses oreilles étaient percées pour recevoir des pendants, et sa tête était surmontée d'un diadème dont les trous d'attache subsistent encore. D'après le catalogue du Louvre, un collier d'or et des pendants d'oreilles furent découverts à Milo, aux alentours de la niche qui avait servi d'abri à la *Vénus* : ces objets auraient été rapportés en France par le marquis Florimond de Latour-Maubourg. Dans quelle collection sont-ils conservés aujourd'hui? Nous l'ignorons, et ceux que nous avons consultés n'ont pu nous renseigner à cet égard. Il serait pourtant bien intéressant de le savoir, ne fût-ce que pour s'assurer si les bijoux en question ont pu appartenir autrefois à la statue.

La plinthe antique de la *Vénus* était engagée, depuis 1821, dans un socle moderne qui en dénaturait l'aspect. M. Ravaisson a fait poser la statue sur une base circulaire évidée, où s'emboîte la plinthe primitive, de manière que les contours peuvent en être suivis exactement. Ce travail a révélé plusieurs détails fort intéressants. La plinthe antique, sur le devant, forme un rectangle dont le périmètre seul est poli : la surface intérieure présente cet aspect rugueux que les artistes grecs donnaient aux plans quand ils voulaient les ajuster à d'autres. Comme, d'autre part, le pied gauche, s'il existait, dépasserait d'une manière choquante le bord de la plinthe, on est obligé d'admettre que celle-ci était autrefois beaucoup plus considérable et qu'elle comprenait sans doute un autre morceau de marbre ajouté sur le devant. Si, comme le pense M. Ravaisson, la *Vénus de Milo* était groupée avec un *Mars* ressemblant au *Mars Borghèse* du musée du Louvre, on conçoit que ce groupe colossal ait dû reposer sur une plinthe en rapport avec ses dimensions. La forme circulaire donnée à la base nouvelle est une très heureuse idée; en effet, c'est encore une question litigieuse de savoir sous quel aspect — de trois quarts ou de profil — la *Vénus* doit être considérée, et la présence d'un support quadrangulaire préjugeait arbitrairement la solution du problème. D'ici à quelques semaines, la statue sera placée sur une plinthe mobile, et l'on pourra la faire tourner sur elle-même pour en éclairer successivement toutes les faces.

Le côté droit du torse présentait un trou de forme irrégulière, destiné à recevoir une tige de fer servant à soutenir le bras droit. L'existence de ce trou suffit à réfuter l'hypothèse d'après laquelle le bras droit de la *Vénus* était abaissé et retenait la draperie. Il a été bouché avec du plâtre, mais de sorte qu'il puisse être facilement aperçu, même à distance. Enfin, l'éclat de marbre de la hanche gauche a été rétabli à la place qu'il occupait, et le plâtre qui l'entourait a disparu. Sur le revers de la statue, d'autres fragments, primitivement détachés, ont été rajustés avec soin, sans qu'on se soit mis en peine d'en dissimuler la forme par des additions de plâtre au moins inutiles. Telle qu'elle est, redressée par la suppression des cales, débarrassée des restaurations grossières qui l'alourdissaient, la *Vénus de Milo* se présente à nous dans toute la splendeur de sa beauté, plus digne encore, s'il est possible, des hommages que les amis de l'art lui prodiguent en chœur depuis soixante ans.

Dans la même salle, M. Ravaisson a placé la *Vénus* de Falerone et une *Muse* dont l'attitude rappelle beaucoup celle de la *Vénus*. On y voit aussi deux petits *Hermès*, découverts, suivant les relations du temps, dans la même cachette que la *Vénus*. L'un d'eux était-il groupé avec la déesse ? C'est ce qu'il nous est impossible d'affirmer, à cause de la mutilation de la plinthe. A en croire certains archéologues, dont M. Overbeck a repris l'hypothèse avec toute l'autorité qui s'attache à son nom, la plinthe de la statue se serait continuée vers la gauche par un socle plus élevé supportant le pied gauche de la *Vénus* et sur lequel était gravée l'inscription : « Alexandros, fils de Ménidès, d'Antioche du Méandre, a fait. » Ce socle, au témoignage d'un dessin contemporain de la découverte, présentait à la partie supérieure une ouverture qui aurait pu servir à l'ajustement d'un des Hermès. Le motif de Vénus debout auprès d'un Hermès n'est pas sans exemple dans l'art antique. Mais la perte de ce morceau de socle avec l'inscription, égaré ou détruit (c'était l'opinion de Longpérier) avant 1840, ne permet pas de décider si l'inscription publiée par Clarac appartenait ou non à la base de la statue. Comme la ville d'Antioche du Méandre n'a été fondée que vers 270 avant Jésus-Christ, on serait conduit, dans l'hypothèse de l'appartenance de l'inscription, à placer l'auteur de la *Vénus* vers le milieu du ɪɪɪᵉ siècle avant Jésus-Christ, date qui paraît d'un siècle trop basse, malgré les efforts qu'on a faits pour la défendre. Quant aux trois fragments de bras, dont l'un est celui d'une main gauche tenant une pomme, que l'on a trouvés avec la *Vénus* et qui sont exposés dans une vitrine de la même salle, le travail en est certainement très inférieur à celui du reste de la statue. Après avoir autrefois pensé que le bras tenant la pomme appartenait à une restauration de la *Vénus* datant de l'époque romaine, M. Ravaisson croit aujourd'hui que la main en question faisait partie de la statue primitive et que l'imperfection du travail s'explique par ce fait qu'elle reposait, à moitié dissimulée, sur l'épaule du *Mars* placé à la gauche de la déesse. C'est à des artistes de profession qu'il appartiendrait d'émettre une opposition décisive à ce sujet. La chose est assez importante pour mériter l'examen des plus experts.

La *Victoire de Samothrace*, rivale de la *Vénus de Milo*, a été transportée en France, il y a vingt ans, par les soins de M. le consul Champoiseau. Elle était horriblement mutilée : le torse seul a été rajusté à l'aide de cent dix-huit morceaux. La tête manquait, et malheureusement manque encore. Beaucoup de fragments qu'on n'avait pu rétablir furent placés dans une armoire, et la statue, mal exposée dans une salle obscure, fut longtemps sans attirer l'attention. MM. Frœhner et Benndorf, en 1869 et 1873, ont les premiers rendu pleine justice à cette œuvre incomparable, qu'un antiquaire mal inspiré, en 1867, qualifiait de « médiocre figure décorative ». Il y a deux ans, MM. Ravaisson et de Villefosse résolurent de restaurer la *Victoire* à l'aide de tous les fragments dont ils disposaient. M. Champoiseau venait de rapporter de Samothrace, sur l'aviso de l'État *le Latouche-Tréville*, l'avant de galère en marbre sur lequel la statue était placée, comme le prouve une monnaie de Démétrius de Phalère, qui reproduit avec beaucoup d'exactitude l'aspect de cet admirable monument. Sur cette monnaie, dont un moulage devrait figurer aux pieds de la statue, la *Victoire* tient un trophée de la main gauche et, de la main droite, une trompette où elle souffle un chant de triomphe. M. Ravaisson a réussi à restituer la statue en tirant parti des moindres éclats de marbre; la moitié gauche de la poitrine et l'une des ailes ont dû être refaites en plâtre, mais cette double restauration est d'une certitude mathématique et l'on n'y a fait aucune part à l'hypothèse. En outre, la *Victoire* a été tirée de la pénombre où elle s'était morfondue pendant quinze ans, pour figurer, sur son piédestal antique, en haut du grand escalier du Louvre. Quand on la vit pour la première fois à cette place, admirablement éclairée par un jour d'en haut, on comprit que le musée national possédait une merveille de plus. Un vieil archéologue s'écria : « La *Vénus de Milo* n'a qu'à se bien tenir ! » Mais pourquoi s'obstiner à comparer, comme s'il s'agissait de maquettes pour un concours, deux chefs-d'œuvre de style et de caractère si différents ? Dans sa beauté calme et majestueuse, la *Vénus de Milo* est comme un symbole de l'esprit grec, qui a le secret d'émouvoir sans troubler et de durer sans vieillir. Mais la *Victoire*, dans son élan invincible, dans le tourbillon de ses draperies flottantes, c'est l'esprit grec encore volant à la conquête du monde, dont il n'est pas prêt de perdre l'empire.

On a prétendu que la *Vénus de Milo* avait été soumise à un râclage, que la direction du Louvre l'avait transformée en pain de sucre ; est-il nécessaire d'affirmer ici que ni la *Vénus*, ni la *Victoire*, ni aucune statue du musée n'a jamais subi d'autre nettoyage que des lavages à grande eau ? En vérité, ceux qui veulent trouver matière à critique feraient mieux de s'en prendre à un détail qui nous a choqué. La *Victoire* est adossée à une décoration pompéienne étoilée de jaune, qu'il faudrait remplacer par un fond uni de couleur rouge sombre ou, mieux encore, par une draperie de velours de la même teinte. La grande, ou plutôt la seule qualité d'un fond, c'est de faire valoir l'objet placé devant lui en se faisant oublier lui-même. S'il appelle l'attention par des ornements, c'est autant d'enlevé à la statue. A la beauté sublime, comme à l'éclair, il faut un ciel sans étoiles.

XV

LES TERRES CUITES DE MYRINA AU MUSÉE
DU LOUVRE [1]

Les figurines en terre cuite découvertes à Myrina par
l'École française d'Athènes sont exposées depuis quelques
semaines au Musée du Louvre, dans une salle de la galerie
Campana qui fait suite à la collection d'antiquités chypriotes
et précède les salles de céramique gréco-étrusque. Parmi
les nombreux visiteurs qui admirent ces ravissants spécimens
de l'art grec, bien peu sont instruits de l'enchaînement de
circonstances vraiment singulier qui en a récemment enrichi
nos collections. Nous nous proposons de raconter ici l'histoire des fouilles de Myrina et d'appeler l'attention sur quelques particularités intéressantes des antiquités qu'elles ont
rendues à la lumière.

I

La ville de Myrina, dont la fondation est sans doute antérieure
au VIIIe siècle avant notre ère, était située sur la côte d'Asie-
Mineure, au nord de Smyrne et vis-à-vis de Lesbos. Les
auteurs anciens ont fort peu parlé d'elle ; nous savons seulement qu'elle fut détruite à plusieurs reprises par des tremblements de terre et qu'elle cessa d'être habitée vers le
XIIe siècle après Jésus-Christ. Son emplacement, qui porte
le nom de Kalabassary, fut livré à la culture ; il fait aujour-

1. *République Française* du 3 avril 1886.

d'hui partie d'un vaste domaine appelé *Ali-Aga-Tchiflik*, parce que le centre en est occupé par le petit village grec d'Ali-Aga.

Depuis trente ans environ, le domaine d'Ali-Aga appartient à la famille Baltazzi de Constantinople. En 1865, Constantinople fut ravagée par le choléra et beaucoup de personnes se préoccupèrent de faire construire des maisons de campagne sur la côte d'Asie, où elles pussent envoyer leurs familles dans le cas d'une nouvelle épidémie. M. Aristide Baltazzi choisit, à cet effet, un emplacement entre le village d'Ali-Aga et l'ancienne ville de Myrina : là s'éleva une belle maison européenne qui, dans cette région inhospitalière et mal fréquentée, a seule rendu possibles, ou du moins beaucoup facilité, les fouilles dont le musée du Louvre vient de récolter les fruits.

Ce n'est qu'en 1871 que des paysans, en labourant le sol de Kalabassary plus profondément que de coutume, découvrirent des tombeaux antiques contenant quelques statuettes. Le frère du propriétaire, M. Épaminondas Baltazzi, qui était venu passer quelques mois à Ali-Aga, comprit que ces modestes *poupées*, comme les appelaient les paysans, méritaient d'être recueillies ; il fit exécuter des fouilles systématiques dans la nécropole récemment découverte, mais la petite collection qu'il réunit fut malheureusement volée peu de temps après, à l'exception de quelques figurines qui avaient été envoyées à Constantinople et mises en lieu sûr par M. Aristide Baltazzi.

Le succès des statuettes de Tanagre a été si vif, elles sont si appréciées aujourd'hui de tous les amateurs, que l'on oublie souvent combien la vogue en est récente. Découvertes, pour la plupart, de 1871 à 1873, par des paysans grecs qui pratiquaient des fouilles en cachette, elles ont commencé à attirer l'attention du public en 1876 seulement ; mais, dès cette époque, la nécropole béotienne était presque épuisée, et le gouvernement grec avait placé un poste de soldats à Tanagre pour préserver les quelques tombes encore intactes.

Près de 3,000 statuettes avaient été découvertes et répandues dans le commerce : sur ce nombre, il n'y en a pas plus de 400 qui soient bien conservées, et les plus belles ont été immédiatement acquises par les collections publiques ou par quelques amateurs bien inspirés. Il en fallait de nouvelles pour satisfaire une curiosité croissante. On ne les attendit pas longtemps. Les faussaires se mirent à l'œuvre d'un côté, les fouilleurs de l'autre. Ceux-là établirent leurs ateliers à Athènes, en Crète, en Italie ; ceux-ci, chassés de Tanagre, se rabattirent sur l'Asie-Mineure. La première collection myrinéenne volée à M. Baltazzi avait révélé la nécropole de Kalabassary aux marchands grecs, qui connaissaient déjà celles de Smyrne, de Cymé et de Pergame : ils se mirent en rapport avec les paysans et, en l'absence du propriétaire, le pillage des anciens tombeaux commença. Bientôt interrompues, ces fouilles clandestines de Myrina avaient produit un certain nombre de statuettes dont les meilleures arrivèrent à Paris entre 1876 et 1878.

Au début, on vendit les figurines d'Asie comme provenant de Tanagre, pour en rehausser le prix aux yeux des amateurs ; puis, quand les archéologues protestèrent, déclarant que les nouvelles venues étaient d'un tout autre travail, on les présenta simplement comme asiatiques, sans préciser le lieu de leur provenance, ou on les attribua, faute d'un nom plus sonore, à la nécropole d'Éphèse. Des statuettes de Myrina, de Pergame, de Smyrne, figurèrent dans les vitrines de l'exposition rétrospective en 1878. M. de Longpérier, l'organisateur de cette exposition, ne les accueillit pas sans défiance. Parmi ces figurines asiatiques, en effet, s'étaient glissés quelques faux manifestes, imitations plus ou moins bien patinées de Thorwaldsen ou de Canova. Les soupçons une fois mis en éveil n'épargnèrent même pas les pièces authentiques. M. de Longpérier, qui exprimait son avis plus volontiers qu'il ne l'imprimait, révoqua en doute l'authenticité de la plupart des statuettes dites asiatiques. C'est à cette méfiance que le Louvre doit sa collection de Myrina, dernier et très involontaire cadeau de son ancien conservateur, mort trop tôt pour avoir pu s'en applaudir.

Un antiquaire de Paris, M. Hoffmann, avait acquis toute une série de figurines asiatiques provenant en partie de Myrina ; comme ses intérêts étaient menacés par le scepticisme de M. de Longpérier, auquel s'était joint, avec quelques réserves, M. François Lenormant, il résolut de tirer la chose au clair. Pour cela, il s'adressa à M. Waddington, alors président du conseil, le connaisseur le plus expert de tout ce qui touche à l'Asie-Mineure et qui, par suite de circonstances qu'il serait trop long d'exposer, se trouvait en relations avec M. Aristide Baltazzi. Existait-il ou n'existait-il pas en Asie-Mineure des tombeaux renfermant des statuettes en terre cuite ? Sur cette question de M. Waddington, M. Baltazzi expédia à Paris quelques-unes des figurines de Myrina provenant des fouilles de son frère ; il déclara en même temps à M. Fournier, ambassadeur de France à Constantinople, qu'il accorderait volontiers à des envoyés du gouvernement français le droit d'explorer la nécropole de Myrina. Cette généreuse proposition fut transmise à M. Waddington, puis au ministère de l'instruction publique et au directeur de l'École française d'Athènes. L'École sollicita et obtint du gouvernement turc la permission de pratiquer des fouilles pendant un an sur toute l'étendue du domaine d'Ali-Aga, comprenant le territoire de Myrina et une partie de celui de Cymé.

Chargés, mon ami E. Pottier et moi, de commencer les travaux, nous arrivâmes à Smyrne au commencement du mois de juillet 1880. M. Aristide Baltazzi voulut bien mettre à notre disposition son château d'Ali-Aga, situé à cinq kilomètres de la nécropole. C'est une bonne fortune, que les fouilleurs en général ne connaissent guère, de retrouver chaque soir un abri presque luxueux, protégé contre la fièvre et contre les visites gênantes de *bachi-bouzouks* ou de *zeybeks*. Nous avons fouillé à Myrina, avec quatre mois seulement d'interruption, depuis le mois de juillet 1880 jusqu'au mois d'avril 1882, non pas ensemble, malheureusement, mais à tour de rôle ; nous avons ouvert six mille tombeaux, recueilli plus de quinze cents statuettes ou autres objets, et j'ose affirmer qu'avec tout le zèle du monde ce long travail eût été impossible s'il nous avait fallu coucher sous la tente ou dans quelque masure des environs.

Hélas ! malgré ces excellentes conditions, la fin de la campagne de Myrina fut marquée par un désastre dont l'École française portera toujours le deuil. Au mois de septembre 1882, Alphonse Veyries, membre de première année, avait été désigné pour reprendre les fouilles. Les recherches qu'il fit pratiquer, du 10 septembre au 24 octobre 1882, produisirent quelques figurines charmantes qui ont été réunies au Louvre sur un rayon spécial (3º vitrine à droite). Le 26 septembre, j'allai voir Veyries à Ali-Aga. Je le trouvai plein d'ardeur pour sa tâche heureusement commencée ; sa santé, jadis chancelante, semblait s'être affermie par l'exercice et le grand air. Mais le 24 octobre, notre camarade, se sentant malade, retourna à Smyrne ; le lendemain, il entrait à l'hôpital français. Une fièvre typhoïde se déclara ; les symptômes, bénins au début, s'aggravèrent subitement à la fin du mois de novembre. Il mourut le 5 décembre, laissant à tous ceux qui l'avaient connu un impérissable souvenir et à la science son beau mémoire sur les *Figures criophores dans l'art grec*, qu'il venait d'envoyer à l'Académie et qui a été publié après sa mort par les soins de l'École française d'Athènes.

Le permis de fouilles, qui avait déjà été renouvelé deux fois, était expiré, et le gouvernement turc, cédant aux plus regrettables conseils, venait de prohiber d'une manière absolue la recherche et l'exportation des antiquités. Jusque-là, nous avions fouillé à la condition que le tiers des trouvailles appartiendrait au sultan, un autre tiers au propriétaire et le troisième tiers à l'École française. M. Baltazzi mit le comble à sa générosité en abandonnant à l'École le tiers qui lui revenait de droit. Aussi les partages dont nos découvertes furent l'objet ont-ils assuré la part du lion au musée du Louvre, où le butin de l'École française a été transporté

en 1885. M. Baltazzi, donateur du tiers des objets, mérite
d'être considéré comme un des bienfaiteurs de nos collections
nationales : sans son autorisation, les fouilles eussent été
impossibles ; sans sa généreuse bienveillance, elles n'eussent donné que des résultats incomplets. Son nom a été
inscrit sur les vitrines du musée du Louvre pour perpétuer
le souvenir d'un si noble désintéressement.

La restauration des statuettes, leur classement, leur transport à Athènes, leur installation finale à Paris, tout cela n'a
pas été l'œuvre d'un jour : les visiteurs qui les regardent
aujourd'hui se figureraient difficilement que de travail et
d'ennuis cette collection a coûté, quels dangers elle a courus
et surmontés dans son long voyage des bords de la mer Égée
à ceux de la Seine. Ce sont là des souvenirs qu'il est inutile
de réveiller aujourd'hui ; mais je ne peux m'empêcher de
rappeler avec reconnaissance le nom de M. Heuzey, qui a
rapporté les statuettes d'Athènes au Louvre, où leur installation est l'œuvre de son goût si sûr, et celui de M. Chapu, qui
a prêté sa science et son talent à la restauration du chef-
d'œuvre de Myrina, le groupe de la vitrine centrale représentant un éphèbe à côté d'une jeune femme sur une *kliné*.

II

La collection des figurines de Myrina présente, en dehors
de sa valeur artistique, un double intérêt facile à comprendre :
elle a été recueillie sur place par des archéologues de profession, au lieu d'avoir été achetée pièce à pièce aux marchands
grecs, ce qui permet d'affirmer que toutes les figurines sont
authentiques et de même provenance ; en second lieu, elle a
été découverte sous les yeux de gens qui ne se préoccupaient
pas seulement d'enrichir un musée, mais d'être utiles à la
science, ce qui signifie que l'on a noté exactement — pour la
première fois depuis que l'on fouille en pays grec — la disposition des objets dans les tombeaux et les mille circonstances

accessoires qui fournissent quelques lumières sur les usages funéraires des anciens. Voici, en quelques mots, les résultats de nos observations. Les tombeaux sont creusés dans le tuf calcaire de deux collines, souvent pressés les uns contre les autres, à une profondeur variant de $0^m,50$ à 2 mètres; le mort est bien plus souvent inhumé qu'incinéré; il est entouré, dans la fosse, de terres cuites, d'objets en bronze, de petits vases, qui se rencontrent parfois en grand nombre dans un tombeau sur vingt, et font presque complètement défaut dans les dix-neuf autres. Les figurines, dont les sujets paraissent avoir un certain rapport avec le sexe et l'âge du défunt, ont été, la plupart du temps, *intentionnellement brisées;* de là vient que la plupart ont dû être l'objet de recollages. Quant à la destination de ces figurines elles-mêmes, il est probable qu'elles étaient des offrandes faites au mort par les survivants dans l'intention de peupler la solitude de sa demeure souterraine et de lui rappeler les aspects souriants de la vie terrestre. L'époque à laquelle on doit les rapporter en général est ce qu'on appelle l'*époque hellénistique,* c'est-à-dire la fin du IIIe, le IIe et le Ier siècle avant notre ère. Quelques-unes sont peut-être plus récentes; d'autres ont été fabriquées à l'aide de moules plus anciens. Bien entendu, si l'on veut entrer dans le détail des problèmes que ces trouvailles soulèvent, on se heurte à mille difficultés d'interprétation; mais on peut laisser ces controverses aux gens de métier et se contenter d'admirer, sous un aspect aussi charmant qu'imprévu, l'art de ces aimables céramistes d'Asie-Mineure dont les œuvres, destinés aux morts, font aujourd'hui la joie des vivants.

Les fabricants des statuettes de Myrina se sont inspirés des coroplastes de la Grèce propre, ces créateurs des chefs-d'œuvre exquis que l'on peut admirer dans une salle voisine du Louvre. Il paraît même certain, à en juger par la répétition de quelques types, que les moules de Tanagre ont été reproduits et exportés non seulement en Asie-Mineure, mais en Cyrénaïque et dans l'Italie méridionale. Toutefois, les figurines de style tanagréen ne sont que l'exception à Myrina:

la grande majorité des statuettes de cette provenance présentent un caractère tout différent qui permet de les reconnaître presque à coup sûr et leur donne une importance considérable dans l'histoire de l'art. Les tombeaux du ıv⁰ siècle à Tanagre ont surtout fourni des sujets de genre, des motifs empruntés à la vie intime ; à Myrina, ce sont les sujets mythologiques qui dominent, les représentations des cycles d'Aphrodite, d'Éros, de Dionysos, d'Héraklès et de Niké. Les figures ailées de jeunes femmes et d'éphèbes, qu'il est souvent difficile de rapporter à un type mythologique défini, sont extrèmement nombreuses ; les artistes de Myrina ont donné des ailes à des statuettes qu'on prendrait au premier abord pour des figurines de genre et qui tiennent en effet le milieu entre la nature humaine et la nature divine, comme autant de créations d'une fantaisie gracieuse flottant entre la réalité et l'idéal. On a trouvé dans certains tombeaux de véritables collections d'ailes travaillées avec art, ornées de vives couleurs, attributs matériels, si l'on peut dire, de la spiritualité élyséenne. A côté de ce monde mythologique prend place, par un contraste piquant, la troupe des comiques et des acteurs qu'on découvre en abondance à Myrina. La vitrine centrale de la collection en contient toute une rangée ; c'est un petit peuple échappé du théâtre voisin, qui semble encore réciter les vers de quelque comédie de Diphile ou de Ménandre.

Un autre caractère de la fabrique de Myrina, qui la distingue absolument de celle de Tanagre, c'est qu'elle a fourni un nombre assez considérable de figurines imitées des œuvres de la grande sculpture hellénique. Tout le monde reconnaîtra des réductions de la *Vénus de Cnide*, chef-d'œuvre de Praxitèle ; de la *Vénus* dite *Génitrix*, dont le Louvre possède la meilleure réplique en marbre ; de la *Vénus accroupie*, semblable à notre *Vénus de Vienne*. Praxitèle et Lysippe sont les deux artistes qui ont été imités le plus souvent à Myrina. On comprend que ces réductions fournissent des indications précieuses pour l'histoire de l'art, en nous faisant connaître les motifs, sinon le style, d'œuvres célèbres aujourd'hui perdues.

A côté de ces statuettes inspirées par la grande sculpture, il en est d'autres où se révèle un génie plus libre, qui reflète et exagère souvent les tendances de la Grèce alexandrine. L'art mêle à ses compositions un raffinement et même un sensualisme qui sont étrangers aux produits de l'âge classique ; il se plaît à donner aux adolescents et aux Éros ces formes féminines du visage et du corps qui rappellent constamment le type oriental de l'Hermaphrodite. Si plusieurs figurines présentent cette placidité et cette simplicité d'allures qui font le charme des terres cuites de Tanagre, d'autres, et ce sont les produits originaux de la fabrique de Myrina, accusent un goût pour les mouvements rapides, les poses hardies, les draperies flottantes. C'est là, du reste, à des degrés différents, un caractère commun aux œuvres de l'art à l'époque macédonienne, où la plastique, complètement émancipée de l'architecture, se plaît à chercher des effets nouveaux dans le pittoresque des attitudes et la vivacité parfois exubérante des mouvements. L'art de Pergame, la capitale des Attales, si voisine de Myrina dont le territoire lui appartenait au IIIe siècle, a dû naturellement exercer quelque influence sur les productions des coroplastes myrinéens. Un des groupes les plus curieux de notre collection, représentant un éléphant de guerre écrasant un guerrier galate, paraît même être la copie de quelque trophée élevé par les princes grecs de l'Asie à la suite d'une victoire sur les tribus galatiques, dont la première défaite, suivant le récit de Lucien, fut attribuée aux éléphants d'Antiochus.

Nous voyons encore une marque du goût de l'époque, et en particulier des écoles asiatiques, dans la fréquence des compositions compliquées, des groupes à plusieurs personnages, dont les figurines de la Grèce propre n'offrent guère d'exemples. Comme celle de Pergame, les écoles de Rhodes et de Tralles sont restées célèbres par l'exécution de plusieurs groupes d'une composition hardie, en particulier du *Laocoon* et du *Châtiment* de Dircé ou *Taureau Farnèse*. Aux mêmes écoles asiatiques, les coroplastes ont emprunté, dans la mesure de leurs modestes resssources, le goût des œuvres de grandes dimensions. Comparées aux terres cuites de Grèce, quelques figurines d'Asie sont de véritables colosses. Les statuettes de 0ᵐ,35 à 0ᵐ,40 ne sont pas rares ; nous en avons même découvert une qui mesure 0ᵐ,60, et quelques têtes qu'on a pu seules conserver, le reste du corps étant tombé en poussière, indiquent des figurines encore plus grandes. Or, la hauteur moyenne des statuettes de Tanagre est de 0ᵐ,20, et les plus grandes ne dépassent pas 0ᵐ,38.

Nous ne tenterons pas d'énumérer toutes les jolies figurines qui donnent tant de prix à la collection du Louvre. Aussi bien, le visiteur ne sera pas embarrassé de les reconnaître, tellement l'art de Myrina se rapproche de l'art moderne et se laisse comprendre facilement.

Signalons seulement, à côté du beau groupe de la vitrine centrale — sans doute un entretien amoureux — la rangée de figurines de femmes découvertes dans un même tombeau, dignes de rivaliser avec les chefs-d'œuvres de Tanagre ; trois admirables *Éros danseurs* ; des danseuses et des danseurs peints de couleurs très vives et provenant également d'une même tombe, où le mort avait été incinéré ; enfin, l'aimable cortège de petits Éros voltigeant, jouant avec des animaux, couronnés de feuillage, qui rappellent les plus charmants motifs de la peinture pompéienne. Sans doute, tout ce petit monde n'est pas d'une correction de formes irréprochables : il y a des torses trop longs, des jambes mal attachées, des mains modelées à la hâte, des coiffures trop compliquées et lourdes ; mais combien ces défauts ne sont-ils pas rachetés par l'air de fraîcheur, de gaieté, de bonne grâce répandu sur ces figurines de pacotille comme la marque indélébile du génie grec ! A cet égard, les statuettes de Myrina peuvent soutenir la comparaison avec celles de Tanagre ; si ces dernières leur sont supérieures par le naturel exquis des attitudes, par une poésie mystérieuse et qui semble défier toute analyse, celles de Myrina ont pour elles des qualités de puissance, de vigueur et de santé, surtout une variété de motifs, une inépuisable richesse de mouvements qui contrastent avec la délicatesse un peu langoureuse et l'uniformité des modèles tanagréens.

Ces frêles figurines sont les œuvres de modestes ouvriers qui savaient s'inspirer des maîtres sans abdiquer les droits de la fantaisie créatrice et de l'imitation originale. Comme les peintres de vases aux siècles antérieurs de l'hellénisme, ils nous révèlent tout un côté de l'art grec qui, pour être familier et intime, incorrect parfois et libre d'allures, n'en est pas moins fécond en leçons dont l'art moderne, comme l'étude du passé, sont appelés à recueillir les fruits.

XVI

LES DERNIERS CONSEILS

Groupe en terre cuite du Musée britannique [1].

Si les archéologues ont le droit et le devoir d'être méfiants
à l'égard des groupes dits d'Asie-Mineure, surtout quand ils
se présentent dans un état d'intégrité extraordinaire, il en est
quelques-uns, fort heureusement, qui désarment le scepticisme
et devant lesquels la critique la plus ombrageuse doit se
déclarer satisfaite. Tel est le magnifique groupe de Myrina,
représentant un éphèbe et une femme drapée assis sur le
même lit, qui, restauré par les soins de M. Chapu, se voit
aujourd'hui au Musée du Louvre et dont le *Bulletin de Correspondance hellénique* a publié une héliogravure [2] : tel encore
le groupe analogue que reproduit notre planche, d'après une
photographie que j'ai fait prendre au Musée Britannique où il
est entré il y a quelques années. Suivant les renseignements
qu'a bien voulu me donner M. Murray, il a été envoyé
d'Athènes par un correspondant du Musée, auquel on avait
demandé une terre-cuite parfaitement intacte, dans l'état
même où elle était sortie de terre. Le style et la qualité de
l'argile ne permettent guère d'hésiter sur la provenance de
celle-ci : elle a été trouvée à Myrina, sans doute au cours
des recherches plus ou moins régulières dont l'inépuisable
nécropole a été le théâtre depuis que les fouilles de l'École
française ont pris fin, par suite du refus du gouvernement
turc de renouveler notre firman. Il n'est guère de collection
publique ou privée qui ne contienne aujourd'hui des figurines

1. *Revue archéologique*, 1886, t. II, p. 8-14.
2. *Bulletin*, t. X, pl. XIV, avec un article de M. Pottier, p. 315-325.

de Myrina; le Musée Britannique en possède plusieurs, mais de moindre importance, à côté de l'admirable spécimen que nous signalons. Le groupe a environ 0^m,16 de hauteur sur 0^m,22 de largeur ; le revers présente un trou d'évent de forme triangulaire. Les traces de couleur sont nombreuses et assez bien conservées : on distingue une teinte rouge sur les cheveux de la femme assise à gauche, du rose sur sa robe, sur l'extrémité gauche de la *kliné*, sur les sandales des deux figures; du bleu sur la draperie qui pend le long de la *kliné* entre les deux femmes. Il n'y a de recollé que la main gauche de la femme assise à droite, mais cette main, quoique d'un dessin grossier, appartient sans conteste à la figure. En somme, nous avons là un des rares groupes à peu près intacts qu'ait fournis la nécropole de Myrina; cette exception heureuse s'explique d'ailleurs par la disposition même de l'objet, qui est presque un haut-relief et où les parties vides font défaut.

Comme la plupart des figurines d'Asie-Mineure, qui appartiennent à un art de décadence, le groupe du Musée Britannique charme au premier abord par la grâce exquise de l'ensemble plutôt qu'il ne résiste, dans le détail, à un examen minutieux. Non seulement le dessin des mains est mauvais, caractère commun à beaucoup de terres-cuites grecques et asiatiques, mais les proportions mêmes des figures laissent à désirer. Le bras de la femme placée à droite ressemble à une branche d'arbre, tellement le modelé en est négligé. Cette négligence reparaît encore d'une manière choquante dans le pied gauche de la *kliné*, que le coroplaste ne s'est même pas préoccupé de rendre vertical. A cet égard, ce groupe ne soutient pas la comparaison avec celui du Louvre, qui présente toutefois aussi quelques détails peu heureux, notamment le bras gauche de l'éphèbe, dont la maladresse et la raideur contrastent avec les admirables qualités de la même figure. Mais l'art des coroplastes est par excellence un art inégal : leurs plus charmantes productions prêtent à la critique; on ne peut faire d'exception que pour certaines figurines de

Héliog Dujardin.   Imp Eudes

GROUPE EN TERRE CUITE
du Musée Britannique

Smyrne, aussi parfaites que les bronzes dont elles sont probablement des surmoulages. Partout ailleurs qu'à Smyrne, les coroplastes sont indépendants des sculpteurs : s'ils s'inspirent parfois de leurs motifs, ils ne les copient point, mais les interprètent à leur manière, avec ce mélange de grâce et d'inexpérience qui caractérise l'art industriel dans l'antiquité.

Le groupe du Musée Britannique et celui du Louvre font partie d'une série à laquelle on peut ajouter un groupe inédit de Berlin, rapporté de Myrina par M. Hirschfeld, et des fragments d'une composition analogue à celle de Londres que nous avons découverts à Myrina. Le *Bulletin de Correspondance Hellénique* a publié trois autres groupes, également de Myrina, qui reproduisent quelques traits de la même composition : deux d'entre eux représentent un homme et une femme enlacés, le premier couché, la seconde assise sur une *kliné* ; dans le troisième, deux hommes sont couchés sur une *kliné*, tandis qu'une femme, assise à côté d'eux, joue de la lyre [1]. Toutes ces variantes ont un caractère commun : ce sont des *scènes de kliné*. Mais le type une fois adopté dans ces lignes générales, les coroplastes se sont appliqués à en modifier de toutes les manières l'esprit et les détails. Parmi les groupes du Louvre, le premier représente un entretien amoureux : c'est l'éphèbe, couronné de feuillage, presque entièrement nu, qui se penche en avant comme pour étreindre la jeune fille, sévèrement drapée dans de longs voiles, résignée sans doute, mais toujours pudique et hésitante. « Nous y reconnaissons, dit fort bien mon ami Pottier, une scène de mariage, l'épisode de l'ἀνακάλυψις, du « dévoilement », qui était le premier acte de la soirée des noces, quand les époux se retrouvaient seuls en tête à tête ; le geste même de l'éphèbe indique qu'il vient d'écarter les voiles où se dérobait la figure aimée qui se tourne doucement vers lui, le regard encore perdu dans une vague rêverie. » L'artiste a résolu avec un rare bonheur d'instinct le difficile problème de traiter

---

1. *Bulletin de Corresp. Hellén.*, t. **X**, pl. **XIV**, en haut.

chastement une scène érotique. Quant au groupe de Berlin, la présence d'un Éros nu au pied du lit, appuyé sur une torche renversée, lui donne un caractère nettement funéraire et le rattache à la classe des banquets funèbres. C'est encore aux reliefs de ce genre que font penser les trois autres groupes du Louvre, qui ont été rapprochés par M. Pottier de quelques terres cuites semblables trouvées en Crimée, en Grèce et en Asie-Mineure, où il reconnaît des morts héroïsés dans une sorte de *lectisterne* posthume. Enfin, le groupe du Musée Britannique nous offre un troisième motif, qui n'est ni funéraire ni à proprement parler érotique, mais où nous verrions volontiers comme la préface de l'ἀνακάλυψις représentée par le groupe du Louvre, la scène des derniers conseils donnés par la *pronuba* à la jeune fille, au moment où elle va quitter le gynécée pour accompagner son fiancé dans le *thalamos*.

M. Pottier a déjà rapproché le groupe du Louvre de la célèbre peinture connue sous le nom de *Noces Aldobrandines*, qui, découverte sur l'Esquilin au xviiᵉ siècle, exposée d'abord dans la villa du cardinal Aldobrandini, fut achetée en 1818 par le pape Pie VII et encastrée dans un mur de la bibliothèque Vaticane [1]. La ressemblance du groupe central de cette peinture avec la terre cuite du Musée Britannique est bien plus frappante encore, car il ne s'agit plus d'un éphèbe et d'une jeune fille, mais de deux femmes assises sur le même lit, engagées dans un entretien discret, tandis que le fiancé, à demi-nu, est assis plus loin, vers la droite, comme s'il attendait avec impatience l'heure de la réunion amoureuse qui se prépare. Dans la peinture romaine, la jeune fille chastement drapée, les pieds appuyés sur un tabouret (ὑποπόδιον), a la tête recouverte d'un voile ; auprès d'elle, une amie couronnée de myrte, le haut du corps découvert, le bras gauche

---

1. Les *Noces Aldobrandines* ont été souvent gravées : voir notamment la grande planche de Bellori, *Picturae antiquae*, 1750, tab. XVIII ; Böttiger, *die Aldobrandinische Hochzeit*, 1810 : Guhl und Koner, *Das Leben der Griechen und Römer*, fig. 237 ; Woltmann, *Geschichte der Malerei*, t. I, p. 112 ; Baumeister, *Denkmäler des Altertums*, article *Malerei*, fig. 946.

passé autour du cou de sa compagne, le bras droit tendu avec
un geste d'orateur, semble désarmer, par une tendre insis-
tance, les scrupules de la vierge encore hésitante et craintive.
Le groupe de Londres est d'une intelligence moins aisée,
parce que le fiancé et les personnages accessoires font défaut,
mais la scène est presque identique, si ce n'est que la *conseil-
lère* porte le voile et que la jeune fille placée à côté d'elle n'a
aucun des attributs d'une fiancée. La nudité du bras et du
sein gauche, dans la figure voilée, interdit d'ailleurs de ren-
verser les rôles et ce détail du voile paraît de peu d'importance quand on se rappelle l'insouciance des coroplastes à
l'égard des attributs de leurs figures. Les interprètes des
Noces Aldobrandines ont parfois voulu reconnaître Peitho, la
déesse de la persuasion, dans l'amie couronnée de myrte qui
se tient auprès de la fiancée ; il nous semble qu'une hypothèse de ce genre, déjà contestable pour la composition romaine, serait tout à fait déplacée dans le cas du groupe de
Myrina. C'est l'amie déjà mariée, la *pronuba*, à laquelle
Claudien, dans un passage charmant, a comparé le Désir
d'amour :

> *Jam vicina toro plenis adoleverat annis*
> *Virginitas*: tenerum jam pronuba flamma pudorem
> Sollicitat, *mixtaque tremit formidine votum.*

Quand on s'essaie à l'interprétation des terres cuites
grecques, il ne faut jamais oublier ces mots de M. Heuzey :
« Suspendues entre le monde idéal et le monde réel, beaucoup
de ces figures restent dans une indécision qui fait une partie
de leur grâce. » Il n'en est guère, en effet, qui ne comportent
une explication mythologique en même temps qu'une explication réaliste : souvent, à ce qu'il semble, le motif, religieux
à l'origine, a graduellement perdu ce caractère pour devenir
une scène de genre, et comme on voit les pratiques survivre
à la foi, prendre même en durant une signification nouvelle,
les mêmes types plastiques ont servi de vêtement à des conceptions que le temps a modifiées. Bien des fois, pendant la
durée de l'hellénisme, un vin nouveau a été versé dans les

vieilles outres. Aussi, lorsqu'on propose une interprétation réaliste d'une figurine, est-il toujours légitime et nécessaire de rechercher le type mythique qui doit être à l'origine de toute la série. Pour le groupe du Musée du Louvre, M. Pottier admet l'existence d'un prototype représentant Aphrodite et Adonis ; celui du Musée Britannique paraît se rapporter plus naturellement encore au couple mystique de Déméter et Coré. La Mère et la Fille sont devenues la *pronuba* et la *fiancée*, absolument, pour ne citer qu'un exemple, comme *Hélène Forman et son fils*, dans la toile de Rubens, ne sont qu'une *Sainte Famille* descendue du ciel sur la terre, de l'idéal dans la réalité quotidienne.

L'analogie entre le groupe de Myrina et celui des *Noces Aldobrandines* est intéressante à plus d'un titre. En effet, la peinture du Vatican, bien qu'exécutée sans doute à l'époque romaine, dérive probablement d'un original alexandrin, plus ou moins voisin lui-même, comme on l'a reconnu, des célèbres *Noces de Roxane* peintes par Aétion. Or, nous avons déjà eu l'occasion de constater, M. Pottier et moi, en étudiant le caractère et le style des terres cuites de Myrina, qu'elles présentaient beaucoup d'analogies avec les peintures de Pompéi et d'Herculanum, reflets elles-mêmes de ces œuvres alexandrines dont on commence seulement à soupçonner l'influence sur le développement de l'art gréco-romain. Comme les *Noces Aldobrandines*, le groupe de Myrina dérive d'un modèle alexandrin, d'une de ces *scènes de kliné* à la fois tendres et chastes, qui répondaient si bien, avec leurs multiples nuances, aux goûts raffinés de l'esprit grec à l'époque de la seconde floraison de l'art. L'influence de la peinture sur le bas-relief et sur la statuaire est peut-être le trait le plus saillant de l'art gréco-romain ; on la constate dans les grandes compositions de Pergame, dans les innombrables bas-reliefs des sarcophages ; mais nulle part peut-être elle ne paraît avec plus d'évidence que dans les produits de la nécropole de Myrina.

XVII

LES TERRES CUITES DE SMYRNE ET LA STATUAIRE DU QUATRIÈME SIÈCLE[1]

Les terres cuites d'origine asiatique sont encore très imparfaitement connues[2]. On sait que depuis l'épuisement des nécropoles de Tanagre et les mesures sévères prises par le gouvernement grec pour empêcher les fouilles clandestines, les fouilleurs de profession ont émigré en Asie-Mineure et ont transporté leur industrie de τυμβωρύχοι sur les rivages de l'Ionie et de l'Éolide. Un certain nombre de figurines entières et plusieurs centaines de têtes en terre cuite sont entrées ainsi dans le commerce, et se sont disséminées en Europe dans diverses collections publiques ou privées. Placées à côté des figurines de Tanagre, les nouvelles venues d'Anatolie pouvaient satisfaire l'œil de l'artiste, mais elles devaient mettre à une rude épreuve la sagacité des archéologues. En effet, parmi ces figurines, les unes étaient le produit d'une fabrication éhontée, propres à jeter le discrédit sur tout l'ensemble des terres cuites dite asiatiques[3] : les autres, de beaucoup les

---

1. *Mélanges Graux*, p. 143-158. L'article n'a été imprimé que deux ans après avoir été écrit (1882) ; je le réédite en ne retranchant que peu de mots et sans y rien ajouter. — 1887.

2. Voir la bibliographie des terres cuites d'Asie-Mineure, publiées jusqu'en 1879, dans la *Gazette archéologique*, t. V, p. 194. Une collection de très belles pièces asiatiques a été publiée récemment par M. Froehner, *Terres cuites d'Asie-Mineure*, 1881 ; mais les provenances indiquées par l'éditeur ne doivent être acceptées qu'avec réserve, et quelques-unes sont manifestement erronées. Sur le caractère général des terres cuites asiatiques, voir les pages remarquables de M. Rayet, *Gazette des Beaux-Arts*, 1878, p. 362 sq. ; il y décrit les collections exposées au Trocadéro en 1878.

3. Sur la fabrication des terres cuites à Smyrne, à Athènes et en Italie, voir *Gaz. archéol.*, 1878, p. 204 ; 1879, p. 190 ; *Contemporary Review*, nov. 1878, p. 858 ; *Rev. archéol.*, t. XXXVI, p. 137 ; Rayet, *Catalogue de la collection de*

plus nombreuses, arrivaient en Europe, à Paris surtout, sans
indication précise de provenance, ou avec des indications fal-
sifiées à dessein, afin de dérouter les archéologues et d'empêcher les gouvernements européens d'entreprendre des fouilles
régulières dans les nécropoles exploitées par les marchands.
C'est ainsi que les plus belles figurines asiatiques ont été dé-
signées à l'origine sous le nom général de *terres cuites
d'Éphèse*[1], alors que la nécropole de cette ville n'a jamais
donné que des fragments grossiers, et que la véritable provenance des objets vendus comme éphésiens était Smyrne,
Myrina ou Pergame[2].

Il y a quelques années, un marchand d'antiquités de
Paris, M. Hoffmann, avait reçu toute une collection de figurines asiatiques. M. de Longpérier déclara que c'était une
collection de faux. Justement alarmé et justement incrédule,
M. Hoffmann fit appel à l'obligeance de M. Waddington,
alors président du Conseil, qui se trouvait en relations avec
un riche propriétaire des environs de Smyrne, M. Aristide-
bey Baltazzi, sur les domaines duquel des fouilles récentes
avaient fait découvrir un certain nombre de figurines.
M. Waddington obtint quelques spécimens de la collection
Baltazzi[3], dont la presque totalité avait malheureusement été
volée, et ces spécimens suffirent à démontrer l'authenticité de
la collection de M. Hoffmann. L'enquête de M. Waddington
eut encore cet excellent résultat de faire obtenir à l'École
française d'Athènes le droit d'explorer méthodiquement la
nécropole de Myrina, comprise dans les domaines de M. Baltazzi. Les fouilles entreprises sur ce terrain depuis le mois

M. O. R., p. 30. M. Lenormant a donné récemment à l'Académie des Inscriptions les plus curieux détails sur les ateliers de faussaires en Grande Grèce.
C'est là, en effet, et non à Smyrne et à Athènes, que la plupart des terres
cuites fausses ont été fabriquées.

1. V. *Gaz. archéol.*, 1879, p. 193 et le *Catalogue* de M. Rayet, p. 30.

2. Voir le recueil d'héliogravures publié à Berlin, sous le titre de *Griechische
Terracotten aus Tanagra und Éphesos*, 1878, nᵒˢ 29, 30, 31, 32. L'*Hercule debout*
(nᵒ 32) est probablement une des œuvres les plus remarquables et les mieux
conservées de la fabrique de Smyrne.

3. Publiées dans le recueil cité de M. Frœhner, nᵒˢ 17, 24, 27, 38.

de juillet 1880 par M. Pottier et moi ont produit une importante collection de figurines [1], qui permettent de fixer exactement les caractères de la fabrique de Myrina, comme les fouilles de Langlois, en 1852, ont fourni des renseignements précis sur les caractères de la fabrique de Tarse.

Outre ces deux nécropoles, dont la dernière n'a donné d'ailleurs que des fragments, il faudrait en citer un grand nombre d'autres où les marchands et les paysans ont seuls fouillé jusqu'à présent. M. Rayet, qui ignorait la nécropole de Myrina, a nommé [2] les fabriques de Pergame [3], de Cymé [4], de Smyrne, d'Éphèse, de Magnésie du Méandre, de Milet et de Mylasa. M. Froehner, dans son récent volume sur les figurines d'Asie-Mineure, en attribue plusieurs aux fabriques de Grynium et de Phocée, dont l'existence est plus problématique. Les figurines dites de Grynium sont des figurines de Myrina, dont l'emplacement a été souvent confondu avec celui de Grynium ; d'autre part, les terres cuites de toute l'Éolide sont appelées par les marchands de Smyrne *terres cuites de Phocée*. J'ai eu l'occasion de voir à Smyrne des figurines intéressantes trouvées à Érythrées, Aegae, Colophon, Samos, Métélin et dans la Crète [5], dont les nécropoles, peu

1. Voir les quelques spécimens publiés dans le *Bulletin de Correspondance hellénique* de 1881 et de 1882.

2. *Catalogue de la Collection de M. O. R.*, p. 30.

3. Les terres cuites de Pergame sont connues par quelques beaux spécimens du Musée de Berlin. La récente exploration allemande n'en a pas rencontré. — V. aussi *Gaz. archéol.*, 1879, p. 237, pl. 33 ; Rayet, *Monuments de l'art antique*, liv. III.

4. J'ai pratiqué, pendant l'hiver de 1881, des fouilles à Cymé ; mais les terrains ont presque tous été plantés de vignes depuis cinq ans et je n'ai pu découvrir qu'une trentaine de statuettes, la plupart grossières. Il est probable toutefois, qu'avant la plantation des vignes, beaucoup de statuettes remarquables ont été extraites de la nécropole de Cymé. La seule qui ait été publiée, et dont la provenance paraisse certaine, est décrite dans la *Gaz. arch.*, 1879, p. 189, pl. 25.

5. La plupart des prétendues figurines de Crète qu'on trouve dans le commerce depuis deux ans sont fabriquées à Smyrne ; mais j'en ai vu de parfaitement authentiques, qui sont des morceaux de grande valeur. Il y a une jolie collection de terres cuites d'Érythrées au Musée de l'École évangélique à Smyrne. La terre est rouge et peu cuite, comme celle de Colophon. Le même musée possède une terre cuite de Tralles avec la signature **ANTIOXOY**. Enfin,

connues en Europe, ont pu fournir beaucoup de figurines,
importées comme statuettes d'Éphèse, de Cymé ou de Phocée [1].
Le grand nombre des provenances diverses de ces petits
objets, le secret gardé par les auteurs de fouilles clandestines,
la difficulté enfin de reconnaître l'origine d'une statuette à son
mode de fabrication et l'extrême rareté de spécimens authentiques de chaque provenance, tout concourt à rendre impossible, pour le moment, une classification scientifique des terres
cuites venues de Smyrne en Europe. Tout ce que l'on peut
faire, c'est d'étudier sur place des collections particulières
formées d'objets de provenance bien constatées, et de fixer
ainsi un certain nombre de critériums propres à faire reconnaître les statuettes de même provenance dans les diverses
collections européennes [2]. C'est ce travail que j'ai entrepris
pour les terres cuites de Smyrne, en examinant de près une
riche collection de fragments tous découverts sur le Pagus :
je veux résumer brièvement les résultats auxquels je suis
arrivé.

I

La nécropole du Pagus a été fouillée très anciennement,
peut-être même avant l'époque byzantine [3], par les chercheurs
de bijoux et d'objets précieux. Ceux-ci, après avoir ouvert

M. Gustave Schlumberger a publié dans la *Gazette archéologique* (1880,
p. 191) des terres cuites de Coloé qui lui ont été envoyées de Smyrne.

1. Les fabriques de Chypre sont bien connues par les fouilles récentes. J'ai vu
au musée de Constantinople de jolies têtes en terre cuite trouvées à Ilion. Mais
il serait impossible de dresser aujourd'hui la liste des nécropoles de l'Asie-
Mineure où l'on trouve des figurines : je pense qu'elles doivent être en grand
nombre.

2. Les critériums fondés sur la qualité de la terre sont encore très insuffi-
samment établis, malgré les travaux de MM. Rayet et J. Martha. Il faut
d'ailleurs éviter de leur attribuer une importance trop grande, car les
procédés de fabrication ont pu varier dans une même localité. L'étude des
détails matériels, comme moyen de reconnaître les provenances, ne doit jamais
être séparée de l'étude du style et des motifs favoris.

3. Le crime de la τυμβωρυχία devait être fréquent à Smyrne, à en juger par
les inscriptions funéraires où les τυμβωρύχοι sont menacés de fortes peines

les tombeaux et enlevé ce qui leur convenait, ont rejeté la terre en brisant les figurines, dont les fragments, mêlés à la terre et à des débris de tout genre, se sont trouvés accumulés sur certains points. Pareil fait, suivant l'opinion de Langlois, se serait produit à Tarse, où l'on n'a rencontré que des fragments formant un véritable *Monte Testaccio* près de l'emplacement de la nécropole [1]. Les figurines entières, ou pouvant être recollées, sont d'une extrême rareté à Smyrne. Celles que j'y ai vues diffèrent en général, par le style et les procédés de fabrication, des fragments qui se rencontrent en bien plus grand nombre. Elles ont été tirées des tombeaux épargnés par les anciens fouilleurs et paraissent appartenir à une époque plus récente [2]. Nous proposerons donc, pour les terres cuites de Smyrne, une première classification en deux groupes dont voici les caractères saillants :

Premier groupe. — Terre rouge sombre avec un noyau noir, pailletée de mica [3], très cuite et très dure [4], sans adhérence

(voy. Vidal-Lablache, *Commentatio de titulis funebribus graecis in Asia Minore*, p. 60). Au IIIe et au IVe siècle de notre ère, la violation des sépultures devint une habitude générale. L'influence du christianisme y contribua autant que la cupidité et le désordre des temps. Comme témoignage de cette coutume, voyez les quatre-vingt-cinq épigrammes de saint Grégoire κατὰ τυμβωρύχων, *Anthol. Palat.*, 170-254. — De la même manière qu'à Smyrne et à Tarse, un grand nombre de tombeaux de la Russie Méridionale ont été violés avant l'époque chrétienne (*Compte rendu de la commission archéologique de Saint-Pétersbourg*, 1864, p. 6).

1. Voy. toutefois Heuzey, *Gazette des Beaux-Arts*, 1876, p. 308, qui préfère y voir, avec Burker, des rebuts de fabrique. M. Froehner (*Terres cuites de l'Asie-Mineure*, p. 5) est revenu à l'opinion de Langlois.

2. J'ai rapporté au Musée du Louvre une de ces statuettes, en même temps qu'un certain nombre de têtes et de fragments de l'ancien style.

3. Parmi les terres cuites de l'Asie-Mineure, il n'en est guère où un examen attentif ne fasse découvrir des paillettes de mica. Cela tient à ce que les coroplastes se servaient de la boue argileuse des fleuves (l'Hermus, le Méandre, le Pythicus, le Caïcus, etc.) qui charrient tous des paillettes. Je crois que les terres cuites qui contiennent le plus de mica sont celles de Smyrne ; puis viennent celles de Pergame, d'Érythrées, de Myrina et de Cymé. Je ne connais pas les terres cuites de Sardes dont parle M. Froehner.

4. M. Rayet (*Catalogue*, p. 30) se trompe en donnant à la terre de Smyrne l'épithète de *friable*. Il m'est arrivé d'en laisser tomber à terre des **fragments** sans qu'il se produisît la moindre cassure, alors qu'un petit choc suffit souvent pour mettre en morceaux les terres cuites de Myrina et de Cymé.

poussiéreuse. Presque toutes ces figurines portent la trace d'une dorure complète, non pas limitée, comme dans les statuettes d'autres provenances, aux ornements et aux franges des draperies, mais également répandue sur tout le corps et même sur la tête [1]. Ainsi dorées, les figurines de Smyrne devaient présenter l'aspect de petits bronzes [2], dont elles étaient probablement des surmoulages, suivant la remarque de M. Rayet [3]. Le traitement de la barbe, des cheveux et des draperies, la précision pour ainsi dire métallique avec laquelle sont accusés les muscles et les os, font penser immédiatement à des originaux de bronze, comme certaines statues de marbre copiées sur des bronzes grecs. Tandis que, dans les figurines de Tanagre, le revers n'est presque jamais moulé avec autant de soin que la face [4], c'est au contraire la règle dans les terres cuites de Smyrne. Les terres cuites dorées présentent peu de traces d'autres couleurs, et jamais la décoration polychrome n'est aussi vive qu'à Tanagre ; toutefois, les têtes de grotesques sont souvent recouvertes entièrement d'une couche de vermillon ou de rouge vineux.

Un détail caractéristique et bien remarquable des figurines de cette fabrique est l'absence complète des trous d'évent [5], qui se rencontrent sur le revers de presque toutes les figurines de la Grèce et de l'Asie. L'absence du trou d'évent, jointe à la couleur rouge de la terre et aux traces de dorure sur les chairs, peut suffire à faire reconnaître les terres cuites de Smyrne appartenant à cette première catégorie.

---

1. Une couche de jaune brun ou de rouge servait de *substratum* à la dorure. Cf., sur cette question de technique encore obscure, Rayet, *Catalogue*, p. 30, et Froehner, *op. cit.*, p. 27.

2. L'habitude de dorer les bronzes est très ancienne. On sait que Néron fit couvrir de dorure l'Alexandre enfant de Lysippe (Pline, *Hist. Nat.*, XXXIV, 19, 14). Cf. les observations de M. de Witte sur l'Hercule Mastaï (*Annali dell' Inst.*, t. XL, 1868).

3. *Catalogue*, p. 30, et *Gazette des Beaux-Arts*, 1878, p. 363.

4. J. Martha, *Catalogue de la collection de la Société archéologique d'Athènes*, p. xxi.

5. Il manque également dans les figurines athéniennes du style récent (Martha, *Catalogue*, p. xxii).

Deuxième groupe. — Terre rouge clair ou jaune à noyau grisâtre, beaucoup moins dure que la précédente et beaucoup moins cuite, pailletée de mica et poussiéreuse. J'ai vu trop peu de pièces de cette seconde classe pour affirmer que le trou d'évent manque d'une façon constante. Le traitement des muscles et des draperies ne rappelle plus le travail du bronze. Les types féminins, très rares dans la première catégorie, dominent dans la seconde.

Il y a lieu de mentionner en outre une troisième catégorie de terres cuites qui paraissent être fort peu communes. Ce sont des statuettes couvertes d'un épais vernis soit vert, soit jaune brun, qui leur donne toute l'apparence de la porcelaine. M. Siméon Passadopoulos, numismate à Smyrne, possédait un bras long de 0^m,15, d'un admirable travail, qui provient d'une grande statuette vernissée en jaune brun. La partie inférieure du bras est entourée d'une draperie vernissée en vert pâle. J'ai fait photographier cet important morceau, en même temps que quelques petites têtes en haut relief, vernissées en jaune et en vert, qui proviennent également du Pagus. La seule terre cuite entière de ce genre que j'aie rencontrée est une danseuse, vernissée en brun clair, trouvée à Cymé et acquise en 1882 par le musée du Louvre [1]. Un fragment analogue, que j'ai découvert moi-même à Cymé, est au musée de Tchinly-Kiosk, à Constantinople.

II

Si l'examen des caractères de la fabrication et des particularités de la terre fournit, pour la classification des terres cuites, des indices qui ne sont pas à dédaigner, l'étude des motifs traités de préférence et des qualités du style conduit

1. Sur le revers du socle, on lit en creux le nom ΦΑΝΙΤΟΥ. C'est la seconde signature que l'on rencontre sur une terre cuite de Cymé ; encore la première (ΜΑΙΚΥΟΥ, de la collection Rayet) n'est-elle pas d'une lecture certaine. [Le bras mentionné plus haut est également entré au Musée du Louvre.]

à des conclusions non moins certaines et d'une importance plus générale.

Le caractère distinctif de toutes les figurines de Smyrne qui ne sont pas des caricatures, est la petitesse relative de la tête par rapport au reste du corps. On reconnaît là, au premier coup d'œil, l'influence du canon de Lysippe, qui consacra, comme on le sait, cette recherche des formes élancées [1], si sensible dans les copies que nous avons conservées de ses œuvres. Les caractères du style de Lysippe se retrouvent encore, d'une manière frappante, dans le dessin des têtes de notre première série : les yeux sont profondément enfoncés, le nez mince et très long, la coupe du visage d'un ovale prononcé. Tous les muscles sont indiqués avec une précision qui touche parfois à la sécheresse [2], mais qui dénote toujours une connaissance profonde de l'anatomie. Quelques-uns des fragments que j'ai étudiés sont de dimensions tout à fait insolites, et les figurines dont ils ont fait partie mesuraient au moins 80 centimètres de hauteur [3]. A en juger par les morceaux qui restent, surtout par les têtes et les bras, elles devaient être de véritables chefs-d'œuvre, bien supérieurs, je n'hésite pas à le dire, à toutes les terres cuites de la Grande-Grèce et de Tanagre.

On peut placer la fabrication des terres cuites de l'ancien style entre la fin du ive et le milieu du iie siècle avant notre ère. Celles du style récent que j'ai eues entre les mains m'ont paru des œuvres assez vulgaires, et probablement postérieures au ier siècle av. J.-C.

Les types affectionnés par l'ancienne coroplastie de Smyrne suffisent à distinguer cette fabrique de toutes les autres fabriques du monde grec. On sait que, dans la Grèce

---

1. Pline, *Hist. Nat.*, XXXIV, 19, 6.

2. Lysippe avait produit surtout des statues de bronze, où quelque sécheresse dans le rendu des muscles est presque inévitable.

3. La plus grande terre cuite trouvée en Asie-Mineure a 64 centimètres de haut. Elle a été publiée par M. Froehner, *op. cit.*, pl. 35 (où elle est donnée comme provenant de Grynium). — Collection Hoffmann.

proprement dite, si l'on fait abstraction des figurines archaïques et généralement très grossières, les images des
divinités supérieures sont fort rares[1]. Déméter, Coré, Hermès et Aphrodite sont à peu près les seules dont il existe plusieurs exemplaires nettement caractérisés[2]. Parmi les 1,028
objets de terre cuite qui composent la collection de la Société
archéologique d'Athènes, il n'y a ni un Jupiter ni une Héra.
M. Heuzey a observé de même que, dans les fragments de
Tarse conservés au Louvre, il n'existe ni un Jupiter en ronde-
bosse, ni une Héra, ni une Artémis : les types de Vénus et
de Bacchus y sont au contraire nombreux. Dans les nécropoles de Myrina et de Cymé, on ne rencontre, sauf de rares
exceptions, que des Vénus, des Bacchus et d'autres divinités
secondaires. Il en est tout autrement à Smyrne. Le type
d'Aphrodite y est moins fréquent que dans le reste de l'Asie :
par contre, on y trouve d'admirables têtes de Jupiter, en particulier de Jupiter Sérapis, les seules œuvres de la coroplastie
où le maître des Dieux soit représenté avec la même majesté
que dans la statuaire. Mais le type prédominant est celui
d'Hercule, tantôt placide, tantôt douloureux, tantôt gai ou
irrité. En dehors de la série des caricatures, on ne trouve
pas de figures de genre ; mais les grotesques, les masques
comiques sont très nombreux, et les caricatures licencieuses
ne manquent pas, tandis qu'elles ne se rencontrent ni à
Myrina ni à Cymé. Je ne saurais mieux faire, pour fixer les
idées à cet égard, que de reproduire une partie du catalogue
de la collection de figurines que j'ai eu l'occasion d'étudier à
Smyrne.

1° *Dieux supérieurs*. — 1. Tête de Jupiter Olympien[3], avec une couronne

1. Les divinités inférieures, Bacchus et son cortége, Silène, les Amours et
les Génies, se trouvent en grand nombre à peu près partout. Les types d'Hercule, dans la coroplastie grecque, sont le plus souvent des caricatures. Voy.
Martha, *Catalogue*, nᵒˢ 399, 904, 925, 926.

2. Encore les groupes dits de Déméter et Cora peuvent-ils souvent admettre
une explication *réaliste*. Il en est de même du type d'Aphrodite. (Rayet,
Gazette des Beaux-Arts, 1878, p. 355.)

3. Cette tête, qui est malheureusement mutilée dans le haut, rappelle
exactement le profil de la tête du Jupiter Olympien sur la monnaie d'Élis.

de feuillage. H., 0,06. L., 0,06 . — 2. Tête de Jupiter couverte d'une couche
de vermillon, cuite avec la figurine (?) et devenue semblable à un vernis.
H., 0,04. L., 0,03. — 3. Tête de Jupiter complètement dorée. H., 0,06,
L., 0,04. — 4. Tête de Jupiter Sérapis [1]. Cheveux et barbe teints en rouge
brun, *substratum* de la couche de dorure qui a disparu. H., 0,06. L., 0,05.
— 5. Tête de Jupiter Sérapis, type rappelant le Jupiter d'Otricoli, avec de
longues boucles descendant le long du cou. H., 0,07. L., 0,04. — 6. Tête
de Jupiter Sérapis couverte d'un vernis rouge. II., 0,06. L., 0,04.

Toutes ces têtes de Jupiter sont de la plus grande beauté, et leurs dimensions indiquent des figurines d'environ 0,45 de haut.

7. Tête de Minerve casquée. H., 0,07. L., 0,05. — 8. Autre semblable
peinte en vermillon. H., 0,05. L., 0,04 [2].

9. Tête d'Apollon lauré. Les yeux, très allongés, ont la pupille creusée.
H., 0,07. L. 0,06.

10. Fragment d'une Vénus nue, presque accroupie, portant la main à sa
jambe droite. Elle est ornée d'un collier, de deux bracelets au bras, de deux
ornements semblables à la jambe et de deux bandeaux dorés croisés sur la
poitrine avec trois boules en pastillage. Style de décadence. II., 0,08.
L., 0,07.

2° *Divinités secondaires.* — 11. Grande tête d'Hercule placide, d'une perfection de travail admirable. II., 0,075. L., 0,06. — 12. Tête d'Hercule souffrant, penchée sur l'épaule droite. II., 0,045. L., 0,04. — 13. Tête d'Hercule
placide. II., 0,04. L. 0,03. — 14. Tête d'Hercule souffrant (?). Le type de
cette tête est très allongé, l'expression plaintive et résignée comme celle
d'un *Ecce-Homo*. II., 0,055. L., 0,04. — 15. Revers de la tête et du torse
d'un Hercule, identique à l'Hercule Farnèse. II., 0,10. L., 0,09. — 16. Fragment d'une jambe d'Hercule de dimensions colossales. II., 0,17. L., 0,09. —
17. Tête d'Hercule souffrant, inclinée à gauche. II., 0,05. L., 0,04. —
18. Fragment d'une grande tête d'Hercule joyeux. II., 0,08. L., 0,07. —
19. Caricature d'Hercule combattant, armé de cestes. Il manque le bas des
jambes. H., 0,17. L., 0,06.

20. Tête de Cyclope. Il a un troisième œil au milieu du front. Exemplaire
unique de ce type dans la coroplastie. II., 0,04. L., 0,05.

21. Grande tête de Bacchus, couronné de fruits, de feuilles et de fleurs.
Nombreux restes de dorure. H., 0,08. L., 0,08.

22. Silène couronné de fruits. La barbe est travaillée avec une extrême
minutie, comme à l'aide d'une pointe d'aiguille. II., 0,04. L., 0,03.

---

1. Ce type de Jupiter-Hadès, reconnaissable au calathos, serait dû à **Bryaxis**,
collaborateur de Scopas et de Léocharès dans la décoration du mausolée d'Ha-
licarnasse. Cf. Overbeck, *Kunstmythologie*, I, p. 305. La tête de **Jupiter Sérapis** paraît sur les monnaies de plusieurs villes de l'Anatolie, **Temnos** en
Eolide, **Téos** en Ionie, Hermopolis en Lydie, Hiérapolis en Phrygie, etc.

2. Le type de Minerve est extrêmement rare dans la coroplastie. La collection d'Athènes n'en contient pas un seul exemplaire.

SPÉCIMENS DE TÊTES EN TERRE CUITE
TROUVÉES À SMYRNE
Musée du Louvre.

Imp. Eudes.

23. Tête de Méduse, creuse à l'intérieur et surmontée d'un goulot. Motif très rare [1]. H., 0,10. L., 0,06.

24. Groupe d'Éros et Psyché, intact, appartenant à la seconde époque. Travail médiocre. Le même tombeau d'où ce groupe provient contenait un groupe semblable, mais un peu plus grand, qui a été vendu. L'ensemble de la composition rappelle le groupe célèbre du musée Capitolin. Les deux chevelures sont surmontées sur le devant d'un *apex*. Le revers est modelé et il n'y a pas trace de trou d'évent. Restes de dorure sur la draperie de Psyché. H., 0,145. L., 0,07 [2]. — 25. Fragments d'un groupe d'Éros et Psyché, dans un style intermédiaire entre les deux époques. Tout le corps de Psyché, allongé et grêle à l'excès, est doré. Il est nu jusqu'à la ceinture (H., 0,26). Le torse de l'Éros (H., 0,13) conserve aussi des traces de dorure. Une plinthe, dans le genre de celles de Tanagre, porte les pieds de l'Éros, d'un travail très soigné. Pas de trou d'évent. A ajouter, comme le groupe précédent, au catalogue dressé par M. Collignon des représentations d'Éros et Psyché [3].

· 3° *Divers.* — 26. Tête de jeune homme. Les pupilles des yeux sont creusées. Très beau style. H., 0,08. L., 0,06. — 27. Très belle tête de femme, couronnée de fleurs et de feuilles. H., 0,07. L., 0,05. — 28. Tête d'éphèbe, penchée à droite. H., 0,07. L., 0,05. — 29. Tête d'enfant avec diadème de feuillage. Les traits sont fortement accusés. H., 0,055. L., 0,04. — 30. Tête de femme diadémée penchée à gauche, entièrement dorée. H., 0,05. L., 0,04. — 31. Tête d'homme couronnée de lierre, ressemblant au prétendu *Sénèque*. La barbe et la couronne sont dorées. H., 0,04. L., 0,04. — 32. Tête d'éphèbe identique à celle de l'Apoxyomène. Admirable travail. H., 0,05. L., 0,04. — 33. Tête d'enfant coiffé d'un pétasos; restes de dorure. H., 0,05. L., 0,045. 34. Tête d'homme avec un bonnet phrygien. Complètement dorée. H., 0,065. L., 0,04. — Je signale en outre plusieurs têtes d'un caractère très prononcé, dont l'une, avec de longs cheveux tombant sur le cou (H., 0,05. L., 0,04), paraît être celle d'un guerrier barbare.

35. Torse de jeune homme avec de nombreuses traces de dorure. Le revers est modelé. Pas de trou d'évent. Travail très remarquable. H., 0,20. L., 0,07.

36. Torse d'homme assis, la jambe gauche avancée. La jambe droite porte un ornement doré. Très beau style. H., 0,14. L., 0,08.

37. Fragment de femme debout, drapée, tenant une patère à la main, dorée presque en entier (Vénus ?). H., 0,15. L., 0,06.

38. Torse d'éphèbe, vivement incliné sur la gauche. Revers modelé,

---

1. V. Treu, *Griechische Thongefæsse in Statuetten und Büsten-formen*, 1875.
2. Un groupe analogue est publié par M. Froehner, *op. cit.*, pl. 21.
3. Une figurine de Vénus, analogue à celle de Psyché que nous venons de décrire, et provenant aussi de Smyrne, fait partie de la collection de M. Camille Lecuyer. Une autre, de formes également très élancées, était exposée par M. Bellon au Trocadéro (gravée dans la *Gazette des Beaux-Arts*, 1878, p. 357). Comparer encore l'*Aphrodite et Éros*, dans la collection de M. de Hirsch (Froehner, *op. cit.*, pl. 3). Toutes ces figurines appartiennent au style de transition.

sans trou d'évent. L'attitude rappelle l'Apollon Sauroctone. H., 0,08.
L., 0,055.

39. Enfant assis, levant les deux bras, entièrement doré. H., 0,04.
L., 0,04.

4° *Grotesques et caricatures*. Ils sont extrêmement nombreux
et de types fort variés [1].

40. Tête d'acteur comique avec perruque peinte. H., 0,05. L., 0,05. —
41. Grande tête avec nez épaté. H., 0,065. L., 0,05. — 42. Grande tête
d'homme, aux traits durs et expressifs, les cheveux longs et les yeux fer-
més. H., 0,065. L., 0,055. — 43. Tête de grotesque avec des traits de
nègre. H., 0,06. L., 0,05. — 44. Grotesque coiffé d'un bonnet à mailles.
H., 0,065. L., 0,07. — 45. Tête de grotesque, très allongée; le cou, long
et mince, est percé de part en part à sa partie inférieure. H., 0,07. L., 0,04.
— 46. Tête grotesque au regard de chien, colorée en vermillon. H., 0,06.
L., 0,04. — 47. Devant d'une tête comique avec cheveux dorés. H., 0,04.
— 48. Tête comique tirant la langue. H., 0,03. L., 0,035. — 49. Tête
comique avec nez énorme, la bouche grande ouverte et de tout petits yeux.
H., 0,03. L., 0,05.

50. Grotesque à très grosse tête et très petit corps. Manquent les jambes.
Revers modelé sans trou d'évent. H., 0,08. L., 0.05. — 51. Grotesque
chauve, portant les deux mains à son cou. Sur la nuque, un anneau circulaire pour suspendre la figurine. H., 0,08. L., 0,055.

52. Tête d'homme à front fuyant, les cheveux hérissés. H., 0,055.
L., 0,045. — 53. Tête de comique avec la pupille creusée. H., 0,045.
L., 0,04. — 54. Enfant à tête de nègre, courant. Il est vêtu d'un caleçon.
H., 0,07. L., 0,04. — 55. Grotesque couronné de lauriers, parlant. La
tête est tournée à droite, le torse à gauche, les jambes et le bassin
à droite. Très maigre, avec une tête démesurément grosse. Sans doute
la caricature d'un orateur. Pas de trou d'évent. H., 0,012. L., 0,05.

La collection que j'ai étudiée comprend encore un certain
nombre de statuettes fort singulières. Ce sont des femmes
nues, d'une extrême maigreur, le ventre très proéminent et
les mamelles pendantes. Le travail, soigné par endroits, est
quelquefois si sommaire que l'on voit le modelé des jambes
indiqué par de grossiers méplats. L'une de ces figurines

1. Voyez, pour des types analogues en terre cuite, *Archäologische Zeitung*,
1853-54, p. 246 ; 1855-56, pl. LXXVII; Froehner, *Terres cuites de l'Asie-Mineure*,
pl. 31, 36, 37 ; *Gazette archéologique*, 1878, p. 185, pl. 33; Rayet, *Monuments*,
liv. II et III ; Stephani, *Compte rendu*, 1866, p. 71 et 1878, pl. II ; *Catalogue
Pourtalès*, n° 837 et p. 153 ; *Catalogue Barre*, n° 415-432 ; *Catalogue Sabattini*,
n° 159 et 160, etc.

(H., 0,13. L., 0,04) a une tête de négresse très caractérisée.
Une autre est debout, les jambes serrées comme dans une
gaine, avec l'attribut du sexe très accusé, ouvrant avec ses
deux mains une fente verticale entre le bas de ses mamelles
et le bas du ventre (H., 0,12. L., 0,04). Plusieurs autres, enfin,
analogues aux précédentes par l'exagération intentionnelle
de la maigreur, sont représentées *parturientes, cruribus
utrinque sublevatis*. J'indique ces sujets bizarres, sans tenter
de les expliquer[1]. Je me contente d'indiquer aussi quelques
moules en terre cuite de groupes érotiques, où des *sympleg-
mata* aussi hardis que ceux de Pompéi sont dessinés avec une
rare perfection.

Les figures d'animaux, en général si médiocres dans les
œuvres des coroplastes grecs, paraissent avoir été traitées
par les artistes de Smyrne avec une grande habileté. Je
signalerai particulièrement (n° 56) une tête de chien d'un très
beau style (H., 0,07. L., 0,05), une tête de cheval harnaché
(n° 57) ressemblant à la tête de cheval du Mausolée, une lionne
(n° 58), un singe (n° 59), un taureau marchant (n° 60) d'un
admirable modelé (H., 0,10. L., 0,07). Mais le plus remarquable fragment de ce genre est un cheval lancé au galop (n° 61)
dont il ne reste que le corps et le commencement des jambes.
Il porte une couverture très riche et un collier. Dans le ventre
du cheval, entre la sangle et les jambes de devant, est pratiqué
un trou destiné à recevoir un soutien. Le bas du corps du
cavalier est seul conservé : c'est un guerrier combattant, le
torse tourné vivement vers la gauche, la jambe gauche un
peu relevée. Le travail de ce morceau fait vivement regretter
l'état de mutilation où il nous est parvenu.

Enfin, parmi les fragments très nombreux de la même collection, je citerai encore (n° 62) une main de grandes dimensions
(H., 0,045. L., 0,045), entièrement dorée et tenant l'extrémité d'une massue, dorée également. Cette main est modelée

---

1. Il faut peut-être y voir simplement des ἀποτρόπαια, suivant la théorie de
Stephani. (*Compte rendu*, 1865, p. 193.)

comme les meilleurs bronzes de l'époque grecque. Elle a sans doute fait partie d'une de ces statues d'Hercule, que prodiguait l'art des coroplastes de Smyrne, et dont les dimensions surpassaient encore celles des grandes figurines dont nous avons décrit les fragments.

Sans doute, dans plus d'une collection parisienne, notamment dans celles de MM. Gréau, Lecuyer et Piot, on trouve des spécimens moins mutilés de la coroplastie de Smyrne et même quelques figures à peu près intactes que l'industrie des restaurateurs a respectées. Mais si je me suis complu à décrire en détail la présente collection, c'est qu'elle présente l'avantage inappréciable d'avoir été formée sur place, par un homme intelligent qui habite Smyrne depuis quinze ans, et qui a pu connaître, mieux que tout amateur étranger, l'origine exacte des fragments qu'il acquérait.

III

L'essai de catalogue qui précède paraît présenter encore un autre intérêt, non plus seulement pour les amateurs de terres cuites, mais pour les historiens de l'art grec. En considérant l'ensemble de la collection qui vient d'être étudiée (moins les figurines grotesques et les caricatures), on est obligé de reconnaître que les caractères dominants qu'on y découvre sont les caractères mêmes du grand sculpteur de Sicyone. Ce que dit Pline des qualités distinctives de la statuaire de Lysippe s'applique parfaitement aux terres cuites de Smyrne : *Statuariae arti plurimum traditur contulisse capillum exprimendo, capita minora faciendo quam antiqui, corpora graciliora siccioraque, per quae proceritas signorum major videretur. Propriae hujus videntur esse argutiae operum custoditae in minimis quoque rebus*[1]. C'est particulièrement dans le rendu des cheveux et de la barbe, si minutieux dans les terres cuites de Smyrne, que la parenté de ces figurines

[1]. Pline, *Hist. Nat.*, XXXIV, 19, 15-16.

avec les statues de Lysippe paraît sensible. Dans les unes comme dans les autres (en tant que ces dernières nous sont connues par des copies), on constate le même *naturalisme* de bon aloi, la même recherche de l'élégance et de la perfection juvénile des formes.

Remarquons, d'autre part, que les figures de femmes, si nombreuses dans la coroplastie asiatique et grecque, sont relativement rares dans celle de Smyrne ; or, l'on sait combien elles sont rares aussi dans le catalogue des œuvres de Lysippe[1]. Le type qui prédomine, parmi les divinités, est celui d'Hercule, que Lysippe affectionnait particulièrement et qu'il a reproduit un grand nombre de fois, dans bien des attitudes physiques et des situations morales différentes, au point que l'on a pu dire que le type traditionnel d'Hercule date de Lysippe, comme celui de Jupiter date de Phidias et celui de Vénus de Praxitèle[2]. Ainsi, entre la série des statuettes et celle des statues, il y a concordance non seulement pour le style, mais pour le choix des sujets. La conclusion qui s'impose, c'est que la coroplastie de Smyrne s'est inspirée de préférence des types créés par Lysippe ou par son école, et que, le jour où les produits de cette fabrique auront été réunis et publiés, il ne sera pas téméraire de leur demander des éclaircissements sur tant de statues originales perdues à jamais. L'analogie, constatée dans l'ensemble, peut se poursuivre jusque dans le détail, à la condition toutefois d'user d'une extrême prudence. Il ne faut pas oublier, en effet, comme l'a démontré depuis longtemps l'étude des pierres gravées et des monnaies, que l'imagination de l'artiste grec, même le plus humble, ne perd jamais ses droits, et que, s'il imite volontiers les types consa-

1. Lübke remarque justement, *Geschichte der Plastik*, t. I, p. 247 (3⁰ édition), que cette préférence pour les figures d'hommes s'explique par le choix du bronze comme matière presque exclusive des statues de Lysippe. Le bronze, qui se prête peu à la représentation idéale de la femme, convient au contraire admirablement à l'étude *naturaliste* des types virils.

2. Sur les différents types d'Hercule créés par Lysippe, voyez Overbeck, *Schriftquellen*, n⁰ˢ 1468-1477, et *Geschichte der Griechischen Plastik*, t. II, p. 108 sq. (3⁰ édition).

crés par des chefs-d'œuvre et pour ainsi dire mis en circula-
tion, sa copie n'est jamais une reproduction servile, mais se
laisse modifier facilement soit par le caprice individuel, soit
par l'influence d'œuvres voisines d'un autre temps et d'une
autre école. Tout en s'inspirant de préférence des œuvres de
Lysippe et de ses élèves, les coroplastes de Smyrne n'ont exclu
ni les modèles de Praxitèle, ni même, comme nous l'avons vu
(n° 1), le type de Jupiter Olympien dû à Phidias. Ils ont pu
aussi user d'un certain syncrétisme et rajeunir un type ancien
par l'imitation d'un modèle nouveau; il est même à présumer
que les petits bronzes, dont les surmoulages leur servaient de
moules, ne reproduisaient pas les originaux célèbres avec la
fidélité toute moderne à laquelle nos réductions mécaniques
nous ont habitués.

Ces réserves faites, il est permis de supposer que nos figurines d'Hercule ont leur prototype dans l'*Hercule assis* de
Tarente, dans l'*Hercule amoureux*[1], dans l'*Hercule Epitrape-
zios*[2], dans les douze représentations d'Hercule de la célèbre
série de compositions placée par Lysippe à Alyzia en Acar-
nanie. L'identité de l'*Hercule Farnèse*, qui est certainement
une copie de Lysippe, avec le fragment 15 de notre catalogue,
a été signalée plus haut. Bien que Lysippe n'ait point sculpté
de *Jupiter Sérapis*, il paraît vraisemblable que les coroplastes
du iv° siècle, qui représentèrent ce type nouveau[3], modifièrent
le type traditionnel du dieu créé par Phidias, d'après les
quatre *Jupiters* de Lysippe[4]. En effet, dans nos figurines (sauf
le n° 1), le traitement de la barbe et des cheveux *en crinière*,
ainsi que l'enfoncement des yeux, empêchent de voir des
répétitions du *Jupiter d'Olympie*. Le *Jupiter d'Otricoli*, répé-

---

1. *Anthol. palat.*, II, 235, 4.

2. Martial, IX, 44.

3. Le type de *Jupiter Sérapis* aurait été introduit dans l'art grec par Bryaxis
(Clém. d'Alex., *Protrept.*, IV, 47, p. 41, éd. Pott.) Cf. Overbeck, *Kunstmythologie*, I, p. 56 et 305 ; Brunn, *Gesch. der Künstler*, I, p. 384.

4. Sur le *Jupiter* colossal de Tarente, voy. Overbeck, *Schriftquellen*, 1451-
1453. Lysippe fit encore un *Jupiter* en bronze pour Sicyone (Pausanias, II,
9, 6), un autre pour Argos (Paus., II, 20, 3), un quatrième pour Mégare
(Paus., I, 43, 6).

tition libre du *Jupiter* de Phidias, révèle manifestement l'influence d'un type plus récent, qui ne peut guère être que celui de Lysippe[1], et se rapproche beaucoup de celui de nos têtes de Smyrne. — Les figures d'athlètes de Lysippe, dont la plus célèbre, l'*Apoxyomène*, nous est connue par une excellente copie[2], ont inspiré les beaux fragments n°⁸ 32 et 35. Les figures d'animaux, si remarquables dans la coroplastie de Smyrne, prennent un intérêt particulier quand on se souvient que Lysippe était célèbre comme sculpteur de chevaux, de lions et de chiens. Son taureau de bronze, décrit par Procope[3], peut être l'original de notre n° 60. Il serait facile de multiplier ces rapprochements, en comparant au catalogue qui précède la liste des œuvres de Lysippe qui nous sont connues par les textes anciens ; mais on risquerait, malgré la justesse du point de départ, de tomber ainsi dans les hypothèses arbitraires. Ajoutons pourtant qu'on est bien tenté de reconnaître dans le n° 61 la figure d'Alexandre combattant dans le groupe des cavaliers du Granique, surtout quand on remarque la ressemblance de ce fragment avec le bronze d'Herculanum[4] qui nous a probablement conservé une image de l'original de Lysippe[5].

1. Cette opinion paraît confirmée par la ressemblance des monnaies d'or de Tarente, portant la tête de Jupiter (Mionnet, I, 136, 355), avec le *Jupiter d'Otricoli* (Overbeck, *Kunstmythologie*, I, p. 99). La monnaie de Tarente reproduit probablement la tête du *Jupiter de Tarente* de Lysippe.

2. Voy. *Annali dell' Instituto*, t. XXII, 1850, p. 223, et les *Monumenti* de la même année.

3. *De Bell. Goth.*, IV, 21.

4. Overbeck, *Griechische Plastik*, 3e édit., p. 133, rapporte cette statuette à un original d'Euthycrate ; dans les éditions précédentes, il y voyait une copie de Lysippe, d'accord avec les autres critiques.

5. Parmi les têtes de grotesques, il en est qui rappellent le type de Socrate, dont Lysippe avait reproduit les traits (Diog. Laerce, II, 43), et d'autres qui ressemblent beaucoup aux représentations connues d'Ésope (*Monumenti dell' Inst.*, vol. III, pl. XIV ; Visconti, *Iconographie grecque*, pl. XII), dont il existait un portrait célèbre par Lysippe (*Anthol. palat.*, IV, 16, 35).

IV

Ainsi, l'intérêt des terres cuites de Smyrne, ou plutôt des rares fragments qui nous en restent, est tout différent de celui qu'inspirent à l'archéologue les terres cuites autrement célèbres de Tanagre. Là, nous pouvons trouver presque à chaque pas des détails inédits et piquants sur la vie privée des Grecs au ive siècle; nous y chercherions en vain des documents sur la statuaire de Praxitèle et de Scopas. L'industrie des coroplastes de Tanagre a vécu modestement à côté de l'art des sculpteurs contemporains, sans en subir l'influence immédiate et sans lui faire d'emprunts directs. Même dans les répétitions nombreuses de l'*Hermès Criophore*[1], qui font penser à la statue de Calamis, il faut voir plutôt des productions parallèles à celles de la sculpture, que des œuvres inspirées directement par le chef-d'œuvre de l'artiste béotien. Le type du dieu criophore, national en Béotie et bientôt fixé par la tradition, a été reproduit d'une part par les sculpteurs, de l'autre par les coroplastes; il y a eu rencontre, et non pas dérivation[2].

Les choses se sont passées tout autrement en Asie[3], et surtout à Smyrne[4]. L'archéologue y trouvera sans doute, dans la riche série des grotesques et des têtes comiques, des indica-

---

1. Martha, *Catalogue de la collection de la Société archéologique*, n°s 264, 265, 923.

2. On pourrait citer, comme dérivant peut-être d'originaux en marbre, les *Niobides* de Fusano (Minervini, *Bullettino Napolitano*, 1847 ; cf., pour des groupes analogues en terre cuite, Stephani, *Compte rendu*, 1864, p. 166), et les frontons de Tanagre publiés par M. Curtius (*Académie de Berlin*, mai 1878) ; encore n'est-il pas impossible de voir dans ces œuvres des productions indépendantes. L'identification proposée par M. Heuzey (*Gazette des Beaux-Arts*, sept. 1875) entre la Déméter *Katagousa* de Praxitèle et le groupe fréquent d'une femme portant une autre femme sur ses épaules, est sujette à bien des objections (cf. Overbeck, *Griech. Plastik*, 3e édit., p. 169, note 44, et Rayet, *Gazette des Beaux-Arts*, 1878, p. 356, qui voit là un simple jeu d'enfants, l'ἐφεδριασμός, opinion qui paraît confirmée par une caricature de la collection Barre, n° 464 du catalogue de M. Froehner).

3. Voir à ce sujet les justes remarques de M. Rayet, *Gazette des Beaux-Arts*, 1878, p. 365.

4. A Myrina, les types de Praxitèle sont assez fréquents, et ceux qu'on peut

tions nouvelles sur l'histoire de la caricature chez les Grecs ; la série si nombreuse des têtes, exécutées avec tant de minutie, lui fournira les matériaux d'une étude sur la coiffure des anciens. Mais il y cherchera en vain ces scènes de genre, de vie de famille, d'intérieur, qui sont si fréquentes à Tanagre. L'art du coroplaste de Smyrne rivalise avec celui du sculpteur : très souvent, il exécute ses moules sur des réductions de statues célèbres, et, pour compléter l'illusion, il couvre ses figurines d'une couche de dorure, qui leur donne l'apparence de petits bronzes et en fait comme les bronzes du pauvre, les *réductions* à bas prix d'une époque où la sculpture en bronze était tenue en très haute estime.

Pourquoi les modèles choisis de préférence ont-ils été ceux de Lysippe ? C'est ce que l'histoire même de Smyrne peut nous expliquer.

On sait que cette ville, fondée à une époque très ancienne dans la dernière baie du golfe qui porte son nom, fut détruite par les Lydiens et resta presque déserte pendant quatre cents ans. A cette première période de l'histoire de Smyrne appartiennent quelques tombeaux archaïques, qui n'ont fourni aucun des objets énumérés plus haut. Après la mort d'Alexandre, Antigone la rebâtit à vingt stades au sud-ouest de son ancien emplacement, et, favorisée par sa position admirable, elle s'éleva rapidement à une très grande prospérité. A ce moment, la gloire et les œuvres de Lysippe remplissaient tout le monde grec. Lysippe avait été le sculpteur favori, le *portraitiste* attitré d'Alexandre [1] : après sa mort, ses fils et de nombreux élèves propagèrent ses traditions [2]. Lysippe est un des rares artistes que la postérité a continué de juger avec la même faveur que ses contemporains. Tout art local, nais-

---

rapporter à Lysippe sont extrêmement rares. — M. Rayet a décrit dans son *Catalogue* (n° 120) un *Éros* analogue à celui de Praxitèle, et qu'il croit provenir de Smyrne ; mais on sait que Lysippe avait aussi sculpté un *Éros*, et nous ne sommes pas certains que les répliques en marbre de nos musées dérivent d'un des *Éros* de Praxitèle plutôt que de celui de Lysippe.

1. Horace, *Epist.*, II, I, 239 sq. ; Cic., *ad. Fam.*, V, 12, 13 ; Val. Maxim., VIII, 11, ext. 2.

2. Cf. Overbeck, *Schriftquellen*, 1516 sq.

sant à la fin du ɪᵛᵉ siècle, devait dériver de celui de Lysippe.
Smyrne venait d'être fondée alors pour la seconde fois. Les
coroplastes de Smyrne n'avaient pas, comme ceux de Tanagre,
une longue série de modèles traditionnels qu'ils pouvaient,
avec le progrès de l'art, modifier et embellir. Obligés de produire en grand nombre ces petits objets de terre cuite que
réclamaient les demeures des vivants comme celles des morts,
ils devaient naturellement prendre pour modèles les œuvres
de la plastique qui était alors en faveur. Voilà pourquoi la
coroplastie de Smyrne, reflet de la sculpture contemporaine,
présente un intérêt exceptionnel, et peut fournir des indices
précieux sur beaucoup d'œuvres d'art qui n'existent plus.
Combien il serait désirable qu'on en recueillît autre chose
que des fragments, condamnés à se disséminer, sans profit
pour la science, à travers des collections où le souvenir de
leur origine se perd ! Il est impossible que les τυμβωρύχοι, pro-
cédant sans méthode, n'aient pas laissé sur le Pagus un certain nombre de tombeaux encore intacts, qui fourniraient des
figurines entières. Malheureusement, il y a quelques années,
le gouvernement turc a mis le Pagus aux enchères, et ces
terrains si précieux pour l'archéologie sont tombés entre les
mains de propriétaires pour la plupart ignorants et soupçon-
neux, qui les ont plantés de vignes et n'y permettraient
aucune recherche [1]. Seul, le gouvernement ottoman, s'il était
bien inspiré, pourrait faire entreprendre par un archéologue
européen des travaux reconnus si nécessaires. Espérons, sans
trop y compter, que la Sublime-Porte comprendra un jour
combien il serait de son intérêt d'empêcher les fouilles clandestines et de former, presque sans dépenses, des collections archéologiques que lui envierait l'Europe. Le concours
désintéressé des archéologues d'Occident ne lui ferait pas
défaut pour une pareille tâche.

Athènes, 1882.

[1]. Un Turc, propriétaire d'un tumulus sur le Pagus, a repoussé toutes les
offres de M. Schliemann et a même refusé de lui vendre son terrain, à quelque
prix que ce fût.

P. S. — Depuis que ce travail a été écrit, le Musée du Louvre a fait l'acquisition d'une partie de la collection que nous venons d'étudier, et qui appartenait à M. Alfred Lawson, contrôleur de la Banque Ottomane à Smyrne. Les objets reproduits sur notre planche d'héliogravure sont entrés dans les collections du Louvre. D'autres du même genre, notamment d'importants morceaux en terre vernissée, ont été acquis par nous à Smyrne et viennent d'être déposés au Musée (nov. 1882).

XVIII

LA PETITE TANAGRE[1].

I

D'ÉMILE A RAOUL

Paris, le 1er septembre 187...

« Il y a près de deux ans aujourd'hui, mon ami, quand tu vins me dire adieu, j'étais, tu t'en souviens, un collectionneur fervent, un peu maniaque et misanthrope, aimant mieux vivre avec les morts qu'avec les vivants et préférant une petite porcelaine bleu tendre à tous les portefeuilles de banquier ou de ministre. Pour celui qui aime ainsi l'art et les livres, la vie de rentier n'a rien de honteux; je m'y étais résigné de bonne heure, à la suite de cette fièvre que tu sais, qui me rendit incapable de tout travail prolongé. Donc, il y a vingt mois, tu revenais d'Athènes, et, comme tu connaissais mon faible, tu me rapportas une de ces figurines mignonnes que l'on découvre dans les tombeaux de la Béotie, près de Tanagre, une de ces délicieuses terres cuites qui, après deux mille ans passés sous terre, se réveillent soudain, fraîches et charmantes, comme les vierges de la fable endormies au fond d'un caveau par un magicien. Oh! combien tous mes bibelots de Chine, du Japon, de Sèvres, me semblèrent pâles et vulgaires à côté de ce pur trésor! Je restais à l'admirer pendant des heures, dans une extase dont tes plaisanteries ne me tiraient pas. Je la vois encore là, sur la cheminée, et pas un pli de sa tunique ne s'est effacé de ma mémoire! Elle était

1. *Revue politique et littéraire*, 3 décembre 1881; en grec dans l''Εστία de 1882. Anonyme.

debout, la tête nue, un frêle bandeau doré relevant ses tresses sinueuses, gracieusement nouées sur sa nuque où folâtraient quelques cheveux épars. Ses yeux bleus sous leurs cils bruns et ses lèvres roses entr'ouvertes exhalaient un parfum indicible de noblesse et de bonté. Tout son corps et ses bras mêmes étaient enveloppés d'une fine tunique blanche, sur laquelle passaient, de droite à gauche, les plis d'un *himation* rose, si délicat qu'on sentait au travers la chair vivre et palpiter, si pudique qu'une Vestale aurait pu envier cet ajustement. Mais ce n'est pas tout, mon ami, laisse-moi la joie de rappeler mes souvenirs...

Une mince bande violette courait le long de sa tunique et se mariait avec le blanc pâle et le rose, comme le rose, le blanc et l'azur dans les draperies de Raphaël. De petites sandales rouge vermillon chaussaient ses pieds de déesse et les cordons qui les attachaient portaient les traces d'une dorure légère que le temps avait respectée... Ah ! dès le premier instant où je la vis, ma *petite Tanagre* ne cessa d'occuper mon âme ! C'était ma belle aimée, ma consolatrice, devant qui je devais passer, comme le fakir, bien des journées de muette contemplation. J'éprouvais pour elle un sentiment mêlé d'amour et de respect. Sa physionomie était si grave, quoique douce, son attitude si noble et si chaste, que j'aurais rougi de penser, de parler devant elle autrement que devant une mère ou une sœur. J'avais dans mon salon deux petites copies en albâtre des *Vénus de Médicis* et du *Capitole* : je les fis disparaître. Quand tu vins me dire adieu, tu t'aperçus de ce changement et tu te moquas de moi ; mais il ne faut jamais railler un enthousiasme : il faut le partager ou l'absoudre.

Tu partis pour Washington, et avec toi je perdis le seul ami dont le commerce pût me distraire du culte absorbant de ma belle aimée. Elle me devint doublement chère, car elle était pour moi l'éternel féminin et le souvenir de l'ami absent. Comment te dire les jours que je passai devant elle, les mains jointes, les yeux humides, découvrant sans cesse quelque beauté nouvelle, bénissant l'artiste qui avait créé le chef-d'œuvre et l'ami qui me l'avait donné ! Elle souriait toujours, et je souriais aussi en la regardant ; et, quand je noyais mon long sourire dans le sien, il me semblait que ses lèvres frissonnaient, qu'elle allait parler, me dire peut-être : *Je t'aime !*... Je finis par ne plus sortir de chez moi, tant les autres femmes me paraissaient horribles ; ma servante me crut fou et répandit d'alarmantes nouvelles dans le voisinage. Ah ! les pauvres d'esprit qui ne connaissent pas le délire du beau ! Mon admiration était devenue amour, mon amour devint culte, mon culte devint fétichisme. Combien j'ai compris alors les Grecs de la Grèce ancienne qui portaient leurs prières et leur encens à un marbre de Phidias ou de Praxitèle ! Combien de fois j'ai songé à la Galatée antique, à ce miracle qu'on traite de légende et que mon amour renouvelait tous les jours ! Tu souris Raoul, et tu as raison peut-être ; mais mon âme est ainsi faite qu'elle veut animer ce qu'elle aime et qu'elle n'admire pas sans aimer.

Trois mois se passèrent ainsi. Soigneusement abritée sous une cloche de verre, ma belle Tanagre s'éclairait, chaque matin, des rayons du soleil d'automne qui venait jouer dans ses cheveux et sur son sein. Depuis longtemps pour moi ce n'était plus une statuette, mais une sœur, une amante, sur laquelle mon cœur inoccupé concentrait toute sa puissance d'affection.

L'hiver arriva ; je craignis pour elle l'obscurité et le froid, et je fis ciseler une petite boîte d'argent où je l'enfermais tous les soirs pour la remettre sous cloche au soleil levant. Mais souvent, pendant mes insomnies, je me levais en cachette, comme un criminel ; j'allais ouvrir timidement la boîte et m'assurer que ma belle aimée était bien là.

Plus misanthrope que jamais, j'interdis ma porte à tout le monde, même aux marchands de bric-à-brac, et je vécus en tête à tête avec l'objet de mon incessante extase. J'étais jaloux comme un Maure ; aucun autre que moi ne devait voir ma Tanagre. Le moindre bruit m'inquiétait ; je vivais dans un état d'agitation intense coupée par de longues heures contemplatives où l'agitation refoulée me consumait. Mais enfin j'étais heureux, j'aimais, j'admirais ! Hélas ! mon bonheur fut de courte durée.

Au mois de novembre, le soleil se fit rare et les grandes pluies commencèrent à tomber. Je me sentais oppressé et triste, et ma Tanagre souriait plus tristement encore dans le ciel gris qui pesait sur elle. Un matin, en la retirant de sa petite boîte, j'éprouvai une soudaine frayeur : je crus voir que ses lèvres pâlissaient, que sa robe blanche se tachait de points obscurs... Deux jours après, la bande violette parut noirâtre, la dorure du bandeau perdit son éclat et devint d'un jaune mat... Dès lors ma vie fut une souffrance de chaque instant. Je soignai ma Tanagre comme une enfant malade ; je me surpris à lui demander si elle souffrait. Craignant l'effet de l'humidité et de l'air, je fis calfeutrer mes fenêtres et j'ordonnai d'entretenir dans la chambre une température constante. Vains efforts ! inutile tendresse ! Le mal faisait des progrès effrayants ; je voyais venir le jour fatal où mon adorée tomberait dans mes bras, en poussière, décolorée,... morte ! A cette idée, je crus vraiment que j'allais devenir fou ; j'en fus tellement obsédé que la fièvre me reprit, et pendant quelques jours, cachant mon mal à tout le monde, je me demandais si je mourrais avant ma Tanagre, ou ma Tanagre avant moi...

Quand je me rétablis, je déterminai d'aviser et et de guérir à tout prix le mal inconnu qui décolorait mon trésor.

— Mais, me diras-tu, un homme compétent t'aurait averti que rien ne se perd plus vite, sous le ciel brumeux de Paris, que les couleurs des petites Tanagres. Il faut en prendre son parti.

Je l'avoue, un autre que moi aurait été trouver un archéologue : j'allai consulter un médecin.

— Monsieur, lui dis-je, une jeune fille que j'aime est dans un état fort alarmant. Née sous un ciel plus chaud que le nôtre, elle s'est trouvée transportée tout à coup dans cette atmosphère parisienne humide et glacée. Peu à peu elle a perdu sa fraîcheur, ses couleurs, son éclat ; ses lèvres sont pâles et ses yeux bleus semblent mourants. De grâce, donnez-moi un conseil ; que dois-je faire pour elle ?

— Ne pourrais-je pas voir cette enfant ? me dit le docteur.

— C'est impossible, monsieur ; elle ne peut sortir et ne doit être vue de personne. Et puis, cela serait inutile !

Le docteur fit un geste de surprise et de dénégation.

— Eh bien ! monsieur, reprit-il, si cette jeune fille est née dans le Midi, on a eu tort de l'amener à Paris ; il faut qu'elle retourne dans son pays. Les jeunes filles, monsieur, sont comme les fleurs : elles doivent grandir là où elles ont germé !

Cette observation poétique du docteur fit sur moi une profonde impression.

— Maintenant, docteur, un conseil pour moi. J'ai eu une violente attaque de fièvre, je suis faible et triste, le froid me fait mal...

— Voyagez, monsieur, partez pour le Midi, et revenez-nous avec les hirondelles.

Je remerciai le docteur et je retournai chez moi tout pensif.

Je tirai ma petite de sa boîte d'argent, d'où je ne la laissais plus sortir, et je réfléchis longtemps en la regardant. La neige tombait à flocons, le ciel était bas et gris, les rafales passaient dans l'espace comme des frissons. Il y avait dans le regard de ma petite quelque chose de désolé et comme l'expression plaintive de la nostalgie.

— Eh bien, j'avais juré de te sauver coûte que coûte ! Ma belle aimée, tu reverras Tanagre, et j'irai voir Tanagre avec toi !

Cette résolution prise, je me sentis un peu soulagé. Je pressai mes préparatifs de départ ; je replaçai ma Tanagre dans son coffret soigneusement bourré de ouate ; je me fis confectionner une poche de cuir pour la porter sur moi à toute heure, et je m'embarquai à Marseille.

J'arrivai à Athènes avec mon précieux fardeau. Te dire ce que j'ai fait en voyage, ce que j'ai vu dans la ville de Cécrops, en vérité je ne le puis, car ma pensée était tout entière ailleurs. Je tâtais à chaque instant ma petite boîte, et, quand j'étais sûr qu'elle était encore sur moi, j'étais tranquille pendant cinq minutes. Je crois, en passant, avoir aperçu le Parthénon ; je l'ai bien admiré à mon retour, mais, dans l'état où je me trouvais alors, je ne pris pas la peine de le regarder.

Le printemps commençait ; une atmosphère tiède et pure enveloppait les choses ; j'étais pensif et triste, de cette tristesse printanière de l'âme qui, se sentant vieillir, voit tout renaître autour d'elle. Une pensée me dominait pourtant : l'espoir de voir refleurir ma bien-aimée, de la sentir revivre dans mes bras, sous les rayons du soleil natal. Je demandai un carrosse et je partis pour la Béotie. Nous passâmes par Décélie, nous franchîmes le Parnès, et, le soir, vers dix heures, on me déposa devant une affreuse auberge — on appelle cela un *khâni* — en me disant un seul mot que je compris : *Skimatari*. Car Skimatari est le village le plus proche de l'ancienne Tanagre, qu'Homère nomme, dit-on, *Graea*, et les modernes *Grimadha*.

La nuit était chaude, sereine, étoilée, et annonçait une belle journée pour le lendemain. En m'étendant sur un infect grabat, je serrai la petite boîte contre ma poitrine :

— Attends quelques heures, mon aimée ; tu vas renaître, tu vas respirer l'air de ta patrie imprégné du parfum des fleurs que tes sœurs cueillaient autrefois ; les couleurs vont resplendir plus fraîches, et la joie qui brillera sur ton front sera la plus douce récompense de mon labeur.

Naturellement, je ne fermai pas les yeux du reste de la nuit. Quatre ou cinq paysans, couchés dans la même étable que moi, fumaient et plaisantaient dans un jargon inintelligible. Je me rappelai les histoires de brigands grecs et, tenant ma petite boîte entre mes mains, j'attendis impatiemment le lever du jour.

Les premières rougeurs de l'aurore coloraient à peine l'horizon que déjà j'étais sur pied et en marche pour les fameuses nécropoles. L'étude des livres et des cartes m'avait tellement familiarisé avec le pays que je m'y retrouvais — fort heureusement — sans avoir à demander le chemin. Le soleil n'était pas levé lorsque j'arrivai à l'une des nécropoles. Car il n'y a pas une seule nécropole à Tanagre; il y en a un grand nombre, répandues sur toute la vallée du Lari, entre les villages de Skimatari, Bratzi, Liatani et Staniatais, formant un cercle de six kilomètres de rayon autour des ruines de la ville ancienne. Puisque tu as été à Tanagre, ces noms ne te sont pas étrangers et tu peux suivre par la pensée mon itinéraire. Mais, au moment où j'errais parmi ces tombeaux ouverts, toute pensée archéologique était loin de moi. Je me disais seulement : C'est ici peut-être, ou là, qu'elle a dormi pendant vingt siècles! J'attendais le lever du jour comme on attend, à la Saint-Sylvestre, le coup de minuit qui doit commencer l'année nouvelle. Et c'était vraiment une nouvelle année ou plutôt une nouvelle vie qui devait alors commencer pour moi!...

Je m'avançai jusqu'au sommet d'une petite colline dénudée où le travail récent des fouilleurs avait laissé des traces nombreuses. Je ne sais comment je me persuadai que ma chère belle avait reposé là. Une attraction presque invincible m'enchaînait à cet endroit et je n'aurais pu m'en éloigner. Je jetai en l'air une poignée de pierres parmi lesquelles j'avais glissé un fragment de terre cuite : ce fragment tomba dans un des tombeaux qui m'entouraient, et j'allai m'asseoir, tout frissonnant, sur le bord de ce tombeau vide, les yeux fixés sur l'horizon. Mon cœur battait; je devais être bien pâle.

Enfin, du côté d'Oropos, une lueur plus vive dora la rougeur du ciel : quelques rayons, précurseurs du jour, fendirent l'espace, et au même moment le chant des oiseaux commença à retentir autour de moi. Deux minutes après le disque radieux du soleil paraissait à mes regards, et le ciel bleu de Tanagre s'illuminait dans toute sa profondeur.

Nerveusement, fiévreusement, je saisis ma boîte, j'ouvris la serrure et je retirai en tremblant l'image adorée, que je

n'avais pas contemplée depuis dix jours, un siècle pour moi !
Alors il se produisit un phénomène étrange, un vrai miracle,
mon ami, car il y a des miracles pour ceux qui croient, et non
pour les autres. Frappée par les premiers rayons de soleil,
qu'elle avait désespéré de revoir, ma belle aimée, comme la
statue de Memnon, s'épanouit avec un murmure joyeux.
Ses couleurs, naguère si fanées, brillèrent d'un éclat que je
ne leur avais jamais vu. Ses lèvres étaient plus roses, ses
yeux plus bleus, son sourire plus doux... Sa blanche tunique
avait perdu ses taches grises, triste parure du deuil et de
l'exil. Tout en elle respirait la vie, la volupté, la joie de la
patrie retrouvée. Il me sembla qu'elle s'était transfigurée dans
la lumière d'un Thabor tanagréen. L'émotion me frappa, si
intense, si brusque, que pour la première fois — oh! ne
crains rien, mon ami! — je laissai la belle aimée s'échapper
de mes mains...

D'effroi, je me voilai les yeux et je m'évanouis. Quand je
retrouvai mes sens, je la cherchai du regard, j'écartai les
ronces qui avaient poussé au fond du tombeau dépouillé...
O surprise! Ma petite avait glissé doucement sans se heurter
contre les pierres de la tombe, et reposait sous les ronces,
souriant toujours, souriant d'un sourire plein de prières qui
paraissait me dire :

— Oh! laisse-moi là!

— Eh bien! oui, mon adorée, je suis ton esclave, je ne
veux pas que tu meures par ma faute sous les rafales gla-
cées de la France ! Tu veux rester dans ta patrie, dans
ton berceau séculaire.... tu y resteras ! Les hommes sont des
cruels, des sacrilèges, quand ils arrachent les fleurs aux
tiges qui les ont portées. Ils sont mille fois plus sacrilèges
encore quand ils emmènent en de lointains exils, à Londres,
à Berlin, à Paris, les fleurs délicieuses que l'air de la Grèce
a vivifiées. J'ai été coupable, je vais réparer ma faute. Ta
volonté m'est apparue claire et certaine. Tu dormiras heureuse dans cette tombe, ou plutôt tu y souriras, ma belle,
du sourire pur de l'éternité!

Mais quoi ! si quelques nouveaux profanes allaient te ravir le repos que je te rends? Oh non! cela n'est pas possible, cela ne sera pas. Comme moi ils verront ici une tombe ouverte, où les ronces ont poussé; ils n'y porteront pas de nouveau leurs mains avides, en quête de sépultures encore vierges... Dix siècles auront passé sur ma cendre que ta jeunesse et ta beauté fleuriront encore sous ces épines!

En parlant ainsi, je pris une dernière fois ma petite aimée dans mes bras; elle me remercia par un sourire d'adieu. J'écartai les ronces du fond de la tombe, j'allai chercher à l'entour de la mousse et du thym, et je lui fis un lit délicat où je la couchai, non sans l'avoir portée à mes lèvres pour lui donner le suprême baiser. Puis je répandis de la mousse sur elle pour cacher ses traits à tous les regards; je ramenai les ronces qui devaient l'abriter contre le vent, et je m'agenouillai quelques minutes, pleurant à chaudes larmes. D'un effort convulsif, je m'arrachai pour toujours de ces lieux...

Je me remis à errer, sans savoir où j'allais, la tête remplie de visions fiévreuses. Une satisfaction amère et pourtant profonde du bien que j'avais fait, se mêlait dans mon âme au tumulte des regrets et des souvenirs. Après une heure, plusieurs heures peut-être, je sentis ma langue desséchée, mon gosier brûlant. Je cherchai une source; il n'y en avait pas. Je marchais toujours... Enfin, à travers les broussailles, j'aperçus de loin deux formes humaines; je me précipitai dans cette direction.

Sur le bord d'une source ombragée d'un saule, une jeune fille et une femme âgée remplissaient leurs outres brunes et prenaient à pas lents le chemin d'un hameau voisin.

Une vision étrange me secoua. Avais-je fait un rêve, ou rêvais-je en me le demandant? Je venais de l'ensevelir, de me séparer d'elle à tout jamais, et elle était là, devant mes yeux! Je l'avais laissée immobile, elle marchait là, à vingt pas de moi! S'était-elle levée du tombeau pour m'apparaître,

parce que le ciel voulait qu'elle ne me quittât point? Je m'a-
vançai tout près de la jeune fille et je la regardai, étonné...
C'était bien elle! Sous deux yeux bleus profonds où resplen-
dissait la bonté, se dessinaient un nez droit et des lèvres roses,
ces mêmes lèvres que tout à l'heure je venais de presser
contre les miennes. Un mince bandeau doré relevait ses
tresses sinueuses, gracieusement nouées sur sa nuque où folâtraient quelques cheveux épars. Tout son corps était enveloppé
d'une fine tunique blanche, dont émergeaient ses bras souples
et puissants; un *himation* rose, passant de droite à gauche,
dessinait les ravissants contours d'un sein gonflé par le printemps de la vie. J'étais plongé dans la stupeur quand la jeune
Tanagréenne se tourna vers moi. Je lui fis signe que je voulais
boire; elle me tendit son outre, et je crus que l'eau de Tanagre était du nectar. La femme âgée qui l'accompagnait me
dit deux mots que j'ai compris depuis : *Kalos oriste*, c'est-
à-dire : *Soyez le bienvenu.* Pour toute réponse, je m'inclinai.
La jeune fille me considérait attentivement. Elle vit que
j'étais fatigué et souffrant; elle me montra du doigt le hameau,
pour m'engager à l'y suivre. J'avais toujours deviné à son
regard, à la douceur de son sourire, que ma belle aimée était
bonne autant que belle! Je la suivis, les yeux fixés sur elle et
comme perdu dans l'infini d'un nouveau bonheur.

Ah! Raoul! tu m'entends et tu devines le reste. Dans la
cabane où je fus conduit était assis un vieux Palikare, qui me
reçut avec les mêmes paroles mystérieuses : *Kalos oriste*, et
me serra la main comme à un ancien ami. Quand je fus un
peu remis de mon émotion, j'eus l'idée de lui adresser quelques mots en italien. Aussitôt sa fille et lui poussèrent une
exclamation joyeuse : ils me comprenaient. Le vieux Palikare
avait été marin, il avait passé de longues années dans le port
de Syra, où l'on parle italien autant que grec. Il me pressa de
questions, auxquelles je ne répondis guère, ne songeant qu'à
la jeune Tanagréenne. Elle avait allumé quelques branchages
et s'était agenouillée devant le feu pour nous préparer du
café. Je ne perdais pas un seul de ses mouvements. Chaque

pli de sa robe me confirmait dans la conviction que le ciel avait fait pour moi un miracle et que ma belle aimée était sortie grandie de la tombe. Le Palikare remarqua mon émotion et me dit que je paraissais souffrir. Je répondis que je souffrais à la pensée de devoir bientôt quitter Tanagre.

— Si ce n'est que cela, me répondit-il, vous allez passer quelques jours avec nous. Vous irez dire à vos amis d'Europe ce qu'est l'hospitalité des Palikares.

J'acceptai sans me faire prier, heureux de la contempler encore. Pendant que nous buvions notre café, elle s'était appuyée contre la porte et se tenait toute droite, entortillant son *himation* rose autour de ses beaux bras lassés. C'était mon aimée telle que je la voyais chaque jour, dans tout l'éclat de sa beauté vivante! « C'est elle! » m'écriai-je involontairement... Elle s'approcha, son père lui prit la main, et ils échangèrent quelques mots en grec. Ils complotaient déjà de me soigner et de me guérir!

Pourquoi te raconter les délicieux moments que je passai alors avec elle Athina — c'est son nom — savait assez d'italien pour me comprendre, et je n'en savais pas assez pour lui parler trop. Nous nous entretenions en échangeant des sourires. C'est la langue de l'amour et la vraie langue universelle.

Le troisième jour, mon dessein était arrêté : Dieu me l'a prise, Dieu me l'a rendue; que sa volonté se fasse! J'attirai le Palikare auprès de la source, je lui vantai la beauté de sa fille et lui demandai sa main. Il me répondit qu'il voulait laisser sa fille maîtresse de son choix. Mais n'avais-je pas lu dans ses yeux, senti dans ses serrements de mains, que son choix n'avait pas besoin d'être forcé? Le soir même je la baisai sur le front; deux jours après, nous étions une âme en deux corps.

Je proposai à Athina de rester avec elle à Tanagre. Chaque heure qui s'écoulait me révélait dans cette divine nature de nouveaux trésors de beauté, de simplicité et de douceur. J'aurais renoncé pour elle à ma patrie, comme ces hommes d'Homère qui ont goûté le fruit du lotos. Mais Athina voulait voir la France, où les femmes, lui disais-je, n'étaient pas vêtues comme elle. L'impatience qu'elle témoignait de quitter son pays natal venait d'une pensée modeste et bonne : la crainte que je pusse, même auprès d'elle, regretter le mien. Le vieux Palikare l'appuyait de toutes ses forces :

— Va, mon Athina, disait-il, va montrer aux femmes de la France ce que sont les filles des Palikares !

Je ramenai ma petite Tanagre à Athènes, pour la déguiser en Européenne. Quinze jours après, je lui montrais, à Paris, ses petites sœurs emprisonnées dans les vitrines du Louvre. Elle a conservé toute sa gaieté sereine, au milieu des bruits de la grande ville. Nous sommes heureux de vivre et plus amoureux qu'au premier jour. Athina apprend le français et elle m'enseigne un peu de grec. Notre lune de miel restera toujours dans son plein. Ah ! mon ami, juge de mon bonheur ! ma petite Tanagre est vivante, et elle est ma femme ! Ma Tanagre était pâle ; aujourd'hui elle est rose comme les roses ! L'été à Paris lui semble aussi doux qu'à Tanagre ; nous irons passer l'hiver en Grèce, auprès du bon Palikare. Et c'est à toi, mon ami, que je suis redevable de toute cette joie ! Une Tanagre vivante qui m'aime... et de petits Tanagréens en perspective !

ÉMILE.

II

DE RAOUL A ÉMILE

Rome, le 3 septembre 187...

Mon bon ami, j'ai dans ma collection une seconde Tanagre : je cours l'enterrer auprès de la tienne !

RAOUL.

Myrina, avril 1881.

XIX

LES LÉCYTHES BLANCS FUNÉRAIRES [1]

De toutes les branches de l'archéologie classique, il n'en est
pas qui se soit développée aussi tard que la céramique
grecque ; il n'en est pas, non plus, qui sollicite aussi vivement
à notre époque les études des antiquaires et des artistes.
L'immense majorité des vases peints proprement grecs attend
encore un dessinateur et un éditeur, et les vases publiés avec
exactitude sont malheureusement dispersés dans des recueils
d'accès difficile. Le regretté Albert Dumont avait conçu le plan
d'un grand ouvrage sur les céramiques de la Grèce propre : il
n'a pu en publier que deux fascicules. Un de ses élèves,
M. Edmond Pottier, en a fait paraître, depuis, un troisième ;
un quatrième verra le jour l'an prochain. Les dessins de vases
qui accompagnent ce livre sont dus au crayon habile de
M. Chaplain, et l'on peut dire qu'ils ne craignent la comparaison avec aucun travail du même genre ; mais ce que
M. Chaplain nous donne fait regretter plus vivement encore ce
qu'il ne nous donne pas ; on voudrait que la céramique
grecque, popularisée par un écrivain et un artiste, devînt aussi
familière aux hommes instruits que la grande sculpture, et il
faut bien avouer que tout reste à faire dans cette voie. L'archéologie grecque n'a plus de Barthélemy et elle n'a pas de
Gaston Boissier. Beaucoup trop de savants n'écrivent que
pour leurs confrères. Les vases chinois et japonais ont conquis
la mode ; mais qui s'intéresse à la céramique grecque ? Depuis
la mort de M. Paravey, je ne sais s'il existe un seul amateur
français qui collectionne des vases. N'était la vigilance des

1. *République française* du 21 juillet 1886.

gardiens, on pourrait tuer en plein jour dans les salles du musée Campana, où s'étale une des plus riches séries céramiques qui soient au monde. Les gens du monde n'en troublent la solitude que lorsqu'ils y sont appelés par un rendez-vous.

Le manque d'un catalogue et de notices explicatives est bien pour quelque chose dans cette regrettable indifférence; mais il y a des causes plus profondes, qui tiennent à la difficulté même du sujet. Les vases grecs et gréco-italiques sont encore, pour la plupart, des énigmes, et des énigmes multiples : on n'est d'accord ni sur leur usage, ni sur les procédés de leur fabrication, ni sur l'explication des peintures qui les décorent. Les anciens, qui nous ont appris tant de choses que nous ignorerions sans regret, n'ont pour ainsi dire rien écrit sur les vases peints; et quant aux modernes, aux archéologues des deux derniers siècles, ils ont pendant longtemps déraisonné à cœur-joie, au point de jeter une sorte de discrédit sur cette branche des études archéologiques.

Ce n'est guère que vers le milieu du siècle dernier que l'on commença à s'occuper sérieusement des vases peints. On ne connut d'abord que les produits italo-grecs, qui, datant d'une époque assez tardive, sont précisément plus difficiles à interpréter que les vases de meilleur style. Il y a cent ans, les antiquaires italiens n'avaient pas encore appris à dire : « Je ne sais pas ». C'étaient, en général, des *ciceroni* attachés à des collections princières où ils avaient mission de conduire les nobles visiteurs. Cet état les obligeait de trouver une explication pour tout, car si un savant admet volontiers que vous lui confessiez votre ignorance, il n'en est pas de même d'un dilettante grand seigneur qui veut des affirmations audacieuses — afin de pouvoir les répéter en son nom le lendemain.

Les *ciceroni* se tirèrent d'affaire comme ils purent : ils expliquèrent tout, ou plutôt n'expliquèrent rien. Sans doute, on était déjà loin du temps où un voyageur, décrivant un vase à figures noires qui porte une scène de pugilat, y reconnaît « des nègres qui se battent »; mais, pour être plus savantes, les interprétations des nouveaux exégètes ne valent guère mieux. On en vint à penser que les vases peints avaient je ne sais quelles relations avec les mystères de l'ancienne Grèce, qui sont lettre close pour nous, et tout ce qui n'était pas aisément intelligible fut déclaré *mystique*. On eut les *gestes mystiques*, les *échelles mystiques*, les *rouelles* et les *cistes mystiques*. Cette *mystification* a duré longtemps. Un des plus grands archéologues de l'Allemagne, Gerhard, mort il y a vingt ans à peine, était encore trop imbu de la doctrine à laquelle ses prédécesseurs avaient sacrifié jusqu'au sens commun. Mais c'est Gerhard pourtant qui, plus que tout autre, contribua à ramener l'étude des vases dans une voie scientifique, et cela en publiant d'une manière exacte plusieurs centaines de peintures que les fouilles récentes de l'Étrurie venaient de rendre à la lumière. Déjà l'on commençait à connaître, par quelques beaux spécimens, la céramique de la Grèce propre : l'on s'aperçut bientôt qu'elle l'emportait à tous égards sur celle de l'Italie et que c'est par elle qu'il convenait de s'éclairer.

Depuis qu'Athènes possède une collection céramique presque exclusivement formée de vases découverts en Grèce, les archéologues ont exploité avec succès cette mine nouvelle. On a reconnu que les scènes de *mystères* étaient beaucoup plus rares qu'on ne le pensait d'abord, que la vie familière, le théâtre, les jeux publics, avaient très souvent inspiré les peintres de vases. Mais surtout — et c'est en cela que consiste le principal progrès dû à la jeune école dont MM. Heydemann, Benndorf et Dumont ont été les chefs — on s'est appliqué à distinguer plus exactement les époques et les styles ; on a classé les vases dans certaines séries chronologiques ou géographiques et l'on a consciencieusement appliqué la maxime de Gerhard, qui voulait que la comparaison précédât toujours l'interprétation.

Malgré tous ces efforts, l'obscurité reste grande, et mille problèmes de détail attendent encore leur solution. Il n'y a guère qu'une seule série de vases qui forme aujourd'hui un

ensemble bien défini sur lequel on puisse proposer autre chose
que des conclusions négatives : ce sont les lécythes blancs
attiques à décoration polychrome et à sujets funéraires. Chose
étrange ! on ne connaissait pas ces vases il y a cinquante ans :
ce sont maintenant ceux que l'on connaît le mieux. Ce résultat important, préparé par les études de MM. Benndorf et
Dumont, est dû principalement à la sagacité de M. Edmond
Pottier, auteur d'un livre récent sur les lécythes athéniens,
dont j'aimerais à dire ici tout le bien que je pense, si l'amitié
n'enlevait aux éloges toute l'autorité qu'elle ajoute à la
critique.

Le Louvre, fort heureusement, possède une série de ces
lécythes, série très choisie, sinon très nombreuse, que l'on
peut voir, mais que l'on ne regarde guère, dans la salle du
musée Charles X où sont exposées les terres-cuites tana-
gréennes. Cinq ou six d'entre eux sont des chefs-d'œuvre
exquis, aussi dignes d'être admirés et convoités que les
dessins de Raphaël ou de Léonard. Puissions-nous, en les
signalant à l'attention des amis de l'art, leur attirer quelques
visiteurs, nous dirions presque quelques pèlerins de plus !

Sur cinq ou six cents lécythes blancs que l'on possède, il
n'en est pas vingt qui aient été découverts hors de l'Attique.
Presque tous ont été retirés, intacts ou en fragments, des
nécropoles d'Athènes et des environs. Voilà donc un premier
point d'une importance capitale : l'unité de provenance.

La nature du mobilier des tombes et d'autres indices ont
permis de dater approximativement les lécythes : tous se
placent entre l'époque de Périclès et le commencement de la
domination romaine, c'est-à-dire qu'ils sont contemporains du
plus grand développement du génie attique dans la littérature
et dans l'art. Voilà le second point, qui n'est pas moins important que le premier : la détermination exacte d'une période de
fabrication.

En troisième lieu, les quatre cinquièmes des lécythes sont
décorés de peintures relatives aux usages funéraires des Grecs.
Il est vrai que sur un certain nombre d'autres on a signalé

des scènes toutes différentes, telles que chasses, combats, types mythologiques et familiers ; ce sont, toutefois, des exceptions assez rares. On a même décrit des lécythes blancs où figureraient des femmes nues : le fait n'est pas impossible, mais il est probable qu'il y a eu confusion. Les peintres de vases antiques procédaient comme ont procédé, depuis, Raphaël et David : ils dessinaient leurs figures nues et les habillaient ensuite. Or, il est arrivé plus d'une fois que les vêtements ont disparu, par suite de l'humidité qui a rongé les couleurs, et qu'il n'est resté que la première silhouette. Nous possédons une étude de Raphaël pour la *Sainte Famille de François Ier*, où la Vierge est représentée dans le costume d'Ève : voudrait-on en conclure que la peinture religieuse de la Renaissance admît les nudités féminines ? Mais nous ne prétendons pas que la peinture des lécythes soit, dans le sens moderne du mot, de la *peinture religieuse ;* il suffit de dire que la plupart des sujets ont trait aux cérémonies des funérailles et aux idées populaires sur la vie future. C'est cela même qui en fait la haute importance, indépendamment de leur valeur comme œuvres d'art : ils sont des témoignages irrécusables d'usages et d'idées dont les écrivains ne nous ont pas dit grand'chose, parce que leurs contemporains en étaient parfaitement informés. Ce qui nous intéresse le plus dans l'antiquité est précisément la vie de tous les jours, les opinions ou les erreurs de la foule, et c'est ce que les auteurs ne se sont pas préoccupés de nous apprendre. Il faut le demander aux inscriptions, aux produits de l'art industriel, en un mot à l'archéologie, qui vient suppléer, dans une mesure toujours plus large, à l'insuffisance ou à l'obscurité des textes.

Un des rares textes anciens relatifs aux vases paraît justement concerner les lécythes blancs. Aristophane parle d'un modeste potier qui « peint des lécythes pour les morts ». Ainsi, non seulement les lécythes présentent surtout des sujets funéraires, mais ils ont été spécialement fabriqués pour être ensevelis dans les tombes. Comme la terre en est poreuse et peu cuite, ils n'ont certainement pas renfermé de liquides :

c'étaient des balsamaires où l'on plaçait des parfums. On sait
que pour les autres vases peints la question est loin d'être
aussi simple et qu'on ne peut guère distinguer ceux dont la
destination est spécialement funéraire de ceux qui servaient
aux différents usages de la vie.

Les scènes principales figurées sur les lécythes sont au
nombre de quatre : l'exposition du mort, la mise au tombeau,
le passage du fleuve infernal et le culte de la tombe. L'étude
de ces différents épisodes est des plus intéressantes. Voici
d'abord — le vase est au musée du Louvre — une morte
étendue sur un lit orné de bandelettes rouges, la tête reposant
sur un coussin. Une femme, également vêtue de rouge, étend
la main au-dessus de la morte ; une autre porte la main à ses
cheveux en signe de deuil. Au fond, une colonnette dorique
indique que la scène se passe dans l'intérieur d'une maison.
Mais qu'est-ce que cette petite figure ailée qui voltige au-
dessus de la défunte ? Les archéologues qui se sont occupés
des lécythes blancs y ont reconnu l'âme du défunt. La même
figure se retrouve dans d'autres scènes qui représentent
le passage du fleuve infernal ou les offrandes apportées au
tombeau. M. Pottier a remarqué que, sur un lécythe de
Vienne, il y a trois génies ailés voltigeant au-dessus d'une
morte et que souvent ces petites figures portent la main à
leurs cheveux comme pour répéter le geste de douleur des
assistants. Est-ce bien ainsi qu'il faut se figurer l'âme dans
les croyances spiritualistes de l'antiquité? Ne s'agit-il pas
plutôt, du moins dans certains cas, de génies funéraires, nous
dirions presque d'*anges*, tellement cette conception chrétienne
a de racines dans la religion des Grecs? Il n'est pas douteux
que ces génies sont quelquefois des âmes ; mais souvent aussi
ce ne sont que des esprits, symboles ailés de la douleur des
survivants. Voilà un résultat qui paraît bien établi et sur
lequel il est nécessaire d'appeler l'attention, car ici les lécythes
nous apprennent ce dont les auteurs contemporains n'ont
rien dit du tout.

A la scène de l'exposition succède celle de la mise au tom-

beau : elle est admirablement représentée sur un lécythe de
Berlin. Deux génies ailés soutiennent le corps d'une jeune
femme et s'apprêtent à le déposer auprès d'une stèle couronnée
de feuillage et ornée de bandelettes. Ces génies, nous les
connaissons : ce sont les deux frères Hypnos et Thanatos, le
Sommeil et la Mort, que les peintres de vases ont souvent
représentés sous des traits différents, d'accord en cela avec
les vers d'Hésiode : « L'un voltige tranquillement, plein de
douceur pour les mortels ; l'autre a une âme de fer et un
cœur d'airain qui le rendent inaccessible à la pitié. »

La descente aux Enfers est une scène très fréquente dont
on connaît une trentaine de répliques. L'une d'elles est au
musée du Louvre. Charon barbu, coiffé d'un haut bonnet de
feutre, vêtu d'une courte tunique, tenant sa rame à la main,
est debout dans sa barque et tend la main à un homme qui
s'avance vers lui, suivi d'une jeune femme drapée. Ailleurs
paraît Mercure conducteur des âmes, l'Hermès psychopompe,
tenant le caducée d'une main, menant, de l'autre, un personnage vers la barque du funèbre nautonier. Au-dessus vol-
tigent des génies ailés semblables à cet essaim d'ombres
plaintives dont parle Homère. Le sentiment qui domine
dans ces scènes curieuses est une tristesse calme et résignée.
Hermès n'est point obligé, comme dans les *Dialogues* de
Lucien, d'user de menaces pour forcer les morts à le suivre :
Charon n'a pas l'expression cruelle et repoussante que lui
donneront les artistes étrusques. Ces Athéniens regrettent la
vie, mais ils ne s'emportent pas contre la mort. On sait que ni
Homère ni Hésiode ne parlent de Charon. Le mythe du fleuve
infernal est une tradition toute populaire, particulièrement
propre, semble-t-il, à la Grèce continentale, qui a pénétré peu
à peu dans la littérature et dans l'art attique où on le trouve
représenté, au v° siècle, non seulement sur les lécythes,
mais sur les bas-reliefs funéraires. C'est à cette croyance qu'est
due la coutume antique de placer une pièce de monnaie dans
les cercueils : un lécythe blanc porte la figure d'un éphèbe
qui tient une obole entre ses doigts.

Le culte des morts est un des caractères essentiels de la civilisation antique, et les scènes qni s'y rattachent sont de beaucoup les plus fréquentes sur les lécythes blancs. Tantôt, autour d'une stèle élégante qui occupe le centre du tableau, s'avancent des femmes tenant des bandelettes, des couronnes, des corbeilles pleines d'offrandes ; tantôt ce sont des amis assis auprès du tombeau, l'air grave et recueilli, plus rarement avec des gestes de douleur. Enfin, sur un lécythe du Louvre, l'artiste a représenté le mort lui-même, assis sur le degré supérieur du soubassement que surmonte la stèle, jouant de la lyre comme au séjour des Bienheureux, tandis que deux de ses parents, debout de chaque côté, sont venus lui apporter leurs offrandes. Quelquefois un génie ailé, peint en couleur noire, voltige au-dessus de la stèle. On le voit : ce qui est vrai de la tragédie classique l'est aussi de l'art antique et de l'art attique en particulier : il n'y a pas *unité*, il y a *nullité* de lieu. La scène est-elle sur terre ou dans les enfers? On ne saurait le dire. Le mort joue de la lyre au milieu des survivants qui ne le voient point. La même question s'est posée au sujet des bas-reliefs funéraires représentant des scènes de famille ; faut-il y voir des réunions élyséennes ou des scènes d'adieux terrestres ? L'artiste grec n'en savait pas si long. Il était un peu, à cet égard, comme le peintre chrétien de la Renaissance qui représente une Vierge au milieu d'anges et de saints avec le clocher de Conegliano à l'horizon.

Nous n'avons fait qu'effleurer un sujet qui demanderait à être développé longuement. Il faudrait insister sur les renseignements que fournissent ces scènes touchant les usages funéraires des Grecs. Ainsi, la nature des offrandes que l'on apporte au tombeau nous éclaire sur la simplicité des rites funèbres de la Grèce de Périclès, où le sacrifice des victimes ne paraît point, où l'on croit être surtout agréable au mort en portant sur sa tombe des gâteaux et des fruits, en jouant de la lyre pour charmer sa solitude. Souvent, les parents et les amis, debout ou agenouillés devant la stèle, semblent indiquer par leurs gestes qu'ils parlent au mort. Mène-t-il sous terre une existence obscure, comme se le figuraient les anciennes croyances? A-t-il passé le fleuve infernal pour vivre d'une vie meilleure dans les prairies semées d'asphodèle, comme l'enseignent les poètes et les philosophes? Le Grec ne choisit pas entre ces deux doctrines; il ne se préoccupe pas de leurs contradictions : il y croit tour à tour. Mais ce qui est vrai des Grecs ne l'est-il pas aussi des modernes? N'associons-nous pas le culte des tombes, l'idée que nous parlons aux morts et qu'ils nous répondent, quand nous sommes penchés sur leurs cercueils, aux croyances poétiques sur l'immortalité de l'âme, au mépris du corps qui n'en est que la prison? Les doctrines successives ne se détruisent pas, elles se superposent, et leurs contradictions mal conciliées se manifestent dans les usages qui durent. L'instinct populaire ne s'en préoccupe point; est-il sûr que les penseurs eux-mêmes soient plus conséquents?

Les lécythes blancs ne méritent pas moins l'attention au point de vue de l'art. Leur forme seule est une admirable trouvaille du génie grec : aucun Chinois, aucun Japonais ne s'est élevé à cette conception élégante et simple qui rappelle l'exquise sveltesse d'un beau corps de femme. La panse, d'une blancheur laiteuse, forme un charmant contraste avec le col recouvert d'un vernis noir. Les silhouettes sont tracées d'abord sur le fond blanc, à l'aide d'un crayon gris ou bleuâtre manié avec cette sûreté de main qui caractérise les artistes grecs : puis, le peintre accuse encore les contours avec un pinceau fin, chargé de la couleur qui devra servir à indiquer le modelé intérieur et les vêtements. Ceux-ci reçoivent assez souvent des teintes polychromes appliquées avec un pinceau plus large : on trouve le rouge, le bleu, le jaune, moins souvent le vert. Ces modestes tableaux sont à peu près tout ce qui nous reste de la peinture des grands siècles de la Grèce, et comme chaque année qui passe les fait pâlir, même à l'abri des vitrines de nos musées, il serait bien désirable qu'on appliquât sans marchander les procédés de la chromolithographie à en perpétuer le souvenir. Tel lécythe blanc du Louvre est une merveille achevée de grâce : la silhouette rouge, qui s'est conservée presque intacte, alors que les teintes plates ont disparu, a le grand style et la précision savante d'une esquisse de Raphaël. D'autres fois, il est vrai, le dessin est incorrect, mais il n'est jamais mou ni trivial : les erreurs mêmes des artistes athéniens sont intéressantes, comme celles des préraphaélites, et si elles accusent parfois un manque d'études, elles ne trahissent jamais un défaut de goût.

Bien que les scènes analogues se répètent souvent, on n'a pas encore trouvé deux peintures identiques ; il est certain que les artistes travaillaient librement d'après leurs modèles et qu'ils ne se servaient pas de calques ou d'autres procédés mécaniques. C'est que l'art industriel, dans l'antiquité, n'était pas ce qu'il est devenu de nos jours. Chez nous, l'art industriel implique la division du travail : un ouvrier plus ou moins habile exécute le modèle qu'un artiste a dessiné ou peint à son intention. En Grèce, l'ouvrier qui exécute est en même temps l'artiste qui conçoit : il s'inspire, il est vrai, de modèles créés par quelque devancier ingénieux, mais il les varie à l'infini, suivant son inspiration personnelle et les mille caprices de sa fantaisie. Au point de vue technique, l'ouvrier athénien est assez médiocre : ses produits n'ont rien de cette perfection matérielle que les céramistes de l'Extrême Orient nous ont enseignée. En revanche, il a toutes les qualités de l'artiste qui s'est formé à l'école des grands maîtres ; il dessine sans hésiter une silhouette élégante, sait composer un tableau où chaque figure, chaque détail d'architecture sont à leur place. Comme la tragédie grecque, il fait beaucoup avec peu de chose, au rebours de tant d'artisans modernes qui mettent en jeu toutes les ressources de la science pour produire des œuvres sans expression.

Le temps n'est peut-être pas éloigné où l'étude de la céramique grecque ne se recommandera plus seulement aux antiquaires et aux artistes, mais aux industriels. Que la crémation

passe dans nos mœurs, et la fabrication des vases peints devra
renaître. On ne représentera plus sur les vases les jeux des
hommes ou les aventures des dieux ; les seuls sujets qui
pourront y figurer sans anachronisme ou sans scandale sont
précisément des scènes de deuil analogues à celles qui décorent les lécythes blancs. Alors un flot de visiteurs et d'artistes
se pressera contre les vitrines du Louvre. On s'apercevra peut-
être avec surprise que ces peintures vieilles de deux mille ans
n'ont pas vieilli d'un jour et que l'art, comme la littérature
attique, a exprimé les pensées, les regrets et les espérances
humaines de tous les siècles.

XX

MUSONIUS RUFUS A GYAROS [1]

Dans la notice qu'il a consacrée au philosophe Musonius Rufus, Suidas [2] cite une lettre de Julien l'Apostat dont le texte a été reproduit en dernier lieu par Hercher dans son édition des *Epistolographi Graeci* [3]. Ce fragment, qui présente plusieurs difficultés, se termine par la phrase suivante : Ὁ δὲ (Musonius, opposé par Julien à Socrate) ἐπεμέλετο βαρῶν [4], ὁπηνίκα φεύγειν αὐτὸν ἐπέταττε Νέρων. M. Hercher a traduit : *Hic vero turrium curator erat, quum exsulare a Nerone jussus esset.* Cette interprétation se fondait sur l'explication du mot βάρεις donnée par Suidas lui-même : βαρῶν, τουτέστι τειχῶν · βάρεις γὰρ τὰ τείχη.

Les traductions latines permettent de rendre les passages inintelligibles par des équivalents tout aussi obscurs. Qu'est-ce qu'un *curator turrium* ? M. Talbot, le traducteur français de Julien, a donné la version suivante : « Musonius s'occupait de fortifications quand il fut exilé par ordre de Néron [5]. » Mais on ne conçoit guère de quels travaux de fortification pouvait s'occuper Musonius, outre que la traduction, comme le texte, a quelque chose de bizarre et d'elliptique à l'excès. En 1884, à une séance de l'Académie des inscriptions, M. Egger a proposé une explication différente qu'il a reproduite, avec quelques développements nouveaux, dans une notice insérée au *Journal des Savants* de la même année [6]. Le

1. *Comptes rendus de l'Académie des inscriptions et belles-lettres*, 1885, p. 339-345.
2. Suidas, au mot Μουσώνιος Καπίτωνος.
3. *Epistolographi Graeci*, Paris, Didot, 1873, p. 390.
4. Hercher lit τῶν βαρέων.
5. *OEuvres de l'empereur Julien*, Paris, 1863, p. 453.
6. É. Egger, *Conjectures sur le nom et les attributions d'une magistrature*

savant helléniste faisait abstraction de la glose de Suidas sur le mot βάρεις et pensait qu'ἐπεμέλετο βαρῶν devait se traduire par « était vérificateur en chef des poids et mesures », en prenant βαρῶν pour le génitif pluriel de βάρος signifiant « poids ». Il en concluait qu'il existait à Rome, dès l'époque de Néron, un service central des poids et mesures, et que Musonius, loué par Julien d'avoir travaillé en vue du bien public, avait été le directeur de ce service.

Pour être fort ingénieuse et tout à fait séduisante au premier abord, cette explication n'était pas plus exacte que la précédente ; M. Egger, du reste, ne se faisait pas illusion, et ne la présentait qu'à titre d'hypothèse. Une découverte inattendue, que notre regretté maître eût saluée avec joie, vient d'apporter la solution définitive de ce petit problème, en prouvant que si le texte de Julien cité par Suidas est inintelligible, c'est que Julien ne l'a pas écrit tel que le lexicographe byzantin nous l'a conservé.

Grâce à la libéralité d'un Grec de Constantinople, M. Mavrocordatos, le syllogue hellénique de cette ville a entrepris de publier le catalogue des manuscrits grecs conservés dans les bibliothèques de l'Orient et d'en faire connaître les morceaux inédits offrant quelque intérêt pour l'histoire de l'hellénisme. Un jeune philologue grec, M. Papadopoulos Kerameus, déjà connu avantageusement par des travaux épigraphiques et métrologiques, a été chargé de diriger ce grand travail auquel le monde savant doit une approbation sans réserve. M. Papadopoulos, qui a visité les bibliothèques d'un grand nombre de couvents de l'Asie-Mineure situés dans des régions peu fréquentées et d'accès très difficile, a eu la bonne fortune de faire une découverte capitale près de Constantinople même, dans le monastère de la Vierge, à Chalki. Un manuscrit de mélanges, datant du xiv° siècle, lui a fourni six lettres inédites de l'empereur Julien, qu'il a fait connaître dans le Παράρτημα

romaine à propos de la biographie du philosophe Musonius Rufus, dans le Journal des Savants, 1884, p. 346-349.

du seizième volume du syllogue, publié il y a quelques mois
à Constantinople [1]. La troisième de ces lettres, adressée au
pontife Théodore, est celle même que Suidas a citée trois fois,
aux mots Ἀμφίων, Μουσώνιος Καπίτωνος et Βάρεις. Voici la
traduction de ce texte, jusqu'au passage qui concerne Musonius :

« *Au pontife Théodore*. En recevant ta lettre, je me suis
réjoui comme de raison : comment, en effet, n'aurais-je point
été heureux d'apprendre qu'un camarade, que le plus cher de
mes amis était en bonne santé? Je ne saurais marquer par des
paroles avec quel bonheur, après avoir décacheté ta lettre, je
l'ai relue à plusieurs reprises, avec quelle sérénité et quelle
joie je l'ai embrassée ; il me semblait y voir l'image de ta
généreuse nature. Dire le détail des sentiments qu'elle m'a
inspirés serait trop long et m'entraînerait à un bavardage
inutile, mais je n'hésite pas à te faire savoir ce que j'ai surtout
trouvé à louer en elle. C'est d'abord que tu as supporté si cou-
rageusement l'affront que nous a fait le gouverneur de la
Grèce, si toutefois je dois appeler cet homme un gouverneur
et non un tyran ; tu as pensé que rien de ce qu'il s'est permis
n'a pu t'atteindre. En second lieu, ta résolution chaleureuse
de servir les intérêts de la ville où tu as séjourné est la
marque évidente d'un esprit philosophique... »

Nous ne voudrions point dévier du sujet qui nous occupe
en cherchant à déterminer le sens exact de ces dernières
phrases, dont le texte était déjà connu par la citation de
Suidas. Qu'il nous suffise de dire qu'à notre avis la ville dont
il s'agit est Argos, et que l'affaire assez obscure à laquelle le
proconsul d'Achaïe s'est trouvé mêlé est la dispute entre les
villes d'Argos et de Corinthe, qui fait le sujet de la xxxiv^e
lettre de Julien.

Voici maintenant le texte grec de la phrase suivante : Ὥστε
μοι δοκεῖ τὸ μὲν πρότερον Σωκράτει προσήκειν, τὸ δεύτερον δὲ οἶμαι

---

1. Ὁ ἐν Κωνσταντινουπόλει ἑλληνικὸς φιλολογικὸς σύλλογος. Παλαιογραφικὸν
δελτίον. Παράρτημα του ιϚ΄ τόμου. Ἐν Κωνσταντινουπόλει, 1885, p. 22-26.

Μουσωνίῳ. Ἐκεῖνος μὲν γὰρ ἔφη, ὅτι μὴ θεμιτὸν ἄνδρα σπουδαῖον πρὸς του τῶν χειρόνων καὶ φαύλων βλαβῆναι · ὁ δὲ ἐπέμελετο Γυάρων, ὁπηνίκα φεύγειν αὐτὸν ἐπέταττε Νέρων.

Ces mots peuvent se paraphraser ainsi :

« La première action dont je te loue est digne de Socrate, la seconde de Musonius. Car Socrate disait qu'un méchant ne peut pas nuire à un homme de bien, et Musonius, quand il fut exilé par ordre de Néron, s'occupa encore des intérêts de Gyaros, lieu de son exil. »

Ainsi, grâce au témoignage concluant du manuscrit de Constantinople, l'inintelligible βαρῶν est remplacé par le nom propre Γυάρων, et le sens que nous obtenons n'est pas seulement satisfaisant, mais conforme aux autres renseignements que nous possédons sur l'exil de Musonius. Il est évident que Γυάρων n'est pas une conjecture d'un reviseur, mais bien la vraie leçon, car il n'y a point d'apparence que l'on ait remplacé par un nom propre, peu connu à l'époque byzantine, un substantif fréquent dans la basse grécité, tandis que l'hypothèse contraire pourrait s'appuyer sur de nombreuses analogies. Suidas avait sous les yeux un manuscrit assez fautif des lettres de Julien, et comme ce grammairien était dépourvu de toute critique, il a cherché et trouvé une explication aux passages les plus corrompus de son texte. Non seulement il fait observer, en reproduisant ce passage, que βαρῶν, corruption de Γυάρων, est synonyme de τειχῶν, mais, à l'article βάρεις de son lexique, il répète la citation de Julien, ὁ δὲ ἐπεμέλετο βαρῶν, avec la glose τουτέστι τειχῶν. Il ne nous appartient pas de discuter si Suidas est l'auteur de cette glose, s'il l'a empruntée à un lexique plus ancien, ou s'il a simplement copié une glose d'un manuscrit qu'il avait entre les mains. Cet exemple prouve combien M. Egger avait raison, en cherchant l'explication de ces mots ἐπεμέλετο βαρῶν, de faire abstraction du commentaire de Suidas. Les scholies ont souvent été imaginées par des commentateurs ignorants pour donner une signification quelconque à des passages corrompus; il arrive qu'elles n'ont pas plus de valeur que la faute elle-même, et l'on se tromperait en se fondant sur elles pour défendre une leçon que le bon sens suffit à condamner.

Nous savons que la petite île de Gyaros, située entre Andros, Céos et Syros, servit à l'époque impériale de lieu de relégation. Sous Tibère, il fut question d'exiler à Gyaros C. Silanus, proconsul d'Asie, qui était accusé de concussion; mais l'empereur, au dire de Tacite, objecta que l'île était un séjour affreux et inhabité et demanda que le coupable fût exilé dans l'île de Cythère[1]. Plus tard, comme Asinius Gallus voulait que l'on enfermât Vibius Serenus à Donuse ou à Gyare, Tibère intervint encore, en disant que ces deux îles manquaient d'eau, et qu'il fallait donner à ceux qu'on laissait vivre les choses nécessaires à la vie. Gyaros était, en effet, si pauvre et si stérile que les rats, disait-on, s'y nourrissaient en rongeant le fer[2]. Mais les scrupules de Tibère n'arrêtèrent point Néron, qui exila Musonius à Gyaros à la suite de la conspiration de Pison. Philostrate, dans la vie d'Apollonius de Tyane, raconte que le philosophe découvrit une source dans cette île qui jusqu'alors avait manqué d'eau, et que les Grecs la célébrèrent à l'égal de celle que Pégase avait fait jaillir sur l'Hélicon. De nombreux voyageurs venaient la visiter comme un témoignage de la science et du dévouement de Musonius[3]. En 1841, Ludwig Ross aborda à Gyaros où il n'aperçut que des restes insignifiants de la ville antique; il marque expressément, sans doute par allusion aux murailles attribuées par Suidas à Musonius, qu'il ne put y reconnaître aucune trace de fortifications : « Vers le sud, ajoute-t-il, à l'opposite de la petite ville, une source claire et fraîche jaillit du rocher; quelques pierres recouvertes de stuc attestent encore la canalisation dont elle a été l'objet dans l'antiquité. C'est probable-

---

1. Tacite, *Annales*, III, LXVIII et LXIX.

2. Antigone de Caryste, XXI; Pline, *Hist. nat.*, VIII, XLIII (XXIX) et LXXXII (LVI).

3. Philostr., Ἀπολλ., VIII, XVI, 2 : Ἐν γὰρ τῇ νήσῳ ἀνύδρῳ οὔσῃ πρότερον εὕρημα Μουσωνίου κρήνη ἐγένετο, ἣν ᾄδουσιν Ἕλληνες ὅσα Ἑλικῶνι τὴν τοῦ ἵππου.

ment la source dont la découverte rendit célèbre le stoïcien Musonius pendant son exil à Gyaros [1]. »

Les troupeaux que les habitants de Syra envoient aujourd'hui dans l'île déserte de Gyaros viennent encore s'abreuver à la même source, don précieux fait par la science d'un philosophe à son lieu d'exil. Ce rocher porte le nom de *Joura*, qui est un neutre pluriel, comme l'appellation τὰ Γύαρα, qui s'est substituée à la forme du singulier ἡ Γύαρος dès le commencement de l'époque impériale [2]. C'est aussi le pluriel qu'emploie Julien dans la phrase ἐπεμέλετο Γυάρων, qui a donné lieu à la corruption βχρῶν dans le manuscrit de Suidas.

Nous possédons une lettre de Julien dont l'intitulé a péri, mais qui semble adressée au proconsul d'Achaïe en faveur des Argiens, auxquels les Corinthiens voulaient imposer un tribut. Les Argiens devaient faire plaider leur cause par deux philosophes, Diogène et Lamprias, que nous ne connaissons pas autrement. « Ces hommes, écrit Julien [3], ne recherchent pas les fonctions publiques lucratives, mais lorsque leur ville natale est dans la détresse, ils se mettent tout entiers à son service. Ils réfutent par leurs actes l'accusation souvent dirigée contre les philosophes, de ne pas être utiles à leur patrie. » La philosophie, pour l'empereur Julien, n'est pas seulement œuvre de spéculation et de théorie; elle doit encore être bienfaisante et se mettre avec dévouement au service des intérêts communs. C'est cette vertu qu'il admire dans Théodore, qui avait rendu quelque service à la ville natale où il avait vécu et sans doute enseigné, et c'est pourquoi il le rapproche de Musonius, qui trouva moyen de faire jaillir une source sur le rocher où l'avait jeté Néron.

---

1. Ross, *Reisen in den Inseln*, 1841, p. 171, xxvi⁰ lettre.
2. Cf. Philostrate, 'Απολλ., VII, xvi, 2; Juvénal, I, 73.
3. *Epist.*, xxxiv (éd. Hercher, p. 357).

XXI

UNE NOUVELLE SYNAGOGUE GRECQUE A PHOCÉE[1]

Les découvertes de l'épigraphie grecque en Anatolie ont
été, jusqu'en ces derniers temps, fort difficiles à suivre, à cause
de la dispersion d'un grand nombre de textes nouveaux
publiés, le plus souvent d'une manière très défectueuse, dans
des journaux et revues périodiques de Smyrne qui ne parve-
naient que rarement en Europe. Cet état de choses s'est avantageusement modifié depuis la fondation de notre *Bulletin de
correspondance hellénique* et du recueil de l'école évangélique
de Smyrne. Mais, antérieurement à 1877, beaucoup de textes
intéressants sont restés enfouis, pour ainsi dire, dans des
publications locales, l'*Ionia*, l'*Amalthéa* et surtout l'*Homéros*,
dont les collections sont extrêmement rares et ne sont presque
jamais consultées par les épigraphistes d'Occident. L'*Homéros*[2], qui manque à la Bibliothèque nationale, mais que possède heureusement la bibliothèque de l'Association des Études
grecques, a recueilli ainsi un grand nombre de textes épigraphiques qui peuvent encore, pour la plupart, être considérés
comme inédits. Il faut dire que ceux qui les ont publiés ne se
sont guère mis en frais d'érudition : non seulement ils n'ont
pas donné de commentaires, mais ils ont imprimé les inscriptions en caractères cursifs, sans accentuer les mots et sans les
séparer. Ces textes se présentent à notre étude comme des
matériaux non dégrossis, ou plutôt comme les manuscrits de
scribes ignorants auxquels il faut appliquer, si l'on veut en

---

1. *Revue des études juives*, avril-juin 1886, p. 236-244. Cette note a été lue à
l'*Académie des Inscriptions*, le 19 mars 1886. Un extrait en a été publié dans
le *Bulletin de correspondance hellénique* du mois de mai.

2. Ὅμηρος, μηνιαῖον περιοδικὸν τοῦ ὁμωνύμου συλλόγου. Ἐν Σμύρνῃ, 1873-
1878.

tirer un sens, les données de la paléographie sur les confusions
de lettres et les erreurs naturelles à celui qui copie sans comprendre. Néanmoins, ils méritent d'être regardés de près, car
les originaux ont bien souvent disparu, et ces copies informes
sont tout ce qui nous reste pour rétablir le texte de monuments
depuis longtemps réduits en chaux ou encastrés dans quelques
constructions modernes.

L'*Homéros* du moi de mai 1875 (page 205) a publié, entre
autres, le texte suivant, copié par feu Gennadios, sans autre
indication de provenance que celle-ci : Ἐπιγραφὴ Ν. Φωκῶν
(inscription de Nouvelle-Phocée).

Τατιονςτριατωνοςτουεν
πεδωνοςτονοικονκαιτονπε
ριβολοντουυπλιορουκατας κευ
αςαςαεκτω ` . ` . ` . ` . ` ιων
εχαριςλτοτ *espace vide* υδαιοις
ηςυναγωγηε ` . ` . ` . ` . ` ςεντωνιουδαι
ωντατιονς ` . ` . ` . ` . ` ωνοςτουεντε
δωνοςχριςωςτεφανω
καιπροεδρια

La restitution de cette inscription, sur laquelle mon attention a été appelée par M. Papadopoulos Kerameus, ancien
bibliothécaire de l'École évangélique de Smyrne, me paraît
comporter une certitude absolue. En dehors du petit nombre
de ceux qui comprennent très bien, les meilleurs copistes sont
encore ceux qui ne comprennent pas du tout ce qu'ils trans-
crivent. Ils reproduisent naïvement ce qu'ils ont sous les
yeux, et leurs copies inintelligibles se prêtent à des restitu-
tions presque mécaniques. Pour obtenir, dans le cas qui nous
occupe, un texte satisfaisant, il suffit d'admettre que Gennadios a commis quelques confusions très simples, celles d'A et
Λ, d'I, T et Υ, de Θ et O, auxquelles se prêtent parfaitement l'alphabet grec lapidaire, et de remplir, par des restitu-
tions évidentes, les lacunes qu'il a indiquées :

Τάτιον Στράτωνος[1] τοῦ Ἐν-
πέδωνος τὸν οἶκον καὶ τὸν περίβολον τοῦ ὑπαίθρου κατασκευ-
άσασα ἐκ τῶ[ν ἰδ]ίων
ἐχάρισατο τ[οῖς Ἰο]υδαίοις.
Ἡ συναγωγὴ ἐ[τείμη]σεν τῶν Ἰουδαί-
ων Τάτιον Σ[τράτ]ωνος τοῦ Ἐνπέ-
δωνος χρυσῷ στεφάνῳ
καὶ προεδρίᾳ.

« Tation, fille de Straton fils d'Empédon, ayant construit, à ses frais, la salle du temple et le péribole de l'hypèthre, en a fait don aux Juifs. La synagogue des Juifs a honoré Tation, fille de Straton fils d'Empédon, d'une couronne d'or et du privilège de proédrie. »

L'inscription que nous venons de traduire a disparu. La ville de Nouvelle-Phocée, située à quelques kilomètres de l'ancienne Phocée, entre cette ville et les ruines de Cymé, a été visitée à plusieurs reprises, depuis six ans, par M. Papadopoulos Kerameus, qui lui a consacré une monographie, par MM. Pottier et Hauvette-Besnault, par M. Baltazzi et par nous-même; le texte signalé par l'*Homéros* n'a pas été retrouvé. Il est donc fort probable que l'inscription a été employée dans une des nombreuses bâtisses nouvelles qui se sont élevées en cet endroit.

Le nom de la donatrice, Tation, qui manque dans le lexique des noms propres grecs de Pape-Benseler, s'est déjà rencontré plusieurs fois dans les inscriptions[2]. Il est à Tatios comme Ἄπφιον, par exemple, nom d'une femme dans une inscription de Lydie[3], est à Appios. C'est un de ces diminutifs analogues au *Glycerium* des Latins, au *Gretchen* des Allemands, que l'on trouve surtout portés par des esclaves, des courtisanes ou des

---

1. Le texte de Gennadios porte Στριάτωνος, mais l'ι parasite s'explique aisément en admettant une fissure de la pierre.

2. *Corpus inscr. græc.*, nᵒˢ 3270, 3815, *add.* 3827 *f*, *add.* 3857 *s*, 6569.

3. *Journal of Hellenic Studies*, VI, 2, p. 347.

femmes de condition inférieure[1]. Mais ici, comme dans un assez grand nombre de cas, il s'agit certainement d'une femme libre. Rappelons seulement, à titre de parallèle, une inscription du Céramique d'Athènes, où est mentionnée une *Corallion*, femme d'Agathon, qui n'était ni une esclave, ni une courtisane[2].

Notre texte provient vraisemblablement de l'ancienne Phocée, la métropole de Marseille, dont les matériaux ont servi, depuis le XIV° siècle, à la construction de la Phocée génoise[3]. L'existence d'une colonie juive dans cette ville était encore inconnue, et sa découverte peut servir à nous en révéler une autre dans le voisinage. Parmi les communautés juives de Rome, qui comptait de nombreuses synagogues, deux inscriptions mentionnent la συναγωγή Ἐλαίας[4]. On s'est demandé si cette synagogue devait son nom à un olivier, dont elle aurait pris l'image pour symbole[5]. Ce serait là un fait isolé, que rien ne nous autorise à admettre, puisque les autres synagogues de Rome sont dénommées d'après des quartiers de la ville, des corps de métiers ou des ethniques divers. M. Schürer, se fondant sur l'existence d'une συναγωγή τῶν Ῥοδίων[6], inclinait à voir dans Ἐλαία un nom de lieu. Mais il pensait à Eléa (Vélia), petite ville de Lucanie, où nous ne savons pas qu'il y ait jamais eu de colonie juive. On trouve d'autres villes du nom d'Eléa en Bithynie, en Éthiopie, en Épire; une seule a été considérable, c'est l'Elæa de Mysie, dont les ruines existent aujourd'hui près du village de Klisé-Keui, sur la route de Smyrne à Pergame, à 40 kilomètres au

---

1. Wescher, *Revue archéologique*, nouvelle série, t. VIII, p. 19; Reinach, *Traité d'épigraphie grecque*, p. 511. Cf. une liste de ces noms dans Pape-Benseler, *Wörterbuch der griechischen Eigennamen*, 3° éd., p. XXII.

2. Lenormant, *Voie sacrée éleusinienne*, t. I, p. 47.

3. Papadopoulos Kerameus, Φωκαϊκά, Smyrne, typographie Tatikian, 1879, p. 52 et suiv.

4. *Corpus inscr. græc.*, 9904; de Rossi, *Bulletino di arch. crist.*, t. V, 1867, p. 16.

5. Schürer, *Neutestamentliche Zeitgeschichte*, p. 636; *die Gemeindeverfassung der Juden im Rom*, p. 17.

6. Schürer, *die Gemeindeverfassung*, inscr. 33 et p. 17.

nord de Phocée. Or, dans les environs immédiats d'Elæa, on voit une ruine romaine assez considérable, indiquée sur la carte de cette région de l'Éolide que nous avons publiée, M. Pottier et moi, dans le *Bulletin de correspondance hellénique*[1] sous le nom de *Tchifout-Kalessi*, c'est-à-dire, en turc, *château du Juif*. A cette dénomination correspond en grec Ἑβρεοκάστρο, nom de lieu qui n'est pas rare dans la toponymie anatolienne. Comme il y avait certainement des communautés juives à Pergame, à Smyrne, à Éphèse, à Phocée, nous serions porté à admettre que le nom de Tchifout-Kalessi conserve le souvenir de la communauté juive d'Elæa et que c'est à cette ville mysienne que se rapporte la συναγωγή Ἐλαίας des inscriptions judéo-grecques de Rome.

On sait depuis longtemps que l'organisation des communautés juives, dans le monde antique, était calquée sur celle des cités grecques, avec une γερουσία, une βουλή, des ἄρχοντες et autres magistrats[2]. L'inscription de Phocée ajoute, à cet égard, quelques indications importantes; nous voyons la synagogue, c'est-à-dire la communauté, honorant une bienfaitrice dans des termes identiques à ceux des inscriptions grecques analogues, lui décernant une couronne d'or et le privilège de la proédrie. Dans les décrets honorifiques païens, le don de la proédrie est très fréquent : il est souvent précisé par les mots προεδρία ἐν τοῖς ἀγῶσι, ἐν τοῖς ἀγῶσι πᾶσι, ἐν τοῖς ἀγῶσιν οἷς ἡ πόλις συντέλει, etc.[3]. Il s'agit donc de la première place dans les fêtes religieuses, du droit de siéger au premier rang. L'inscription de Phocée est le seul texte juif qui fasse mention du privilège de proédrie[4]; mais si le mot est nouveau, la chose ne l'est pas. Nous savons que la partie de la synagogue qui contenait l'arche et le livre de la loi passait pour privilégiée ; c'est

---

1. *Bulletin de correspondance hellénique*, 1882, t. VI, pl. ix.

2. Schürer, *ibid.*, p. 19.

3. Cf. notre *Traité d'épigraphie grecque*, p. 363.

4. L'équivalent du grec προεδρία paraît être פרהדרותא, mot que l'on a signalé dans la loi de douane bilingue de Palmyre (Derenbourg, *Revue des Études juives*, 1883, t. VI, p. 60). M. Derenbourg identifie les πρόεδροι aux *parhedrin* mentionnés dans la *Mischnah Kippourim* (*Ibid.*, p. 57 et suiv.)

là qu'étaient les places d'honneur, προτοκαθεδρίαι, **que** recherchaient les pharisiens et les scribes du temps de Jésus-Christ. Dans l'évangile de saint Mathieu, Jésus dit à ses disciples[1] : « Les scribes et les pharisiens sont assis dans la chaire de Moïse... Tout ce qu'ils font, ils le font pour être vus des hommes;... ils aiment à avoir la présidence dans les repas *et à occuper les premières places dans les synagogues* » (φιλοῦσιν δὲ τὰς πρωτοκλισίας ἐν τοῖς δείπνοις καὶ τὰς πρωτοκαθεδρίας ἐν ταῖς συναγωγαῖς). Et saint Jacques écrit, en faisant allusion au même usage[2] : « Mes frères, ne veuillez pas allier la foi en Jésus-Christ à des considérations personnelles. Si, par exemple, il entre dans notre assemblée un homme vêtu d'un habit magnifique et portant une bague d'or, et qu'il entre aussi un pauvre en haillons, et que, voyant celui qui porte l'habit magnifique, vous lui dites : Toi, assieds-toi à cette place d'honneur! et que vous dites au pauvre : Toi, reste-là debout! ou bien : Assieds-toi au bas de mon marchepied! ne faites-vous pas, à part vous, une distinction inspirée par une mauvaise pensée? »

Ainsi le privilège de προεδρία, identique à celui de πρωτοκαθεδρία, confère à la juive Tation le droit de prendre place au banc d'honneur, c'est-à-dire, comme nous dirions, au *banc d'œuvre*. L'inscription de Phocée nous montre que cette distinction n'était pas seulement accordée aux riches ou aux savants, mais que la communauté la conférait, par décision spéciale, même à des femmes, en récompense de services rendus. Il nous semble que ces *marguilliers*, au banc d'œuvre de la synagogue, ne sont autres que les ἀρχισυνάγωγοι. Pendant longtemps, on a pensé que ce titre impliquait toujours des fonctions religieuses et ne pouvait appartenir qu'à des hommes; mais les inscriptions ont prouvé qu'il se transmettait aussi de père en fils, qu'il était quelquefois porté par de tout jeunes enfants[3], enfin, qu'il y avait même des femmes archisyna-

---

1. Mathieu, XXIII, 6; cf. Marc, XII, 38 ; Luc, XX, 45.
2. Jacques, II, 2, 3 (I, 26, 27, trad. Reuss).
3. Cf. *Rev. des Ét. juives*, 1883, t. VII, p. 165, où sont indiquées les références.

gogues, comme cette Rufina ἀρχισυνάγωγός de Smyrne, mentionnée dans un texte grec que j'ai publié en 1883[1]. C'était donc parfois un simple titre honorifique, conféré aux *principes* de la communauté, en particulier, semble-t-il, à ceux qui avaient construit des édifices pour le culte. Ainsi, dans une inscription judéo-grecque d'Égine, l'archisynagogue Théodore rappelle lui-même qu'il a fait élever « depuis les fondements » une synagogue dans cette ville, et que ce travail lui a coûté quatre ans de soins[2].

L'inscription de Phocée est encore intéressante à d'autres égards : elle nous donne un des seuls renseignements précis que nous possédions sur la construction des synagogues judéo-grecques[3]. Nous trouvons d'abord le temple proprement dit, οἶκος, puis le *péribole de l'hypèthre*, placé au-devant de la salle du culte. Cette expression, ὁ περίβολος τοῦ ὑπαίθρου, ne s'est encore rencontrée, à ma connaissance, dans aucun texte grec. Le mot ὕπαιθρον ou ὕπαιθρος, employé au sens architectural, est lui-même très rare ; le temple hypèthre, sur lequel on a tant discuté, n'a été nommé que par Vitruve sous sa forme latinisée. Mais le terme est assez transparent pour ne prêter à aucune équivoque. Il s'agit d'une de ces cours à ciel ouvert dont il est question dans Ézéchiel, et que l'on voyait dans le temple de Salomon et dans celui d'Hérode[4]. Nous pouvons peut-être nous faire une idée de la disposition de la synagogue de Phocée par la vue restaurée du temple de Siah, dans le Hauran, publiée dans la *Syrie centrale* de M. de Vogüé[5]. Le temple, élevé sur un *suggestus* à degrés, occupe le fond d'une cour spacieuse entourée de portiques à colonnes. La colon-

---

1. *Revue des études juives*, 1883, t. VII, p. 161.

2. *Corpus inscr. græc.*, n° 9894 ; Schürer, *op. laud.*, n° 45.

3. Nous sommes également mal renseignés sur les anciennes synagogues de la Judée signalées dans la *Mission de Phénicie* de M. Renan (p. 761, 763, 765, 776-780). Le plan de la synagogue d'Hammam el Enf près de Carthage, publié dans la *Revue archéologique* de 1884, ne doit inspirer qu'une médiocre confiance.

4. Ezéchiel, chap. XL et XLIII.

5 Vogüé, *Syrie centrale*, t. I, p. 33.

nade serait le περίβολος[1], et la cour qu'elle délimite l'ὕπαιθρον.

Eusèbe, dans son *Histoire ecclésiastique*,[2] nous a laissé la description ampoulée et obscure de l'église construite à Tyr par l'évêque Paulin, entre 313 et 322. C'est la plus ancienne basilique chrétienne dont nous connaissions autre chose que le nom, et le plan de l'édifice, tel que le laisse entrevoir le texte d'Eusèbe, n'est pas sans analogie avec celui de la synagogue de Phocée. « Il entoura d'un mur l'enceinte extérieure, dit Eusèbe (τὸν μὲν ἔξωθεν ὠχυροῦτο περίβολον τῷ τοῦ παντὸς περιτειχίσματι...). Puis, il construisit un vestibule vaste et élevé (πρόπυλον)... Lorsqu'on a franchi les portes, il ne faut pas que l'on puisse entrer directement dans le sanctuaire, où l'on risquerait d'introduire la boue du dehors ; à cet effet, un espace libre est ménagé entre le temple proprement dit et l'entrée (μεταξὺ τοῦ τε νεὼ καὶ τῶν πρώτων εἰσόδων), et cet espace est entouré de quatre portiques, disposés en carré et supportés par des colonnes. Il laissa l'atrium du milieu à découvert (μέσον αἴθριον ἠφίει εἰς τὴν τοῦ οὐρανοῦ κάτοψιν) ; c'est là qu'il plaça les fontaines pour les ablutions. » Ce μέσον αἴθριον de l'église de Tyr, cour entourée de portiques qui s'étend entre l'entrée et le sanctuaire, répond exactement à l'*hypèthre avec son péribole* dans l'inscription de Phocée. Les termes αἴθριον et ὕπαιθρον sont absolument synonymes ; l'un et l'autre sont traduits par *atrium*, *area* dans les anciens glossaires gréco-latins. Un texte de Josèphe nous en fournit, d'ailleurs, une preuve frappante, et doit être rapproché, à ce titre, de notre inscription. Décrivant la construction du tabernacle de Moïse, l'historien juif s'exprime ainsi[3] : Πρῶτον μὲν αἴθριον διαμετρησάμενος (ayant délimité l'aire du tabernacle)... καὶ ὁ μὲν τοῦ αἰθρίου περίβολος τοῦτον τὸν τρόπον ἦν διακεκοσμημένος (et le péribole de l'*area* était orné comme il suit). L'expression ὁ περίβολος τοῦ αἰθρίου dans Josèphe est tout à fait analogue à ces mots ὁ περίβολος τοῦ ὑπαίθρου dans l'ins-

---

1. Cf. Ezéchiel, XL : « Et je vis un mur qui régnait tout autour du temple », etc.

2. Eusèbe, *Hist. eccl.*, X, 4, p. 379.

3. Josèphe, *Antiquités judaïques*, III, 6, 2.

cription de Phocée; ils traduisent sans doute l'un et l'autre une même désignation technique de l'hébreu.

Comme l'a remarqué Válois, dans son commentaire sur Eusèbe, la disposition de la basilique paulinienne est celle des cloîtres chrétiens avec leur préau : *quod enim monachi vocant claustrum, nihil aliud est quam quattuor porticus, quarum in medio locus est sub divo quem pratellum vocant.* Un préau avec une maison de prière au fond, tel paraît être le type primitif de la synagogue comme de l'église chrétienne. Lorsque l'hypèthre consacré n'est qu'une enceinte, sans temple adjacent, nous sommes en présence d'un simple lieu de réunion, d'une *proseucha*[1]. Le type plus complet se rattache étroitement à celui de la maison romaine avec son atrium. On retrouve cet atrium dans les églises chrétiennes, notamment dans la basilique constantinienne de Jérusalem, décrite par Eusèbe et reconstituée récemment par Fergusson[2]. Il nous semble que ces considérations ne sont pas sans importance dans le problème encore obscur de l'origine des églises chrétiennes[3]. Après qu'on a longtemps admis, sur la foi du mot *basilique*, que la basilique païenne, telle que nous la trouvons à Rome, était le prototype de la basilique chrétienne, une autre opinion tend à se faire jour : elle cherche le modèle de l'église primitive non plus dans les édifices publics du monde païen, mais dans les maisons particulières, qui servirent d'oratoires et de lieux de réunion aux fidèles dans les premiers siècles de la foi[4]. C'est plus tard, au temps du triomphe de l'Église, que les basiliques constantiniennes de Rome s'élevèrent à l'imitation des basiliques païennes, ou que celles-ci furent appropriées aux cérémonies du nouveau culte.

1. *Actes des apôtres*, XVI, 13; Josèphe, *Antiquités judaïques*, XIV, 10, 23 Juvénal, *Satires*, III, v. 296.

2. Eusèbe, *Vit. Constantini*, III, 39; Fergusson, *The temples of the Jews*, London, 1878, pl. V et VII.

3. Cf. Weingœrtner, *Ueber Ursprung und Entwicklung des christlichen Kirchengebäudes*, Leipzig, 1858; J.-P. Richter, *der Ursprung des abendländischen Kirchengebäudes*, Wien, 1878.

4. Maisons aisées servant aux réunions sabbatiques, *Actes des apôtres*, XVII, 5-7; XVIII, 7-8; *Rom.*, XVI, 5; *Coloss.*, IV, 15.

Il y avait d'ailleurs, comme nous l'apprend Vitruve, une grande analogie entre la basilique et la maison privée gréco-égyptienne. La ressemblance frappante que nous avons constatée entre l'église paulinienne de Tyr et la synagogue de Phocée autorise peut-être à étendre aux plus anciennes églises ce que M. Renan a dit des synagogues, *qu'elles étaient des salles et non des temples*[1].

1. Renan, *Mission de Phénicie*, p. 765. Les mêmes dispositions sont restées en vigueur dans la construction des mosquées musulmanes. Cf. la fin de la conférence de M. Perrot sur le temple de Jérusalem, faite à la *Société des Études juives* le 3 avril 1886.

XXII

SAINT POLYCARPE ET LES JUIFS DE SMYRNE[1]

Saint Polycarpe, évêque de Smyrne, subit le martyre dans
cette ville le 23 février 155[2]. Le récit de sa mort nous a été
conservé dans une lettre circulaire de l'Église de Smyrne aux
Églises d'Asie[3], et le recueil des Bollandistes a inséré la traduction latine d'une vie de saint Polycarpe, donnée comme
l'œuvre d'un certain Pionios, d'ailleurs inconnu[4]. Cette traduction a été faite sur le manuscrit grec n° 1452 de la Bibliothèque nationale, dont le texte n'a été publié qu'en 1881 par
M. l'abbé Duchesne[5]. Comme la version des Bollandistes est
peu exacte et que le texte grec n'est accessible qu'aux hellé-
nistes, il nous a semblé utile de traduire littéralement un
curieux passage de la *Vie de saint Polycarpe*, relatif aux Juifs
de Smyrne. Cette biographie n'est pas contemporaine du
saint; elle date probablement, comme l'a établi M. Duchesne,
du ive siècle[6]. Mais elle a été rédigée d'après des traditions
locales et des documents plus anciens. Les anecdotes qu'elle
contient, sous la forme de récits miraculeux, offrent une image
instructive de l'état des choses à Smyrne au milieu du iie siècle
après J.-C. Les textes de cette époque concernant les Juifs

---

1. *Revue des études juives*, 1885, t. II, p. 235-238.

2. C'est la date donnée par M. Waddington, *Mémoires de l'Académie des
Inscriptions*, t. XXVI, 1, p. 240. D'autres ont été proposées depuis.

3. Dressel, *Patres apostolici*, p. 391 et suiv. ; *Patrum apostolicorum Opera*,
rec. Gebhardt, Harnack, Zahn, *ed. minor*, Lipsiae, 1877, p. 119 et suiv.

4. *Acta Sanctorum*, t. II, xxvi janvier, p. 695-702.

5. *Vita Sancti Polycarpi, Smyrnaeorum episcopi, auctore Pionio*, primum
græce edita a L. Duchesne, Parisiis, 1881.

6. Duchesne, *Vita*, etc., p. 7-9.

établis dans les cités grecques sont assez rares, d'ailleurs, pour mériter d'être recueillis avec soin [1].

Après nous avoir appris que Polycarpe soutint, à plusieurs reprises, des controverses publiques contre les Juifs, les Gentils et les Hérétiques [2], Pionios passe au récit des miracles opérés par le saint. Nous traduisons le 28ᵉ paragraphe du texte grec :

« Il accomplit encore un autre miracle. Vers le milieu de la nuit, alors que tous les habitants de la ville étaient endormis et que les boulangers s'occupaient à faire le pain [3], le feu tomba par hasard sur du menu bois placé tout auprès, gagna la boulangerie et se répandit, de là, sur la plus grande partie de la ville. La foule se précipita vers le lieu de l'incendie en poussant des cris, et il s'éleva un grand tumulte. Le magistrat [4] donna l'ordre d'apporter les machines destinées à combattre les incendies, et l'on amena aussitôt des pompes, de l'eau, et toutes les ressources dont on disposait. Les Juifs arrivèrent aussi, prétendant qu'ils pouvaient éteindre le feu en s'y jetant volontairement ; ils disent, en effet, que sans eux on ne pourrait pas se rendre maître des incendies [5]. En vérité, c'est un artifice de leur part pour dérober ce qu'il y a dans les maisons. La ville se trouvant donc en danger, le magistrat

---

1. Nous avons donné dans la *Revue des Études juives* (1883, p. 161), l'épitaphe d'une Juive ἀρχισυνάγωγος de Smyrne (cf. Mommsen, *Rœmische Geschichte*, V, p. 490, note 1). Une autre épitaphe judaïque de Smyrne est publiée dans le *Corpus inscriptionum græcarum* (nᵒˢ 9897-98).

2. *Vita*, p. 25.

3. Il s'agit des boulangers publics, des *pistores*, qui formaient une association. Cf. Marquardt, *das Privatleben der Rœmer*, 1882, II, p. 401 :

4. Le texte grec porte στρατηγός. M. Duchesne (p. 40) ne croit pas qu'il soit identique au στρατηγὸς ἐπὶ τῆς εἰρήνης que l'on trouve dans une inscription de Smyrne (*Corpus*, nᵒ 3151). Nous ne partageons pas, sur ce point, l'opinion du savant helléniste. Si ce magistrat ne paraissait qu'au moment de l'incendie, nous n'hésiterions pas à reconnaître en lui le νυκτερινὸς στρατηγός, analogue au *præfectus vigilum ;* mais comme nous le trouvons encore dans le récit suivant, relatif à une famine, nous croyons qu'il ne peut-être autre que le premier magistrat de la ville, l'*irénarque.*

5. Nous avons conservé l'équivoque du texte grec. Φάσκουσι, *ils disent,* signifie également *les Juifs disent* et *l'on dit.* D'après les paroles du magistrat, ce dernier sens serait préférable.

parla ainsi : « Citoyens, vous qui assistez avec moi à ce triste spectacle, vous voyez qu'il n'y a pas de remède, parce que le vent nous est contraire : nous n'avions qu'un seul espoir, l'intervention des Juifs, et nous voilà frustrés de cette dernière espérance. Que faut-il donc faire ? Écoutez-moi. Avant-hier, dans le prétoire, un de mes esclaves se leva soudain pendant la nuit, possédé du démon : il poussait des cris et avait perdu la raison. Nous allumâmes du feu et le trouvâmes furieux, dévorant tout. Quand le jour parut, les Juifs arrivèrent, voulant exercer sur lui leurs enchantements ; mais l'esclave, bien que seul, se précipita sur eux, faillit les tuer à force de coups, déchira leurs habits, et les chassa tout nus et couverts de sang. Alors un de mes esclaves, qui est chrétien, me dit : « Si tu le permets, je vais appeler quelqu'un qui peut le guérir. » Comme je lui en donnai la permission, il m'amena celui qui instruit les chrétiens, le nommé Polycarpe. Il était encore très loin de la maison, lorsque le jeune homme cria : « Voilà Polycarpe qui arrive, et je dois m'enfuir. » Quand il approcha.... »

Cette dernière phrase est incomplète ; il y a ici une lacune d'un feuillet dans notre unique manuscrit. Le récit suivant permet de la combler en partie. La ville de Smyrne, raconte Pionios, étant en proie à la famine, le magistrat réunit les membres du sénat local pour leur annoncer qu'il n'avait pas de blé et qu'il était impossible d'en acquérir même en le payant. Alors un vieillard se leva et dit : « Citoyens, ceux d'entre vous qui étiez présents, dans cette nuit où un incendie menaça de dévorer la ville, vous vous souvenez que vous ne pûtes éteindre le feu et que les Juifs n'y réussirent pas davantage. Vous fîtes venir alors un homme véritablement divin, le prêtre de ceux que l'on appelle les chrétiens, et lui, se tenant debout devant tous et levant les yeux vers le ciel, prononça quelques paroles. Aussitôt la flamme forma comme une boule, paraissant obéir à sa voix, et s'abattit sur elle-même : depuis ce jour, il m'a semblé que cet homme-là est un dieu. » Le reste de l'anecdote, qui raconte une nouvelle intervention miraculeuse de Polycarpe, n'a pas d'intérêt pour nous. Les passages que nous venons de citer montrent que le peuple de Smyrne, et même les principaux de la ville, attribuaient aux Juifs certains pouvoirs mystérieux, le privilège d'éteindre les incendies en pénétrant dans les flammes, celui de délivrer les possédés par des incantations. Ce sont les mêmes vertus que Pionios attribue à Polycarpe ; il ne l'oppose pas comme un homme de foi à des magiciens, mais comme un magicien habile à des magiciens impuissants. La lettre circulaire de l'église de Smyrne [1] fait intervenir les Juifs dans le récit du martyre de l'évêque ; là encore, Polycarpe est respecté par la flamme, qui prend la forme d'une voile de navire et entoure son corps sans le toucher. Nous savons que le peuple, dans d'autres parties du monde romain, regarda longtemps les Juifs comme des sorciers. En 320, le concile d'Elvire, en Espagne, dut interdire aux chrétiens de faire bénir par les Juifs leurs champs et leurs récoltes [2].

Le service des pompes à incendie, dans les grandes villes romaines, était confié à des corporations de charpentiers, *fabri tignarii*, auxquels se joignaient peut-être les *centonarii* et les *dendrophori* [3]. Mais ce service paraît avoir été organisé d'une manière incomplète et défectueuse. Pline le Jeune, dans une de ses lettres [4], annonce à l'empereur Trajan qu'un incendie a consumé la ville de Nicomédie, à la faveur de la violence du vent et de l'insouciance du peuple, qui est resté spectateur oisif et immobile. Il demande à l'empereur la permission d'établir un collège de 150 *fabri*, qui feraient fonctions de pompiers. Trajan répond [5] que les collèges de ce genre, qui existent dans quelques villes, ont généralement causé des troubles, qu'il faut éviter de former des corps qui dégénèrent en confréries et en factions, que le meilleur parti à

1. *Patrum apostolicorum opera*, ed. minor, 1877, p. 123 et suiv.
2. Th. Reinach, *Histoire des Israélites*, p. 64.
3. Cf. Marquardt, *das Privatleben der Rœmer*, t. II, p. 698 ; Hirschfeld, *Gallische Studien*, 3e partie ; Cagnat, *De municipalibus et provincialibus militiis*, p. 86 et suiv.
4. *Epistulae*, X, 42.
5. *Epistulae*, X, 43.

prendre est de se procurer tout ce qui peut servir à éteindre le feu, et d'engager les possesseurs de maisons à en arrêter eux-mêmes les ravages. Ce rescrit impérial, antérieur de peu d'années au martyre de Polycarpe, nous montre combien la police des incendies laissait à désirer en Asie-Mineure. Dénué, ou peu s'en faut, de secours organisés, le peuple d'une ville menacée par le feu attendait le salut d'une intervention miraculeuse, et son inertie laissait le champ libre aux dévouements volontaires, quitte à médire ensuite de ceux qui se dévouaient. Cet état de choses, que nous trouvons à Smyrne vers 150 après J.-C., s'est perpétué, avec quelques modifications, jusqu'à nos jours.

Tous ceux qui ont vécu en Orient connaissent les *touloumbadjis*. On donne ce nom, dans les grandes villes de Turquie, aux membres de certaines corporations qui, en retour de modestes privilèges, ont pour devoir de manœuvrer les pompes et de combattre le feu. Que de fois n'avons-nous pas entendu, à Smyrne, les trois coups de canon tirés du **Pagus** rompre soudain le silence de minuit ! Quelques instants après, une troupe d'hommes à demi-nus, poussant des cris féroces, passait en courant sous nos fenêtres, traînant des pompes vers le lieu de l'incendie. Le lendemain, on ne manquait pas de dire que le feu avait presque tout ravagé, et que les *touloumbadjis* avaient fait le reste. Quelques hommes de bon sens conviennent que l'on calomnie les *touloumbadjis*. On parle des incendies qu'ils n'ont pas éteints, et l'on oublie ceux qu'ils ont combattus avec succès. La malignité publique aime à répéter que leur dévouement n'est qu'un prétexte au pillage. On vient de les remplacer, à Constantinople, par un corps de pompiers organisés à l'européenne : les nouveaux venus seront-ils mieux appréciés ?

Les Juifs de la Smyrne romaine étaient les prédécesseurs des *touloumbadjis*. Comme le prouve une phrase de Pionios, on ne se faisait pas faute d'en médire : s'ils accouraient à la première lueur d'un incendie, sous couleur de vouloir l'éteindre, c'était pour voler dans les maisons. Et pourtant, on attendait leur intervention comme la dernière chance de salut ; on eût été désolé qu'ils restassent chez eux. Il en est de même pour les pauvres *touloumbadjis*. Comme la superstition, la calomnie a la vie dure et se répète à travers les siècles : c'est une « éternelle recommenceuse ».

XXIII

LA FIN DE L'EMPIRE GREC

NICÉTAS CHONIATE ET VILLEHARDOUIN[1]

Le moyen âge est une époque d'étranges rapprochements et de violents contrastes ; l'histoire s'en éclaire, l'art et le roman s'en inspirent. Les sociétés qui commencent, secouées par d'effroyables tempêtes, se heurtent à l'édifice chancelant des sociétés qui finissent. La barbarie victorieuse renferme en son sein les germes de la civilisation et de la vie : la civilisation vaincue n'offre que l'aspect de la décrépitude. Aussi l'imagination est-elle volontiers du côté de la première ; elle admire ses vertus indomptées et ses ivresses aventureuses. Comme la fortune, elle est avec Clovis contre les Romains, avec les Croisés contre le Bas-Empire ; elle s'incline devant le vainqueur comme si le jugement de Dieu l'avait désigné.

Ces grandes catastrophes sont toutes instructives ; la curiosité s'y complaît et s'y arrête. Le vainqueur brutal se montre tout entier dans son triomphe, comme le vaincu dans sa défaite. Les victoires des peuples et leurs revers ne sont que la mise en évidence de leurs qualités ou de leurs fautes. Gibbon conçoit, à l'ombre du Colisée, l'idée de son immortel ouvrage : c'est dans l'effondrement des sociétés qu'on reconnaît les causes de leur décadence.

L'empire d'Occident a été emporté par une tourmente ; il a eu le temps de tomber dans l'impuissance, il n'a pas eu celui de vieillir. Les premiers barbares qui se sont présentés devant Rome y sont entrés. L'Italie a résisté pendant moins d'un siècle. Rome, toujours menacée, n'a pu, comme les vieil-

---

1. 1878-1887. Inédit.

lards du temps de Brennus, se pétrifier dans une immobilité sereine et attendre la mort sur son piédestal. Les barbares l'avaient envahie de toutes parts avant qu'Alaric y pénétrât par la brèche. Depuis longtemps, elle avait cessé d'être elle-même.

Bien différent est cet autre tronçon de l'empire de Théodose, qui survit aux siècles de ténèbres et se maintient, à travers mille épreuves, jusqu'aux premières lueurs des temps modernes. Gardien des traditions et des trésors des vieux âges, son rôle finit quand un âge nouveau commence. L'enveloppe se déchire et la graine tombe lorsque le sol est mûr pour la recevoir. Au moment fixé pour sa chute, la terre renaît et la nature reverdit.

Fouillant d'une main sacrilège les tombeaux des Césars de Byzance, les Croisés mirent au jour la dépouille mortelle de Justinien. Le temps avait respecté ces restes augustes. Les traits de l'empereur n'avaient rien perdu de leur calme, de l'impassible majesté du commandement. Ce cadavre encore intact après sept siècles, n'était-ce pas le symbole et l'image de la Byzance impériale? Les Croisés mirent à leurs doigts les bagues de Justinien et le corps, une fois ébranlé, tomba en poussière.

Cette étonnante société byzantine s'agite sans se transformer, pendant dix siècles, à l'abri des hautes murailles d'une grande ville. Comme la Chine, elle est un foyer de lumières, mais elle ne rayonne pas au dehors. Elle vit pour elle-même, à l'écart, dans l'égoïsme de son activité stérile. Pour les nations de l'Occident, qui se poussent et se succèdent sur la scène du monde, elle n'a que ce mépris dont l'ignorance est une forme. Volontiers elle considère les Latins comme des sujets révoltés. Même quand l'Empire sera réduit à Constantinople et à quelques districts de la Thrace, les Byzantins resteront convaincus qu'ils sont véritablement, de droit sinon de fait, les maîtres du monde. L'empereur Isaac l'Ange, à la fin du xiie siècle, lorsque les Valaques pénétraient jusqu'aux portes de sa capitale, se berçait du rêve d'une monarchie uni-

verselle ; il se promettait de délivrer la Palestine et d'exterminer les Sarrasins. Plus tard, privé de la vue, rétabli sur le
trône par les Latins, quelques semaines avant la fin du premier
Empire grec, l'histoire nous le montre entouré de vieux moines
à longues barbes, qui vivaient dans la paresse, « se remplissaient des plus gros poissons et du meilleur vin » et prédi-
saient à ce vieillard impotent qu'il guérirait de la goutte, qu'il
recouvrerait la vue, qu'il obtiendrait du ciel l'accomplissement de ses vœux, l'empire de l'univers. Cet Isaac aveugle,
trompé par des moines qui s'engraissent, se croyant le roi des
rois, quand il n'est même pas le maître chez lui, n'est-ce pas
encore l'empire d'Orient à la dernière phase de la décadence?

I

Les Byzantins s'appellent eux-mêmes *Romains*, parce que
l'ancienne Rome a conquis le monde, et les Barbares les
appellent *Grecs*, parce qu'ils parlent la langue de la Grèce
antique. La double royauté de la force et de l'esprit se trouve
ainsi réunie dans un seul peuple. Les annalistes des bas
siècles citent, parmi leurs prédécesseurs et leurs modèles, les
grands écrivains de la Grèce. Le fil de la tradition n'a jamais
été rompu. A certains égards, on se croirait encore en pleine
antiquité. La langue s'est altérée, il est vrai, elle s'est mêlée
de locutions douteuses, elle a confondu le vocabulaire de la
prose et celui de la poésie. Mais cette corruption date de loin
et les érudits font effort pour la combattre. Au XIIIe siècle, on
trouve l'évêque Georges de Chypre qui, suivant Grégoras,
s'était approprié toutes les formes de la vieille prose attique.
Byzance avait aussi ses Paul-Louis Courier. Le culte des
gloires helléniques n'avait jamais été négligé. L'hippodrome,
les palais, les places publiques, étaient ornés des plus belles
statues des temples grecs. L'éloquence était en honneur, car
l'Empire se préservait mieux par ses diplomates que par ses
généraux. On lisait Homère, Eschyle, Pindare, Sappho. On

les citait, quoique païens, à côté des Prophètes et de l'Evan
gile. L'étude des deux antiquités sacrée et profane faisait le
fond de l'éducation byzantine comme de la nôtre.

Les mœurs de famille étaient très pures. Les jeunes filles
étaient simples et douces, les femmes chastes et savantes,
parfois plus courageuses que leurs maris. Les enfants res-
taient très longtemps sous l'influence de leur mère. On
vit une impératrice ramener au devoir son fils rebelle, comme
la mère de Coriolan aux beaux jours de Rome. Cette éducation maternelle trop prolongée étouffait pourtant, chez bien
des princes, les instincts virils et les vertus militaires. Nous
trouvons dans l'histoire de Byzance beaucoup d'adolescents
et de jeunes filles irréprochables : nous voyons peu d'hommes
énergiques et capables de grands desseins. Si les empereurs les plus cruels, comme Andronic, sont, en dépit de
leurs vices, bienveillants envers leurs inférieurs, serviables
envers leurs amis, les meilleurs ressemblent moins à Trajan
qu'à Marc-Aurèle. Alexis Comnène est le saint Louis de Byzance, mais toute l'énergie de sa race semble s'être concen-
trée dans sa fille Anne, aussi avide de pouvoir que d'érudition.
De là tant de défaites honteuses infligées par des ennemis
mal armés, tant de violences nées de craintes puériles et de
soupçons tyranniques, qui déparent l'histoire d'une société où
l'intrigue est le grand moyen de gouvernement. Mais de là,
aussi, de cette mollesse un peu féminine des âmes, tant
d'usages et d'institutions qui les honorent. Les établissements
de charité abondaient dans l'empire, sous forme de refuges
pour les vieillards, d'orphelinats, d'hôpitaux. En cela du
moins, on conservait la tradition de Trajan. L'instruction
était très répandue dans les hautes classes. Anne Comnène, à
vingt ans, avait lu Platon et Aristote ; elle savait Homère par
cœur. Les femmes se passionnaient pour les études théologiques et les hommes, au temps même des plus grands malheurs, n'ont pas eu de préoccupation plus impérieuse.

Gardons-nous de sourire au récit de ces graves controverses. Il est trop facile de railler ce qu'on n'entend plus.

Toutes les subtilités théologiques sont pour nous lettre close.
Il n'en était pas de même à Byzance. Sous ces discussions en
apparence puériles, comme sous les luttes orageuses de la
scolastique, il faut reconnaître, dans leurs multiples transfor-
mations, ce que l'on a si bien nommé les « problèmes natu-
rels » de l'esprit humain. Après une phrase dédaigneuse qui
n'est pas un argument, Voltaire allègue certains énoncés de
questions qu'il trouve ridicules, et de la solution desquelles
toute la religion dépend. Les croyants de notre temps, même
les plus sincères, ont peine à entrer dans ces finesses. C'est
que la foi, au xix⁰ siècle, est surtout affaire de cœur et
de sentiment : la religion répond à un besoin moral, plutôt
qu'elle ne pénètre et n'assujetit l'âme tout entière. Si les vol-
tairiens sont de bonne foi, ils déclareront de même absurde et
puérile la controverse du quiétisme, la dispute entre Bossuet
et Fénelon. Quand un esprit supérieur, comme Photius, a écrit
des volumes sur des points particuliers touchant le maniché-
isme, nous pouvons déclarer ne pas trouver à ces querelles le
même intérêt que lui, mais la raillerie nous est interdite.
Au siècle même de Voltaire, devant le public élégant de
l'Athénée, La Harpe discutait pour savoir si Orosmane
est plus malheureux quand il croit Zaïre infidèle ou quand il la
sait innocente après l'avoir tuée. Nous concevons aussi difficilement aujourd'hui l'intérêt de ce problème que de celui de
la lumière du Thabor. Quand une religion prétend gouverner
les âmes et promet, en récompense de la foi, la félicité
éternelle, l'enjeu est assez considérable pour que nous tenions
à être éclairés sur tous les détails des croyances qu'elle nous
impose. Les chrétiens de Byzance étaient du moins conséquents : ils ne se payaient pas d'un mysticisme vague. Leur
religion n'était pas un voile rigide jeté sur la mollesse des
convictions ou le scepticisme.

Le vrai malheur, la tache originelle de cette société, c'est sa
profonde division. Au-dessous de l'aristocratie et des grandes
familles, fières, savantes, attachées aux vieux souvenirs,
s'agite une multitude avide d'excès, indocile, prompte à s'en-

flammer comme la plèbe romaine. Cette foule, formée des
éléments les plus divers, n'a ni traditions, ni patriotisme, ni
courage ; pour les classes supérieures qui la dominent, elle
nourrit une haine servile et implacable. Elle applaudira à la
catastrophe de 1204, en voyant les malheurs des grands
dignitaires et des nobles, forcés de quitter, au milieu des
outrages et des violences, une ville où tous leurs biens ont
été la proie des vainqueurs. Conduite par des moines fana-
tiques, les *Pneumatiques*, les *Zélotes*, dont l'autorité rappelle
celle de nos prédicateurs de la Ligue, elle sera toujours un
objet de crainte pour le pouvoir et le poussera, souvent
malgré lui, dans la voie des persécutions et des rigueurs.

Ce pouvoir lui-même était servi par une administration très
vaste et très complexe. Le gouvernement était une monarchie
absolue, tempérée par des émeutes. Au-dessous de l'empereur, les grands ducs, les *despotes*, les *Césars*, le patriarche,
tout-puissant sur l'esprit de la plèbe et souvent en conflit avec
le chef temporel. Le patriarche, dans les conseils, est le porte-
voix de la démagogie intolérante. Presque tous les fonction-
naires ont à la fois des charges politiques et des devoirs dans
la maison impériale. Leurs attributions sont nettement limi-
tées, jusque dans les détails de cérémonial les plus intimes :
c'est le dernier mot de la centralisation et de l'étiquette devenue loi de l'État.

Maintenant, qu'au milieu de cette société distinguée et
solennelle, au milieu de ces raisonneurs subtils, dans cette
capitale luxueuse et jalouse de toutes les élégances, qui se
croit toujours la ville des villes et l'œil de l'univers, s'abattent
cinq mille chevaliers bardés de fer, conduisant après eux
une multitude sauvage ; que ces redoutables hôtes se présentent, non comme des pèlerins réclamant la protection de
l'Empire, mais comme des redresseurs de torts, prenant sous
leur protection un empereur détrôné ; qu'après des négociations où l'astuce byzantine n'épargnera aucune de ses
ressources, le souverain détrôné soit rétabli par ses auxiliaires, et, finalement, que la mauvaise foi des uns et

l'avidité des autres amènent une rupture, un siège en règle,
un assaut, le pillage et la dévastation de la plus riche cité du
monde — vous aurez là un de ces spectacles extraordinaires
comme le moyen âge seul en a donné, une de ces ren-
contres tragiques où s'affirment, par un saisissant contraste,
les caractères opposés de deux époques, de la barbarie et de
la civilisation.

Cet événement imprévu, qui exerça sur les imaginations
du moyen âge une fascination si puissante, c'est la prise de
Constantinople par les Croisés. Tout, dans cette prodigieuse
aventure, est fait pour déconcerter l'esprit et pour l'éblouir.
Les contes de chevalerie ne présentent pas de récit plus
invraisemblable. « Il faut avouer, dit Voltaire, quand on
lit l'histoire de ce temps, que ceux qui ont imaginé des ro-
mans, n'ont jamais pu aller par leur imagination au delà de
de ce que fournit ici la vérité. » C'est la catastrophe où
viennent aboutir toutes les courses fantastiques des croisés
français, de la Champagne à Venise, de Venise à Zara, de
Zara à Corfou, de Corfou à Constantinople. La civilisation byzantine était naturellement lettre close pour les chevaliers
illettrés de l'Occident. Peut-être se serait-on entendu si les
deux sociétés tout entières s'étaient trouvées en présence : les
chevaliers auraient compris les Varanges, aussi barbares
qu'eux ; les chapelains se seraient expliqués avec les princes
et les évêques ; les scolastiques auraient été écoutés partout.
Mais il se trouva que ce fut précisément la partie la plus
rude, la plus inculte et aussi la plus hautaine, la plus intrai-
table de la société occidentale que le hasard des aventures
jetait au devant non pas des mercenaires slaves ou germains
de l'Empire, mais de ses diplomates, de ses princes, d'une
cour tyrannisée par l'étiquette et dominée par d'orgueilleuses
illusions.

Lors de la première croisade, quand les Latins étaient
arrivés à Constantinople comme alliés, on connaît la scène
étrange dont le palais impérial fut le théâtre : un rude guerrier voulut s'asseoir sur le trône d'Alexis et s'irrita contre la

discipline inflexible du cérémonial byzantin. Le scandale et l'étonnement avaient été grands, mais cet épisode était resté isolé : en 1203, les insolences de ce genre, défis portés par la force à la supériorité intellectuelle, deviennent la règle et ne sont plus réprimés.

III

Sur une lettre du pape Innocent, de hauts barons français, surpris au milieu d'un tournoi par l'éloquence de Foulques, se croisent pour aller délivrer la terre sainte. N'ayant pas de vaisseaux et sachant seulement qu'il faut traverser la mer, ils envoient à Venise six des leurs, qui obtiennent de la République cinquante galères. Ces députés, dans l'insouciance de leur enthousiasme, avaient accepté des conditions très onéreuses. Aussi, pour remplir leurs engagements, les Croisés, mal accueillis à Venise, devront-ils se lancer dans une nouvelle aventure. Ils se font condottières et prennent, pour le compte de Venise, la ville chrétienne de Zara. Après cet exploit facile, plusieurs demandent que l'on fasse voile pour la Syrie : mais déjà de puissantes sollicitations les attirent ailleurs. L'empereur Isaac avait été détrôné et privé de la vue par son frère Alexis, qui avait pris sa place. Le fils d'Isaac, Alexis le jeune, vint demander l'aide des Croisés, comme autrefois Cyrus celle des dix mille Grecs. Le doge de Venise les engageait à accepter. Les représentations du pape furent vaines. Des défections nombreuses, une scission violente qui éclata à Corfou, ne ralentirent pas l'ardeur des principaux chefs. Le jeune Alexis donnait toutes les promesses qu'on lui demandait, comme naguère les députés français aux Vénitiens. Après avoir doublé le cap Malée, la flotte, traversant l'Archipel, arriva à l'entrée du Bosphore et passa fièrement devant les murs de Byzance. Les pourparlers commencèrent aussitôt avec l'Empereur. Au premier message d'Alexis, les

Croisés répondirent par une sommation qui équivalait à une déclaration de guerre.

Il y eut, à proprement parler, deux sièges et deux prises de Constantinople. Les Grecs purent à peine s'opposer au débarquement. Les Croisés prirent possession de la forteresse de Galata, tandis que les Vénitiens détruisaient la flotte des Grecs. Vingt mille hommes, n'ayant de vivres que pour trois semaines, formèrent le siège d'une capitale qui comptait une population immense. L'assaut fut donné et repoussé le 17 juillet 1203, mais en même temps les Vénitiens, s'approchant sur leurs navires, s'emparèrent d'une des tours, se précipitèrent dans la ville et y mirent le feu. Tout comme dans l'expédition contre Zara, les Croisés combattaient pour les Vénitiens et servaient les ambitions d'autrui. L'empereur, après un simulacre de résistance, s'enfuit pendant la nuit ; dans l'espoir d'arrêter les progrès des Latins, on se hâta de replacer Isaac sur le trône. Quand les députés des Croisés arrivèrent au palais des Blachernes, pour demander à l'empereur de ratifier le traité conclu par son fils, ils le trouvèrent au milieu d'une cour brillante, entouré de tout l'appareil de la puissance souveraine, tandis que le maître de la veille était en fuite et qu'une partie de Constantinople fumait encore.

Isaac ratifia tout et fêta ses redoutables protecteurs. Puis, sur sa prière, ils sortirent de la ville et campèrent au faubourg de Galata. Les Croisés feignirent de ne plus penser qu'aux Sarrasins. Mais ils avaient constaté l'impuissance des Grecs et entrevu avec étonnement leurs richesses : c'était assez pour retarder leur départ et leur faire souhaiter une rupture. Elle ne se fit pas attendre. Le prince fugitif n'avait pas marchandé les promesses. Isaac et Alexis durent dépouiller les églises et faire fondre les vases sacrés pour satisfaire la cupidité des Latins. Le patriarche abjura solennellement, dans la chaire de Sainte-Sophie, les erreurs de l'Église d'Orient. Les Grecs s'indignaient et criaient au sacrilège. Un nouvel incendie, qui fit d'effroyables ravages, accrut l'exaspération du peuple. Alexis Ducas, dit Murzufle, se mit à la tête du parti de la résistance. Comme les sommes promises n'arrivaient pas, une députation des Croisés vint sommer Alexis de s'acquitter, en le menaçant de la guerre en cas de refus. La scène est caractéristique et ne manque pas de grandeur. Les deux sociétés se trouvent en présence dans la grande salle des Blachernes. Celle de Byzance est représentée par Alexis et Isaac, chaussés de brodequins d'écarlate, assis à côté l'un de l'autre sur deux trônes, ayant auprès d'eux l'impératrice et, tout autour, rangés dans un ordre sévère, la foule attentive des dignitaires impériaux. Tout à coup, dans cette assemblée respectueusement recueillie, apparaissent trois chevaliers chrétiens, le front haut, la voix assurée, le regard menaçant. C'est l'image en raccourci de toute la conquête. Les empereurs se troublent, les officiers pâlissent, la foule s'écarte. Un des chevaliers s'avance et fait connaître à Isaac l'insolent défi des Croisés. Les Grecs, stupéfaits, se récrient, protestent « et disent que onques nul n'avoit été si hardi qui osât l'empereur de Constantinople défier en sa chambre même. » Les députés, seuls au milieu d'une cour irritée, sortent à la hâte, remontent à cheval et s'enfuient à toute bride. Ces trois hommes étaient Conon de Béthune, Milon de Brabant et Geoffroy de Villehardouin. Celui-ci, preux chevalier autant que négociateur habile, avait été l'un des conseillers de la croisade. On l'avait envoyé traiter avec Venise. Depuis, dans toutes les conjectures difficiles, il avait fait admirer sa prudence, sa finesse, surtout son esprit de conciliation, si rare alors et si nécessaire. Un jour, dans les loisirs de la victoire, il racontera ses étonnantes aventures.

Les Grecs se résignèrent à la lutte. Ils essayèrent d'abord, au moyen de brûlots, d'incendier la flotte vénitienne, et peu s'en fallut qu'ils n'y réussissent. Le bruit se répand qu'Alexis veut livrer la ville aux Croisés : le peuple se soulève, s'assemble dans Sainte-Sophie et demande un empereur. Pendant trois jours, aucun prince, aucun sénateur ne veut accepter cette dignité périlleuse. On nomme enfin un jeune imprudent, Nicolas Canabe, fantôme d'empereur qui permettait à

Murzufle d'essayer son pouvoir et d'organiser la résistance.

Cet homme énergique aurait pu sauver Byzance. Alexis trahissait et appelait les Croisés : il l'étrangla de ses propres mains et prit la pourpre. Le vieil Isaac mourut de frayeur. Alors les Croisés se proclamèrent les vengeurs de la dignité impériale outragée. Le second siège commença.

Alexis Ducas mérite une réhabilitation. C'était le prince qu'il fallait dans ces déplorables conjectures. Tout en augmentant les fortifications de la ville, il exerçait l'armée et enflammait la multitude. Il ne connaissait ni plaisir ni repos, prétendait qu'un monarque doit tout régler lui-même, s'efforçait vaillamment de suffire à tout. On voit surgir de ces caractères pour mener les funérailles des grands empires, comme les flammes d'adieu que jette un brasier près de s'éteindre, en qui se résume et se manifeste une dernière fois la chaleur éparse qui couvait encore sous les cendres.

Les négociations rompues, on se prépara de part et d'autre à une lutte acharnée. Les Croisés se partageaient d'avance l'empire. Le 9 avril 1204 un premier assaut, tenté du côté de la mer, fut repoussé avec de grandes pertes. Beaucoup de barons voulaient abandonner la partie. Mais le 12 du même mois, la même attaque, conduite avec plus de prudence, prit les Grecs à l'improviste. Dès que les Croisés eurent escaladé les murs, la panique se mit parmi les troupes de Murzufle, qui se débandèrent à l'aspect d'un seul cavalier franc, Pierre de Bracieux, « dont le casque ressemblait à une tour ». Alors commencèrent d'épouvantables violences. Pour la troisième fois, les Latins mirent le feu aux quartiers qu'ils ravagèrent. L'empereur chercha en vain à rallier quelques soldats et se réfugia dans les montagnes de la Thrace. Lascaris, nommé à sa place, voulut tenter un dernier effort : les troupes répondirent à ses exhortations en demandant leur solde.

Le pillage dura plusieurs jours. Plus de deux mille personnes furent tuées. Les Latins, établis à Constantinople, profitaient du désordre pour assouvir leurs vengeances. Les prières et les menaces des évêques ne purent faire respecter l'honneur des femmes. Les églises furent profanées, une prostituée chanta dans la chaire patriarcale. Les grands dignitaires grecs fuyaient au hasard à travers la ville désolée, poursuivis par les sarcasmes de la plèbe qui se réjouissait de leur abaissement et trafiquait cyniquement de leurs dépouilles. Les Latins, ajoutant la raillerie à la violence, revêtaient les robes peintes des Grecs et les portaient dans les rues. On en voyait tenant en leurs mains du papier, de l'encre, des écritoires, parodiant les occupations des vaincus, comme si nous n'eussions été, dit Nicétas, que des scribes et des copistes. Ces vainqueurs d'un jour méprisaient, dans leur ignorance, les instruments des victoires définitives.

Parmi les groupes de prisonniers de tout âge et de tout rang que les Croisés trainaient à leur suite vers des lieux sûrs, il en était un qui présentait aux regards un mélange particulier de majesté et de désolation. Des femmes, de jeunes enfants, les uns se tenant à peine, les autres portés dans les bras de leurs parents, des vieillards dont l'auguste apparence disait le passé, marchaient sous la conduite d'un chef armé d'une lance, vêtu de l'habit des chevaliers de la Croix. Ce chef était un marchand vénitien, établi à Constantinople, qui, désireux de sauver quelques fugitifs, avait pris le costume des Croisés pour la circonstance. Au milieu du triste cortège se dissimulaient les jeunes filles, à qui l'on avait conseillé de se couvrir le visage de boue pour ne pas éveiller les convoitises. Une d'elles pourtant, remarquable par sa beauté, fut aperçue par un Croisé et arrachée avec violence des bras de son père. C'était un vieux magistrat, accablé par l'âge et la maladie [1]. Ses larmes et ses prières ne pouvaient fléchir le ravisseur. Alors un homme à mine grave et sévère sortit avec réso-

---

1. Le nom de Bélissariote, qui lui est donné par quelques auteurs modernes, repose sur une erreur. Il n'est pas moins inexact que Nicétas ait épousé la fille de Bélissariote après l'avoir sauvée en 1204. Voir les passages dans Hankius, *de Byzantinarum rerum scriptoribus*, Lipsiæ, 1677, pp. 530-531.

lution du groupe et, se précipitant à la suite de la jeune
fille, il conjura tous les chevaliers qu'il rencontrait de ne
point tolérer une violence qu'ils s'étaient interdite par leur
serment. Suprême triomphe de l'éloquence byzantine ! Ces
rudes guerriers se laissèrent fléchir. La jeune fille fut rendue
à son père. Le cortège continua sa route et sortit enfin
de Constantinople par la Porte d'Or.

Dès que les fugitifs se virent hors de la ville, « chacun commença à remercier Dieu de sa protection et à déplorer son
malheur comme il le trouva à propos. » Mais l'homme intré-
pide, dont les instances avaient sauvé la jeune fille, se pros-
terna à terre et se plaignit aux murailles « de ce qu'elles
demeurassent insensibles aux calamités publiques et de ce
qu'elles restassent debout au lieu de fondre en pleurs. » Comme
Énée, au sortir de Troie, il jetait en partant un long regard
plein de larmes sur ces fières murailles qu'il ne devait plus
franchir. Puis, bientôt, sa douleur s'exhalant en flots d'éloquence, il apostropha cette ville superbe, jadis l'orgueil du
monde, aujourd'hui la proie des barbares. « Nous sortons de
tes remparts, disait-il, aussi nus que nous sortîmes autrefoi
du sein de nos mères. Ne serons-nous pas la fable des étrangers, les frères des sirènes, les compagnons des autruches ? »
Et, dans cette longue lamentation, oraison funèbre couronnée
par quelques paroles d'espoir, les souvenirs de l'antiquité et des
livres saints, les métaphores les plus hardies écloses sous le
soleil de l'Orient, se mêlaient, s'entrechoquaient dans un
étrange désordre, comme le dernier cri de la société complexe
qui expirait.

Cet orateur passionné dans son mauvais goût et attendri dans
son érudition, sans autres armes que sa rhétorique et ses
prières, c'est un haut dignitaire de l'empire grec, un de ces
graves sénateurs à qui l'on a plus d'une fois offert la pourpre,
un des représentants de cette aristocratie de Byzance, hier
encore si brillante et si parée, aujourd'hui sans asile et plongé dans la dernière infortune. Jusqu'à ce jour fatal, Nicétas
n'a connu que les disgrâces de la défaveur. Né en Phrygie,

près de l'antique Colosses qu'a remplacée la ville de Chones,
il a été amené à Constantinople dès l'âge de neuf ans et s'est
rapidement élevé aux premières charges de l'État. Secrétaire
impérial sous l'empereur Manuel Comnène, la tyrannie brutale
d'Andronic le rendit à ses études de théologie et d'histoire.
Isaac l'Ange l'éleva à la dignité de Grand Logothète des
Secrets, poste de confiance qui lui permit de connaître tous les
ressorts du gouvernement. Son frère aîné, Michel, était archevêque d'Athènes. Murzufle enleva ses fonctions à Nicétas pour
les donner à son beau-père Philocale, qui était tout à fait incapable de s'en acquitter ; mais, à Byzance, les maîtres de passage ne rougissaient point d'installer dans toutes les places
leurs complices, leurs favoris et leurs parents. Cependant
Nicétas est resté sénateur, il a pu assister aux dernières et
orageuses séances de Sainte-Sophie. Lors du premier incendie, il avait vu brûler sa riche demeure ; il s'était retiré dans
une habitation plus modeste qui donnait, par une porte déro-
bée, dans la grande église. Un marchand vénitien, qu'il avait
sauvé autrefois de la fureur des Grecs, le préserva pendant
quelque temps de toute violence, en revêtant l'habit des Croisés et en persuadant aux Latins que cette maison était à lui,
qu'il y avait enfermé ses prisonniers. Mais il fallut se
résoudre à partir. Nicétas suivit son généreux guide, traînant
après lui sa femme enceinte et ses enfants en bas âge. Accablé de douleurs et d'angoisses, il retrouva pour sauver une
jeune fille l'énergie de son âme et les séductions de son
éloquence. Réfugié à Nicée, après ces cruelles épreuves, il
se consola de la perte de sa patrie en écrivant l'histoire de
son temps. Il n'eut pas la joie de voir renaître l'Empire grec,
qu'il ne pouvait se résoudre, en le pleurant, à croire détruit
pour toujours. Comme Georges Phrantzès, deux siècles après,
il survécut à la ruine de Byzance et fixa, dans un émouvant
récit, le tableau de ses dernières convulsions. Nous venons
de résumer cette lamentable catastrophe ; nous avons entrevu
ses deux historiens à l'œuvre : il nous reste maintenant à les
étudier dans leurs écrits.

IV

Si, pour l'historien cherchant la vérité des faits, il n'est point de bonne fortune plus instructive que de pouvoir rapprocher, sur un même événement, le récit des vaincus de celui des vainqueurs, combien doit sembler précieuse, aux yeux du moraliste qui étudie le passé, la déposition de deux auteurs contemporains, appartenant l'un à une civilisation qui commence, dont il résume les qualités et les rudesses, l'autre à une civilisation qui finit, dont il dénonce les vices, mais dont il partage malgré lui les faiblesses séniles et les illusions ?

Tel est l'intérêt qui s'attache à l'étude comparative de Villehardouin et de Nicétas, aussi différents entre eux que les sociétés qu'ils représentent. Nous ne considérons, dans leurs ouvrages, qu'un épisode, le plus dramatique il est vrai, mais nous ne nous interdisons point de chercher alentour soit le développement des idées qu'ils y indiquent, soit l'indication des idées qu'ils y développent.

Heureusement pour l'histoire, si le maréchal et le logothète diffèrent jusqu'au contraste, il est un point par lequel ils se ressemblent : la recherche loyale, l'amour sincère de la vérité. On s'étonne de voir avec quelle exactitude Villehardouin expose les affaires de la cour impériale. Il ne connaît point, il est vrai, Nicolas Canabe, mais les Byzantins eux-mêmes le connaissent si peu qu'ils ne nous instruisent ni de son passé, ni de sa fin. Plus compétent et plus complet que Nicétas dans le récit des événements militaires, il ne le contredit presque jamais pour le reste. Si Nicétas, comme de raison, s'étend longuement sur le pillage de la ville et les violences qui l'accompagnèrent, Villehardouin, quoique très bref et indifférent en apparence, laisse entendre, loin d'y contredire, que le Byzantin n'a pas exagéré. D'accord avec

Villehardouin et d'autres témoignages, Nicétas ne représente pas les Croisés comme avides de sang, ce que n'eût pas manqué de faire un déclamateur partial. Les teintes différentes qui sont répandues sur les deux récits, ne pouvant être attribuées à un parti-pris de mauvaise foi, ne servent dès lors qu'à marquer plus clairement la divergence des points de vue et des caractères.

Villehardouin a été témoin et acteur dès le début de la croisade. Il assistait au tournoi célèbre où elle fut décidée. Les faits de guerre lui sont exactement connus, puisqu'il y a toujours pris part. Quant aux négociations, il les a souvent menées et conclues. Il apportait à ces affaires délicates la maturité d'esprit d'un homme de quarante ans. Les bruyants conciliabules des Croisés ont eu en lui un sage modérateur, toujours prêt à ramener les violents à la raison, à rétablir l'union et la concorde. Ces délibérations improvisées ne ressemblent guère aux solennelles assises des sénateurs byzantins. « Fu li parlemenz à cheval en mi les champs », dit-il quelque part. Après la mort de Thibaut de Champagne, c'est Villehardouin qui désigne aux Croisés leur nouveau chef, le marquis de Montferrat. Plus tard, il le reconcilia avec l'empereur Baudouin et négocia le mariage d'Agnès, fille de Montferrat, avec Henri, successeur de Baudouin. C'est par excellence l'homme de bon conseil et des moments difficiles. Au début de l'expédition, quand des défaillances se produisirent, il n'épargna rien pour relever les courages, et ce n'est jamais sans amertume qu'il parla de ceux qui abandonnèrent la flotte par défiance de leurs chefs. C'est un souvenir qui l'obsède et que les impressions contraires lui rappellent. « Il était de bien grand cœur, dit-il du doge vénitien Dandolo. Oh ! qu'ils lui ressemblaient mal ceux qui étaient allés à d'autres ports pour esquiver le péril ! » Mais c'est surtout l'intérêt de la croisade que lui dicte ces reproches : il pense que si tous les Croisés étaient restés unis « la chrétienté eût été bien rehaussée et la terre des Turcs abaissée. » Malgré des succès inespérés, prodigieux, il ne se dissimule pas que le but de la croisade n'a pas été atteint, parce qu'elle a dévié deux fois de sa route au lieu de gagner l'Égypte ou la Syrie.

Nicétas n'a connu qu'indirectement les faits de guerre et les manœuvres. Il ne parle pas de la tentative des Byzantins pour incendier la flotte vénitienne, racontée par Villehardouin avec tant de vivacité et de couleur qu'un critique illustre n'a pas craint de comparer ce passage à tel tableau du VII° livre de Thucydide. Il n'aime à dire que ce qu'il a vu lui-même. Ne nous prévient-il pas, dès le début, qu'il passera rapidement sur le règne de Jean Comnène, parce que sa jeunesse ne lui a pas permis d'être mêlé aux affaires de ce temps? Plus tard, sa grande position dans l'État l'a placé comme au centre des événements dont il nous instruit. Si Villehardouin rappelle en passant Thucydide et plus souvent Hérodote, Nicétas fait penser à Tacite quand il décrit certaines scènes où il assistait en qualité de sénateur. Là, rien n'est tumultueux et livré au hasard, comme dans le camp des Croisés : tout est solennel, dissimulé et triste. On convoque le Sénat pour lui demander la permission de fondre les images et les vases sacrés afin de payer les Latins : tous ressentent la honte et maudissent le sacrilège, personne n'ose élever la voix. Au commencement du second siège, le peuple, indigné de la faiblesse d'Alexis, se rassemble en tumulte à Sainte-Sophie. « On nous demanda notre avis, dit Nicétas, sur le choix d'un nouvel empereur. Nous n'avions garde de consentir à la déposition d'Isaac et d'Alexis, parce que nous étions assurés que celui qui serait élu à leur place ne serait pas le plus fort. » Cependant les gens du peuple parcouraient les rangs des plus illustres personnages et désignaient tantôt l'un, tantôt l'autre. Comme tous refusaient, on se tourna vers les magistrats et les sénateurs que l'on pressait, en les menaçant d'une épée nue, d'accepter la dignité souveraine. Personne ne voulait risquer sa vie pour un vain titre. On mit trois jours à trouver Nicolas Canabe. Nicétas sent vivement, il fait ressortir avec tristesse le ridicule de cette assemblée, où l'on entendait répéter cette sommation étrange : « Tu portes l'habit sénatorial, deviens notre chef. » Quand la Rome impériale avait mis la pourpre aux enchères, les enchérisseurs ne lui avaient pas manqué.

Malgré son amour de la vérité, Nicétas laisse échapper quelque part l'aveu d'un scepticisme moral, fruit amer de son expérience des cours. « Le bien et le mal se touchent souvent, dit-il, comme deux branches qui sortent du même tronc. » N'est-ce pas, à peu de chose près, le mot de Tacite : *Mox patuit breve confinium artis et falsi, veraque quam obscuris tegerentur.* Nicétas ne connaissait certainement pas Tacite, mais les peintres de décadences se ressemblent, comme les décadences elles-mêmes.

Si Nicétas parle volontiers de lui à la première personne, il sait aussi s'oublier pour ne penser qu'à ce qu'il raconte. Cela est surtout frappant dans le récit de sa fuite et de son dévouement, dont il semble, tout en la faisant sentir, ignorer la beauté. C'est un caractère qui le rapproche de Ville-hardouin : chez l'un et l'autre cette modestie dérive de la bonne foi, qui leur est commune. Villehardouin parle de lui-même à la troisième personne ; ce n'est que rarement, dans les occasions plus graves, qu'il se rappelle comme l'auteur de cette histoire. Il raconte avec autant de chaleur les exploits de ses compagnons que ceux où il a pris la plus grande part. Le respect de la vérité lui permettait de se mettre au premier plan ; il faut lui savoir d'autant plus gré de sa réserve. La modestie est un voile qui vaut surtout par ce qu'il cache.

Nicétas et Villehardouin sont véridiques l'un et l'autre ; mais Nicétas l'est comme un historien et Villehardouin comme un chevalier. Le premier connaît ses devoirs et s'en fait une idée très haute et très juste ; le second ne plaisante pas avec sa parole d'honneur. « Et bien témoigne Geoffoy le maréchal de Champagne qui cette œuvre dicta (qui jamais n'y mentit d'un mot à son escient, en homme qui fut à tous les conseils) que jamais si belle chose ne fut vue. » Nous en croyons l'affirmation d'un gentilhomme qui, du reste, raconte pour

raconter, sans aucune arrière-pensée d'édification ni d'enseignement. Il n'en est pas de même de Nicétas ni en général
des annalistes byzantins. Ils se croient obligés de commencer
leurs ouvrages par un lieu commun plus ou moins ingénieux
sur l'utilité de l'histoire et les devoirs qu'elle impose à
l'historien. Pachymère, dans une belle et expressive for-
mule, dit que « l'histoire a pour âme la vérité ». Nicétas fait
ressortir le côté pratique de cette science, son rôle politique
et moral : « L'histoire est extrêmement utile à la vie humaine.
Elle flétrit les vices et célèbre les grandes actions, et par cela
rend les hommes meilleurs et plus sages. Ceux qui trouvent une
place dans ses monuments y reçoivent une vie immortelle.
L'histoire c'est le livre des vivants et la trompette du passé. »
C'est assez dire qu'il la veut sérieuse et sincère. On ne peut
lui reprocher de l'avoir écrite autrement qu'il n'a fait profession de l'entendre. Mais il est d'autres principes qu'il
énonce à côté de ceux-là et qui sont en contradiction avec ses
tendances. Prêchant la simplicité, il tombe à chaque instant
dans l'emphase. Anne Comnène, aussi, s'excusant de toute
intention de panégyrique, entonne continuellement des
hymnes à la louange de son père. Et, comme elle encore,
Nicétas, lorsqu'il s'aperçoit de sa faute, se rappelle par une
nouvelle figure de rhétorique à la sévérité de l'histoire. Seulement, c'est la satire hyperbolique et non plus l'éloge que
Nicétas, aigri par le malheur, doit réprimer sous sa plume.

La société byzantine, passionnée pour la théologie, était
enfiévrée de superstition. Bien que la peine de mort fût portée contre ceux qui essayaient de dérober au ciel les mystères de l'avenir, les empereurs eux-mêmes s'adonnaient à
l'astrologie. Nicétas, plus clairvoyant et plus judicieux que
ses contemporains, puisqu'il traite de chimères les préten-
tions des astrologues, ne s'est pas cependant préservé de
leurs erreurs. Il remarque que les dernières lettres du nom
de Manuel équivalent en grec à 38, et que Manuel, en effet,
est mort à 38 ans. Villehardouin, de son côté, quand Baudouin fait précipiter Murzufle du haut de la colonne de

marbre, voit dans ce châtiment l'accomplissement d'une prédiction d'après laquelle un empereur devait quelque jour être jeté à bas de ce monument. Mais remarquons le caractère de la superstition de Nicétas, savante, sinon scientifique, fortement teintée de pythagorisme, en regard du bruit vulgaire que Villehardouin a recueilli et que l'historien byzantin a dédaigné.

La même différence se retrouve entre les idées proprement religieuses des deux écrivains. La foi de Villehardouin est simple et naïve, sans subtilité ni tiédeur. Il est chrétien, il n'est pas théologien. Nicétas est un théologien raffiné et savant. L'un et l'autre, du reste, croient avec ferveur. La grandeur des événements qui se sont déroulés sous leurs yeux leur a rendu l'action divine comme présente. Le vainqueur la salue dans l'éclat inespéré de son succès, comme le vaincu dans l'accablement de ses revers. Villehardouin remercie le Ciel de sa sollicitude, Nicétas s'humilie devant sa justice. Comme Tacite, il semble adorer surtout un dieu vengeur : *Non esse Diis curæ securitatem nostram, esse ultionem.* Villehardouin est convaincu que lui et les siens ont été soutenus et protégés par la Providence. Il ne perd pas une occasion d'y revenir : « Et sachez que jamais Dieu ne tira nulles gens de plus grand péril qu'il fit ceux de l'armée ce jour-là. » — « Or, pouvez savoir que si Dieu n'eût aimé cette armée, qu'elle neût pu mie tenir ensemble. » L'éloquence persuasive de Villehardouin y fut bien aussi pour quelque chose. A peine la conquête achevée, Baudouin et Boniface se brouillent : « Si Dieu n'en eût pris pitié, comme ils eussent perdu toute la conquête qu'ils avaient faite et mis la chrétienté en aventure de périr! » Ici encore le bon maréchal a été l'instrument des desseins de Dieu. Il y a de la grandeur dans cet effacement modeste, qui fait songer au mot d'Ambroise Paré. Villehardouin, lui aussi, semble s'excuser en disant : « Je les exhortai, Dieu les persuada. »

Chez un écrivain qui déclame aussi naturellement, j'ajoute aussi sincèrement que Nicétas, les apostrophes à la justice

divine n'ont rien qui doive surprendre. Tantôt il s'étonne
de la patience de Dieu, qui laisse des crimes impunis, tantôt
il se demande pourquoi il abandonne une si grande partie de
la terre aux mains des infidèles. Il pense que la profanation
des vases saints et des images, fondus pour payer les Croisés,
est la cause de tous les malheurs qui suivirent. Il y a dans
Villehardouin une idée analogue : des Croisés ayant, malgré
leur serment, conservé pour eux une part du butin « Dieu,
dit le maréchal, commença à les en moins aimer... Et ainsi,
maintes fois les bons souffrent dommage pour les mauvais. »

Nicétas a de plus que Villehardouin le sens du beau et le
culte de l'art : Villehardouin n'admire que la richesse. Où le
Grec déplore la perte de chefs-d'œuvre, le Croisé s'apitoye sur
la destruction de marchandises. C'est l'opulence surtout qui
le frappe dans Constantinople : « Onques en une ville tant
'de grandes richesses n'y eût » — et les reliques « dont il y
avait autant dans la ville que dans le reste du monde. » Sur
ce dernier chapitre, la critique des Croisés était indulgente.
Lors du pillage, ils recherchaient et enlevaient les *saintuaires*
avec un soin particulier. Un de leurs évêques mérita, par son
ardeur, le surnom de *praedo sanctus*. Mais ils ne se faisaient
pas faute de voler le reste. « Et bien témoigne Geoffroy de
Villehardouin, le maréchal de Champagne (il va faire une
déposition sérieuse, il décline ses noms et qualités) à son
escient et en vérité, que depuis que le monde fut créé, il ne fut
tant gagné en une ville. » Ce n'est pas lui qui nous a informé de la destruction de tant de marbres réduits en poussière,
de tant de bronzes antiques dont les Latins firent des pièces
de monnaie. L'incendie d'une « grande rue marchande » le
touche davantage ou le touche seul.

Ce que Nicétas pleure dans ces ruines, c'est ce que la postérité y pleure avec lui. Expulsé de sa demeure par les
flammes, privé par le pillage de tous ses biens, il ne daigne
pas donner une parole de regret à ces trésors qu'un instant
détruit, mais que remplacent le temps et l'industrie des
hommes. D'autres ont été anéantis que les siècles ne rempla-

ceront pas. Passionnément épris des deux antiquités dont il a recueilli l'héritage, il déplore la perte d'une statue antique autant que la profanation de vases sacrés. Dans la tristesse de la petite cour de Lascaris, Nicétas a composé un livre sur les statues détruites par les Latins, lors de la prise de Constantinople. C'est une *Messénienne* byzantine, encombrée de froide mythologie autant que la pièce célèbre de Delavigne. Mais c'est en même temps un suprême adieu, touchant malgré son enflure, à des chefs-d'œuvre dont nous devinons le prix. On pardonne à cette oraison funèbre des marbres et des bronzes le mauvais goût étrange où elle se complaît. Nicétas parle d'une statue d'Hélène que les barbares livrèrent aux flammes « comme si le destin avait voulu qu'elle pérît par le feu, elle qui ne cessait d'enflammer ceux qui jetaient les yeux sur elle ». C'est presque la pointe de Pyrrhus dans *Andromaque* :

> *Brûlé de plus de feux que je n'en allumai.*

La route du mauvais goût est étroite : on s'y rencontre aisément sans se chercher.

S'il est un mérite pour l'historien d'une décadence, c'est de ne pas se faire illusion sur la moralité de son temps. Nicétas dénonce les vices des Byzantins avec une sévérité judicieuse. Il n'épargne ni la plèbe, ni l'aristocratie, ni les prêtres. Tous lui semblent avoir conspiré à l'œuvre de la ruine commune. C'est son siècle tout entier qui est coupable : « Le nombre des saints est diminué, la vérité s'est obscurcie, l'iniquité s'est multipliée et la charité s'est refroidie. » Puis il examine les autres causes de la décadence, la dépopulation des villes, les exactions croissantes du fisc. Il compare la dignité de l'empire à Pénelope, à une reine d'une grande beauté tombée entre les mains d'amants de rencontre et devenue la proie de leurs convoitises. « Les Italiens savaient, dit-il, que l'empereur était noyé dans le vin et la débauche, et que la ville, comme une autre Sybaris, était plongée dans la volupté et dans le luxe. » Les premières troupes ne leur résistèrent

pas ; « les chefs surtout étaient timides comme des cerfs... Les
Byzantins craignaient les Francs comme le cerf craint un
lion... Et comment auraient-ils combattu contre des hommes
qu'ils appelaient des anges exterminateurs, des statues de
bronze, à l'aspect desquels ils mouraient presque de frayeur ? »
Et nous transportant au milieu de la cour affolée par le péril,
il nous fait voir « chez Alexis, l'unique désir de se sauver ;
autour de lui, un tremblement continuel ». Mais ne croyez pas
que Nicétas, en dénonçant ces faiblesses, éprouve un stérile
plaisir à récriminer ; ce qui donne de l'autorité à ses reproches, c'est que l'amour de la patrie les inspire et s'y révèle.
La douleur le saisit au moment de commencer le récit des
suprêmes misères : *succumbam oneri*. On sent, à l'amertume même de ses paroles, ce qu'il lui en coûte de dévoiler
des plaies mortelles. Il le fait sans complaisance comme sans
colère, avec la perspicacité d'un historien. Au début du livre
où il expose les événements qui suivirent la prise de la ville,
il rappelle les vers récités par Solon pour châtier l'indifférence
de ses concitoyens, quand il les vit endormis sous la tyrannie
des Pisistratides. Il y a quelque chose de touchant dans ce
long regard jeté pieusement en arrière, dans cette évocation
imprévue d'une grande figure, dans ce souvenir qui rattache, à travers un intervalle de dix-huit siècles, la tombe
de la Grèce à son berceau. « Quel remède, s'écrie Nicétas,
aurait-il pu apporter aux maux de l'Empire, en un temps où
les empereurs, élevés dans l'oisiveté, dormaient aussi profondément qu'Endymion, voulaient avoir des fleurs en hiver
et des fruits au printemps ; où les citoyens, amollis par le
commerce, ne pouvaient se lever au son de la trompette,
n'avaient que de l'aversion pour les armes ? » Ses remon-
trances, il le sait et il s'en plaint, ne sont à ses concitoyens
que comme les châtiments aux esclaves, qui les tour-
mentent sans les corriger. « Ils ne connaissent pas plus
l'avantage de la liberté que ceux qui n'ont jamais goûté de miel
n'en connaissent la douceur. » Et, en effet, tandis qu'un
petit groupe de fidèles était réfugié dans la jeune cour de

Nicée, beaucoup d'autres, acceptant la conquête, avaient offert leurs services aux vainqueurs, comme les Romains du v.ᵉ siècle aux rois barbares. C'est avec indignation que Nicétas parle de ces Grecs dégénérés « qui firent la paix avec les Italiens pour en recevoir quelques territoires tandis qu'ils auraient dû souhaiter d'avoir éternellement la guerre avec eux. » La plèbe de Byzance ne s'était pas contentée d'entraver la résistance par ses désordres et de la rendre illusoire par sa lâcheté ; après avoir poursuivi de ses huées l'aristocratie fugitive, elle s'était plainte avec violence d'avoir été trahie par elle, de n'avoir pas trouvé de chefs parmi ses maîtres, les titulaires des grandes charges de l'État. Nicétas, directement atteint par ces reproches, répond avec un mélange d'indignation et de dédain par ces paroles qui sont presque la conclusion de son livre : « Ils n'ont point honte de nous attribuer la perte de Constantinople, à nous qui occupions les premières places au Sénat. *Ce sont eux qui nous ont trahis.* Ils nous attaquent par des railleries au lieu de plaindre la misère où nous sommes, sans ville, sans foyer, sans biens. Si nous avions prévu un si injurieux traitement, nous nous serions cachés dans la solitude, comme Bellérophon ou comme Jérémie. » A Byzance, dans les calamités communes, grands et petits se renvoyaient les uns aux autres cette accusation banale de trahison.

Si l'amour de la patrie n'a pas aveuglé Nicétas sur les défauts des siens, la haine de l'envahisseur ne l'a pas rendu injuste pour les qualités qui l'ont fait vaincre. Il les signale non sans une arrière-pensée satirique, moins à titre de renseignement que comme un enseignement indirect. Tandis que les Croisés, méconnaissant la supériorité des Grecs, parodiaient stupidement leurs occupations de lettrés, Nicétas observait, étudiait les vainqueurs, et s'instruisait encore après la ruine de sa patrie. Il félicite les Latins de la vigilance avec laquelle ils gardent les villes, des fatigues auxquelles ils se soumettent, contrastant avec la mollesse de ses concitoyens « plus timides que des femmes », et que leur lâcheté a perdus. Il les loue

particulièrement de leur fidélité envers leurs princes, si différente de cette versatilité byzantine qui scandalise le loyal
Villehardouin. Il admire leur courage tout en flétrissant leur
brutalité, et cite le mot flatteur de l'empereur Manuel Comnène
« qu'il n'aurait pas de peine à gagner par l'argent ni à réprimer par la force les peuples d'Orient, mais qu'il ne se
pouvait promettre autant sur ceux d'Occident, parce qu'ils
sont formidables par leur nombre, indomptables par leur
orgueil, cruels de leur nature, très riches et acharnés contre
l'empire. »

C'est cet orgueil, cette violence des Croisés qui irritent à
juste titre Nicétas et lui arrachent les invectives les plus
sévères. Pour raconter leurs fureurs, il ne sait par où commencer ni quel ordre suivre. Il les appelle les « précurseurs
de l'Antéchrist, les auteurs des profanations qui doivent pré-
céder son arrivée. » « Ils étaient si farouches et si intrai-
tables, dit-il, que c'était folie de leur parler raison. » Ses
prières, cependant, avaient une fois su les émouvoir.

Après avoir exposé, dans un éloquent tableau, les excès de
toutes sortes auxquels les Croisés se sont livrés : « Voilà les
crimes, s'écrie Nicétas, que les nations d'Occident ont commis envers le peuple de Jésus-Christ. Les barbares n'ont usé
d'humanité envers personne. Ils n'ont rien épargné. Ils ont
tout pris, tout enlevé. Voilà donc ce que nous promettaient
ce hausse-col doré, cette humeur fière, ces sourcils relevés,
cette barbe rase, cette main prête à répandre le sang, cet œil
superbe, cette élocution précipitée ! » Et il rappelle aux Croisés
qu'ils avaient jadis juré sur les Évangiles de ne pas répandre
le sang chrétien, de s'abstenir du commerce des femmes
pendant le temps qu'ils porteraient la croix : « Les Sarrasins
en ont usé avec moins d'impiété. Quand ils étaient maîtres de
Jérusalem, ils traitaient les Latins avec quelque sorte de douceur. Ils ne violaient pas les femmes, ils n'inondaient pas de
sang le tombeau du Christ : la levée d'une contribution leur
suffisait. » Ces reproches amers n'étaient malheureusement
que trop fondés.

Sur le courage des Latins, Nicétas a un mot concis et profond, qui renferme, à ce qu'il semble, toute la satire de son temps : « Ils ne séparent pas, dit-il, la vaillance des autres vertus. » C'est précisément le contraire de ce que faisaient les Byzantins. Ils prenaient pour défenseurs des mercenaires saxons et slaves auxquels ils imposaient, comme unique obligation, de se bien battre. La grandeur, et en même temps l'illusion funeste de Nicétas, comme de la société byzantine, était une foi entière, exagérée, dans la puissance de l'esprit. Nicétas y persévère, même après la ruine de Byzance. Quand Michel, son frère, est assiégé dans Athènes par Léon Sgure, il écrit naïvement : « Que ne pouvait faire pour la défense de la ville cet excellent homme qui avait acquis une connaissance profonde des sciences et qui n'ignorait rien des lettres sacrées ni des profanes ? » Le mot est significatif. En 1453, on dissertera théologie sous les boulets du renégat Orban.

Peut-on faire un reproche à Villehardouin d'avoir ignoré que les Croisés ne travaillaient guère qu'à l'accroissement de la puissance maritime de Venise ? Nous ne le croyons pas. Aujourd'hui encore, les causes de la déviation de la quatrième croisade sont obscures : les uns y voient surtout la main des Vénitiens, les autres celle des Allemands ; un tiers parti, qui est peut-être dans le vrai, pense qu'il n'a pas fallu tant de savantes intrigues pour pousser les Croisés au pillage de la plus riche ville du monde. Si les Vénitiens y trouvaient leur compte, leurs alliés n'eurent pas à s'en repentir et les Sarrasins durent en être satisfaits. Villehardouin a surtout été frappé par la destruction de l'empire grec, qui est le résultat le plus clair de cette croisade. En chroniqueur qui n'a pas d'historiens pour modèles, il a moins insisté sur la décadence byzantine que Nicétas. Il signale plutôt les défaillances individuelles, tandis que Nicétas met en lumière les vices de son temps. Mais si Nicétas voit mieux les causes politiques de la ruine, il semble que Villehardouin en discerne plus nettement les causes morales. Ce qui l'indigne par-dessus tout, c'est la mauvaise foi des Grecs, la perfidie de

leur politique extérieure, leurs dissensions dans les moments
d'extrême péril. Après la félonie d'Alexis qui a fait crever les
yeux à Murzufle, Villehardouin dit avec un sens profond :
« Or, oyez si ces gens devraient tenir une terre ou la perdre,
qui si grandes cruautés faisaient les uns des autres. » Selon
Nicétas, les Croisés devaient vaincre, et ils ont vaincu, parce
qu'ils étaient les plus forts : pour Villehardouin, ils le méritaient, parce qu'ils étaient les meilleurs. Leurs violences
n'ont rien de raffiné ni de sénile. Ils ont la force pour eux,
mais ils ont aussi la jeunesse : les Byzantins n'ont plus
celle-là, et ont toujours ignoré celle-ci. Puérils souvent,
ils n'ont jamais été jeunes.

V

Villehardouin est un homme de guerre qui n'a rien du littérateur; Nicétas, un homme de cabinet qui n'a rien du
soldat. Je ne dirai point que Villehardouin manie la plume
comme une épée, car il est douteux que le maréchal de Champagne ait su écrire. Il nous apprend lui-même qu'il a dicté
son œuvre. Ce style dicté conserve tous les caractères de
l'improvisation. Celui de Nicétas sent l'huile et n'en vaut
pas mieux. Peut-être nous paraît-il travaillé et n'est-il que
pénible. Cela est fréquent chez les écrivains de décadence.
Nicétas et Villehardouin sont éloquents l'un et l'autre, mais
à leur manière. L'éloquence de Nicétas vit de souvenirs et se
complaît dans les figures de rhétorique. Cela n'empêche pas
sa déclamation d'être sincère. Le cœur lui suggère ses sentiments, quand même ce n'est pas le cœur qui parle. L'éloquence
de Villehardouin est celle d'un homme accoutumé à agir. La
contemplation oiseuse n'est pas son fait. Quand il décrit, son
style, peu souple et sans variété, est d'une sobriété singulière. Il a cependant des mouvements d'enthousiasme, comme
lorsqu'il voit la flotte entrer à pleine voiles dans l'Hellespont.
Villehardouin n'a pas de modèles, si Nicétas en a trop.

Il dit simplement et fortement ce qu'il doit dire. Son discours au peuple de Venise est moins une harangue qu'un acte, éloquent comme une épée brandie au milieu de la bataille, touchant et naturel comme le geste des envoyés lorsqu'ils se jetèrent aux pieds du doge et arrachèrent aux Vénitiens d'unanimes acclamations. Pour tout art on y trouve de la clarté et une émotion qui se communique parce qu'elle est sincère.

L'un et l'autre ont rendu avec force des sentiments nobles et touchants. Mais Villehardouin se contente d'indiquer, il n'amplifie pas. L'amplification est l'écueil de Nicétas. Quelques mots suffisent au chroniqueur pour tracer du doge Dandolo un portrait qu'on n'oublie point. Il n'y a rien de tel chez le Byzantin. Il est hyperbolique non seulement par la pensée, mais par l'accumulation des synonymes, des épithètes, des métaphores. Cette prolixité fatigue plus qu'elle ne convainc. Villehardouin peint moins les émotions qu'il ne les affirme, avec le ton bref et impérieux d'un soldat, la sincérité d'accent d'un témoin : « Sachez qu'il y eut là mainte larme pleurée de pitié. » Pour caractériser une « grande pitié », il ajoute simplement, comme une sorte de superlatif, — on trouve des exemples analogues dans Hérodote — « plus grande que nul homme n'en vit jamais. » Il est telle phrase où cette façon naïve d'insister sur les faits revient plusieurs fois en quelques lignes. On accuse les écrivains de décadence d'abuser des formules : les écrivains naïfs en ont plus encore et les dissimulent moins. Un littérateur évite les répétitions de mots et les réflexions banales avec plus de soin qu'Homère, ce qui ne veut pas dire qu'il soit plus original ni plus varié.

Villehardouin rappelle Homère, Nicétas le cite. L'historien byzantin est fort érudit. Il est vrai qu'il confond un peu les époques. Il mêle dans une même comparaison Bellérophon et Jérémie. Mais sa mythologie n'est pas toujours froide. L'apostrophe à l'Alphée, qui termine le récit des premières conquêtes de Baudouin, est véritablement éloquente. Dans ce passage, il se souvient moins des poètes qu'il n'est poète lui-même par le souvenir. Les réminiscences d'un passé lointain ont leur charme dans la bouche d'un Grec du XIIIe siècle. Au lendemain de la ruine de l'empire, en face de vainqueurs illettrés, ces allusions à la vieille Grèce ont l'accent de revendications. Le patricien déchu se console en rêvant de ses ancêtres, et nargue ainsi les parvenus de la veille.

Nicétas s'exprime dans une prose de décadence qui est devenue poétique, Villehardouin dans une langue primitive qui n'a pas encore cessé de l'être. La confusion des styles s'est accomplie à Byzance à l'époque du premier, leur divorce n'a pas encore eu lieu en France au temps du second. La poésie des trouvères champenois a laissé des traces et comme des reflets dans Villehardouin ; sa *Chronique*, comme une chanson de geste, était peut-être faite pour être récitée. On le conjecture d'après les différences nombreuses que présentent les rédactions successives du même texte. Les formules qui reviennent sans cesse : « Or oyez, sachez, etc. », sont moins d'un écrivain que d'un conteur. Il en est de même de ces naïfs préludes destinés à réveiller l'attention : « Or pourrez ouïr étrange prouesse... Or oyez étrange miracle. » Quoi qu'il en soit, Villehardouin est poète, poète par le sentiment et souvent par la couleur du langage. Il a connu, comme Joinville, la poésie enivrante du départ. On a cité bien des fois ces belles lignes ailées, au moment où la flotte des Croisés s'éloigne de Corfou : « Et le jour était beau et clair, et le vent doux et bon, et ils laissent aller les voiles au vent. » On les a rapprochées de la description que fait Thucydide du départ de la flotte athénienne pour la Sicile. Mais les Athéniens couraient à d'irréparables désastres et les Croisés voguaient, insouciants et forts, vers la conquête extraordinaire d'un empire.

Si Villehardouin est poète sans le savoir, Nicétas, à ce qu'il prétend du moins, est poétique en s'efforçant de ne pas l'être. Il trouve son temps adonné à tous les dérèglements d'une prose amphigourique, maniérée et prétentieuse : il déclare bien haut, en commençant, sur un ton de réformateur convaincu, qu'il faut avant tout fuir l'obscurité et la prolixité des périodes, que la clarté est la première qualité de l'historien. « La vérité, dit-il, est mon but unique, et comme elle doit rester éloignée de l'artifice des orateurs et des fictions des poètes, elle ne doit pas imiter leur langage. » Il faut reconnaître que les bonnes intentions de Nicétas ont été stériles. On échappe aux vices de son temps plus malaisément qu'on ne les condamne. Le style de Nicétas est obscur, contourné, farci de métaphores souvent poétiques, parfois incohérentes, presque toujours déplacées. Il est aussi prolixe que Villehardouin est concis. Son traducteur français, le président Cousin, avertit qu'il a dû le simplifier pour le rendre intelligible ; encore n'a-t-il pas toujours réussi.

Il serait facile de trouver, dans Nicétas, des traits de mauvais goût sans exemple dans Villehardouin. Quand il décrit le premier incendie de la ville comme « un lamentable spectacle capable de faire verser des larmes assez abondantes pour éteindre un aussi vaste embrasement », nous avons quelque peine à penser qu'il ait vivement ressenti des malheurs qu'il prend pour thème de si puérils jeux d'esprit. Cette première impression est injuste : Nicétas est ému, mais il est de son pays et de son temps. La rhétorique n'a pas de tort plus grave que de laisser mettre en suspicion la sincérité de ceux qui lui sacrifient.

L'éloquence de Nicétas, sa rhétorique si l'on veut, n'est jamais plus émouvante qu'à la fin de ce livre sur la prise de Constantinople, où il n'avait pas seulement été témoin, mais victime et acteur, à la fois résigné et courageux. Détournant un moment les yeux de la désolation où est plongée sa patrie, pour ne songer qu'aux grands souvenirs que son nom réveille, il apostrophe Byzance avec un mélange d'orgueil et de douleur : « O ville qui es l'œil des villes et l'ornement du monde, la mère des Églises, la souveraine de la foi, le siège des sciences et du beau, que sont donc ces rivaux furieux qui, au lieu de te préparer le lit et de t'allumer le flambeau nuptial, n'ont enflammé pour toi que des charbons destructeurs ? » Et il poursuit longtemps, trop

longtemps, cette image presque biblique : « O reine féconde,
tu étais autrefois assise sur un trône élevé, tu es maintenant
courbée et abattue. Tu es devenue semblable à une vieille qui
est noircie par la fumée, et ton front, autrefois le siège de la
beauté, est tout chargé de rides... Quand sera-ce que le Seigneur te dira : Lève-toi, redresse-toi, toi qui as bu le calice
de ma colère et qui as vidé la coupe de la désolation ?
Reprends ta force et ta gloire. Secoue ta poussière, agrandis
ta tente, oublie la confusion dont tu as été couverte, pardonne à ceux qui ont passé devant toi en applaudissant à ta
misère. Quel Moïse fera de nouveaux miracles pour te délivrer de la servitude ? Quel Zorobabel te ramènera? Quand te
sera-t-il donné de réunir de nouveau autour de toi tes enfants,
dispersés aux quatre vents de l'horizon ? Nous n'avons pas
maintenant la liberté de te regarder ni de t'embrasser comme
notre mère. Nous ne volons qu'avec crainte autour de toi,
comme des passereaux dont le nid est dépouillé. Nous sommes
errants comme des oiseaux ou comme des étoiles, ou plutôt
nous sommes unis avec toi, quoique nous soyons séparés de
toi, comme des amis absents qui sont présents l'un à l'autre
par le cœur. Nous ressemblons aux oiseaux qui, voyant
leurs frères enfermés dans des cages, volent et gémissent
à l'entour sans les pouvoir toucher. »

Bien des siècles passeront avant que les compatriotes
de Villehardouin sachent écrire en français de pareilles
pages. La prière à Dieu, qui suit immédiatement, est d'une
imposante beauté. On se figure Nicétas, loin de la vie bruyante
de la capitale, sentant la plume lui tomber des mains et son
courage défaillir : « Mais les paroles me manquent à l'heure
même où vous me manquez, ô ville qui êtes la mère de
l'éloquence, et elles s'éloignent de moi comme la vie s'éloigne
du corps lorsque l'âme s'en sépare... » Il paraît qu'il avait
résolu d'abord de ne pas raconter les événements postérieurs
à la chute de Constantinople : « Je dois enfermer mon affliction
dans le silence et interrompre le cours de mon histoire.
Pourquoi transmettre à la postérité les récits de guerres où

ce ne sont point les Grecs qui ont vaincu ? Pourquoi faire
servir à des barbares qui ravagent la Grèce la plus belle
chose que la Grèce ait inventée, l'histoire ? Il faut qu'ils
périssent inconnus et obscurs, comme celui qui avait brûlé le
temple de Diane à Ephèse, et que personne ne parle d'eux,
jusqu'à ce que l'iniquité soit passée. » Et le livre finit par
une parole d'espoir et de confiance : « Si Dieu blesse, il
guérit ; s'il donne la mort, il rend la vie. Il se sert de ses
châtiments comme le médecin des remèdes. Les peines des
impies ne finissent point, le châtiment de ceux qui espèrent
au Seigneur est suivi de miséricorde... » — « Nous répan-
dons nos larmes comme une semence, écrit-il ailleurs : le
plaisir de notre retour, si nous avons jamais ce bonheur, sera
notre moisson. »

Pour citer Nicétas sans le faire prendre en haine, nous
abrégeons sans scrupule, nous traduisons à coups de ciseaux.
'Aucune langue ne suffirait à rendre ce déchaînement de
paroles, déluge de mots sonores où la grécité de vingt siècles
se confond. Mais qu'importe ? Dans ce torrent de rhétorique,
il y a des paillettes de vraie éloquence et si le style, parfois, a
l'incohérence du délire, les pensées, les plaintes et les espérances de Nicétas sont bien souvent l'écho d'un grand cœur.

FIN

ERRATA

P. 96, note 2. — Lire : Rutilius, *Itinéraire*, v. 64.

P. 138, avant-dernière ligne. — M. Dœrpfeld a récemment établi que les tambours de colonnes encastrés dans le mur de l'Acropole n'appartiennent pas à l'ancien Parthénon, mais à un temple commencé par Cimon, et qui ne fut jamais achevé. Voir notre *Courrier de l'Art antique*, dans la *Gazette des Beaux-Arts* du 1ᵉʳ janvier 1888.

P. 192, 2ᵉ alinéa, ligne 4. — Lire : *Saloman*.

TABLE ANALYTIQUE DES MATIÈRES

ANGERS, IMPRIMERIE BURDIN ET Cⁱᵉ, RUE GARNIER, 4.